Reutner · Der effiziente Staat – Fiktion oder Vision?

Friedrich Reutner

Der effiziente Staat – Fiktion oder Vision?

Unternehmerische Ideen für Lebensqualität und Wohlstand

2., erweiterte Auflage

GABLER

Die Deutsche Bibliothek – CIP-Einheitsaufnahme

Reutner, Friedrich:
Der effiziente Staat : Fiktion oder Vision? ;
Unternehmerische Ideen für Lebensqualität und Wohlstand /
Friedrich Reutner. –2., erw. Aufl. –Wiesbaden : Gabler, 1996
ISBN 3-409-28878-3

Der Gabler Verlag ist ein Unternehmen der Bertelsmann Fachinformation.

© Betriebswirtschaftlicher Verlag Dr. Th. Gabler GmbH, Wiesbaden 1996
Lektorat: Ulrike M. Vetter

Das Werk einschließlich aller seiner Teile ist urheberrechtlich geschützt. Jede Verwertung außerhalb der engen Grenzen des Urheberrechtsgesetzes ist ohne Zustimmung des Verlags unzulässig und strafbar. Das gilt insbesondere für Vervielfältigungen, Übersetzungen, Mikroverfilmungen und die Einspeicherung und Verarbeitung in elektronischen Systemen.

Höchste inhaltliche und technische Qualität unserer Produkte ist unser Ziel. Bei der Produktion und Verbreitung unserer Bücher wollen wir die Umwelt schonen: Dieses Buch ist auf säurefreiem und chlorfrei gebleichtem Papier gedruckt. Die Einschweißfolie besteht aus Polyäthylen und damit aus organischen Grundstoffen, die weder bei der Herstellung noch bei der Verbrennung Schadstoffe freisetzen.

Die Wiedergabe von Gebrauchsnamen, Handelsnamen, Warenbezeichnungen usw. in diesem Werk berechtigt auch ohne besondere Kennzeichnung nicht zu der Annahme, daß solche Namen im Sinne der Warenzeichen- und Markenschutz-Gesetzgebung als frei zu betrachten wären und daher von jedermann benutzt werden dürften.

Umschlaggestaltung: Schrimpf und Partner, Wiesbaden
Satz: FROMM MediaDesign GmbH, Selters/Ts.
Druck und Bindung: Wilhelm & Adam, Heusenstamm
Printed in Germany

ISBN 3-409-28878-3

Inhalt

Vorwort   7

1. Lebensqualität als Ziel der Wirtschaftspolitik   11
Die Bedeutung der Wirtschaft und
die Bedürfnisstruktur im Wandel   11
Das richtige Maß an Druck und Erfolgserlebnis   15
Die Leistungskultur ist entscheidend!   19
Chancen der optimierten Struktur   41

2. Tiefe Krisen, schwache Aufschwünge   43
Strukturprobleme führen zum Ungleichgewicht   43
Wirtschaftlicher Erfolg basiert zu mehr
als der Hälfte auf Psychologie   48
Unternehmensanalysen verdeutlichen
die wirtschaftlichen Zusammenhänge   49

3. Strukturkrisen: Entwicklung und Ursachen   53
Die lange Inkubationszeit von Strukturkrisen   53
Der Trend zum negativen Ungleichgewicht   58
Die Signale nachlassender struktureller
Wettbewerbsfähigkeit   80

**4. Die Qualität der Führung entscheidet langfristig
über Erfolg oder Mißerfolg**   109
Die Führung prägt die Kultur, die Kultur prägt
die Bürger   109
Eine Selbstmordkultur zerstört die wirtschaftliche Basis   112
Die Verlockung, ins Detail einzugreifen   115
Managementqualität im Wandel   117
Managementmethoden und -untersuchungen
weisen den Weg zur Leistungsstärke   126

5. Leistungskultur und Kreativität — 133
Unternehmenskultur und
volkswirtschaftliche Kultur — 134
Leistungskulturen erfordern viele Voraussetzungen — 136
Wertvernichtende Administration und Zentralisierung
gefährden Leistungskulturen — 140
Ohne Leistungskulturen gibt es kaum Kreativität — 150
Kranke Kulturen vernichten die Existenzbasis — 154
Negative Kulturen sind schwer zu verändern — 158

6. Administration verdirbt das Management — 161
Freiraum des Managements für Kreativität — 161
Die Rückdelegation lenkt vom Wesentlichen ab — 162
Aus Unternehmern werden Verwalter — 164

7. Die Folgen für Arbeitslosigkeit, Investition und Verschuldung — 167
Der falsche Ansatz zur Beseitigung
der Arbeitslosigkeit — 168
Strukturprobleme und Arbeitslosigkeit — 172
Strukturprobleme und Investition — 179
Strukturprobleme und Verschuldung — 180
Die Relation im Wettbewerb entscheidet — 185

8. Ansatzpunkte für geänderte Rahmenbedingungen und eine neue Wirtschaftspolitik — 191
Spitzenorganisationen als Maßstab — 193
Welche Determinanten bestimmen den wirtschaftlichen
Erfolg einer Volkswirtschaft? — 195
Umsetzungsproblematik — 245
Wer zu spät kommt ... — 255

9. Noch einmal das Wichtigste — 261

Anmerkungen — 269
Literaturverzeichnis — 273
Der Autor — 275
Stichwortverzeichnis — 277

Vorwort

Im Gegensatz zu vielen anderen Veröffentlichungen untersuche ich aus der Erfahrung eines Industriellen heraus, wie sich eine Volkswirtschaft auf wirtschaftlichen Erfolg ausrichten läßt. Dabei gehe ich von der Überlegung aus, daß die wirtschaftlichen Gesetzmäßigkeiten in gleicher Weise in kleinen, großen Unternehmen und in Weltkonzernen mit vielen hundert Betrieben gelten wie im Konzern „Volkswirtschaft". Die Volkswirtschaft ist mit allen ihren Betrieben also wie eine unternehmerische Einheit zu betrachten. Ich will nicht speziell die deutsche Situation betrachten, auch wenn viele Beispiele aus dem Heimatland die theoretischen Überlegungen stützen. Wie viele Manager konnte ich erleben, daß Fehlstrukturen im Hinblick auf den Aufbau und die Abläufe die Unternehmen gefährden, wenn sie nicht relativ bald beseitigt werden. Schon ein zehnprozentiger Kostennachteil wird unter Umständen auf Dauer für ein Unternehmen zu einem Existenzproblem. Ein Staat geht wegen wirtschaftlicher Probleme nicht unter, da er die Lasten auf die tragfähigen Bürger verteilt. Volkswirtschaftliche Fehlstrukturen, die sowohl durch die Wirtschaft als auch durch die öffentliche Hand verursacht sein können, verringern aber den Lebensstandard und die Lebensqualität, schaffen millionenfach Hindernisse, Streß und Ärger, Arbeitslosigkeit und Verschuldung.

Die Struktur einer Demokratie läßt sich, wie ein Vergleich mit Gewerbebetrieben zeigt, in wirtschaftlicher Hinsicht noch wesentlich verbessern. Die Forderung, daß die Industrie „schlanker" werden muß, daß zukunftsträchtige Produkte und Märkte zu finden sind oder mehr Innovationsfähigkeit zu schaffen ist, geht weitgehend ins Leere, solange nicht die strukturellen Voraussetzungen dafür vorliegen, indem zum Beispiel Gesetze, Verordnungen und Richtlinien beseitigt, gestrafft und vereinfacht werden.

Letztlich entstehen Fehlstrukturen, weil die wirtschaftlichen Zusammenhänge bei den Entscheidungsträgern nicht genug bekannt sind oder nicht beachtet werden. Die Idee zu der nachfolgenden Glosse stammt von einem unbekannten Verfasser. Trifft sie aber nicht im Kern einen Teil der Probleme großer Gremien mit starker Disharmonie ohne wirtschaftlich orientierten Druck?

Eine Delegation des Stadtrates einer europäischen Stadt kommt bei einer Japanreise zu dem Ergebnis, daß ihr Ruderclub mit einem japanischen Club ein Wettrudern mit dem Achter veranstalten soll. Dieser Vorschlag wird im Stadtrat konträr diskutiert und gegen die Stimmen der Opposition beschlossen. Beide Mannschaften trainieren nun lange und hart und sind am Wettkampftag gut gerüstet. Die Japaner gewinnen jedoch das Rennen mit einem deutlichen Vorsprung. Nach dieser Niederlage ist das europäische Team niedergeschlagen, und es kommt im Stadtrat zu einer heißen Diskussion über die Mißerfolgsursachen. Man entscheidet, die Ursachen in einem neu gebildeten Ausschuß zu analysieren. Dieser stellt unter Zuhilfenahme eines wissenschaftlichen Beirates nach vielen Beratungen und Diskussionen fest, daß bei den Japanern acht Leute ruderten und nur ein Mann steuerte, während im europäischen Team fünf Mann ruderten und drei Leute steuerten.

Nun setzt im Stadtrat ein heftiger Streit um die aufwendig begründeten Ergebnisse der Studie ein. Jeder sieht seine schon früher angebrachten Bedenken bestätigt. Endlich beschließt man gegen die Stimmen der Opposition, daß ein weiterer Ausschuß die Struktur des Teams untersuchen soll. Nach mehreren Monaten und langer Diskussion der Beratungsergebnisse sieht man einen großen Vorteil darin, die Teamstruktur zu verändern. Es gibt jetzt neben den zwei Ruderern vier Steuerleute, zwei Obersteuerleute und einen Steuerdirektor. Diese werden beauftragt, umfangreiche Arbeitsanweisungen auszuarbeiten, wie sich die Ruderer zu verhalten haben. Die Steuerleute kümmern sich intensiv darum, die Ruderer zu trainieren, die Obersteuerleute fertigen Schriftsätze über Verhaltensrichtlinien und Studien über den optimalen Bewegungsablauf an. Als Ergebnisse dieser Studien formuliert man schließlich umfangreiche Ausführungsbestimmungen zur Arbeitsanweisung. Darüber hinaus erarbeiten die Obersteuerleute gemeinsam mit dem Steuerdirektor ein Leistungsbewertungssystem für die Ruderer. Danach haben die vier Steuerleute in Teamarbeit die Leistungsbewertung vorzunehmen. Über das Ergebnis erstellen die zwei Obersteuerleute ein Gutachten, damit die Ruderer so objektiv wie möglich beurteilt werden. Der Steuerdirektor hat als oberster Verantwortlicher die Bewertung zu unterzeichnen. Die Leistungsbewertungen und die Bewertungsgutachten kommen zu dem Ergebnis, daß die Ruderer hochtrainiert sind. Die Untersuchungen werden im Stadtrat konträr diskutiert und es wird beschlossen, Prämien für die Ruderer einzuführen, um ihnen noch mehr Ansporn zu geben, sich anzustrengen. Nun ist man der Überzeugung, gut vorbereitet zu sein.

Nach zwei Jahren kommt es zu einem neuen Wettkampf. Alle sind hochmotiviert, die Enttäuschungen der Vergangenheit vergessen. Die Japaner gewinnen jedoch wieder mit einem großen Vorsprung. Frust und Enttäuschung des europäischen Teams, daß alle Mühen umsonst waren, sind riesig. Es kommt zu großen Streitereien über die Ursachen. Schließlich erweist sich die Stadtverwaltung als handlungsfähig: Man entläßt die beiden Ruderer wegen schlechter Leistungen, verkauft die Boote und die Ausrüstung, stoppt die Investitionen in die Entwicklung eines neuen Bootes und wechselt die Berater. Das eingesparte Geld nutzt man, um einen schon lange fälligen Ausbau des Bootshauses vorzunehmen und die Arbeitslosigkeit in der Region zu verringern. Dem Steuerdirektor wird die schon mehrfach angeforderte Schreibkraft genehmigt, und die Steuerleute erhalten eine Halbtagskraft zur Verwaltung der umfangreichen erarbeiteten Unterlagen. Die Arbeitsbeschaffungsmaßnahmen werden der Bevölkerung in einer Pressekonferenz vorgestellt.

Jede ältere Organisation und insbesondere jede ältere Demokratie zeigt eine starke Tendenz, Fehlstrukturen und eine wertvernichtende innere Beschäftigung aufzubauen. Dies bremst oder erstickt gar die Leistungsfähigkeit der freien Wirtschaft. Das größte Problem liegt für viele alte Demokratien beziehungsweise Volkswirtschaften dann darin, diese Fehlstrukturen zu beseitigen. Ändert man nichts, wird auf Dauer die wirtschaftliche Situation immer schwieriger, das heißt die Arbeitslosigkeit immer höher, und der Wohlstand sinkt schließlich. Ändert man die Strukturen zu schnell, wird die Arbeitslosigkeit im Übergang noch größer, und der Lebensstandard verfällt zunächst noch schneller. Nach einer Übergangszeit ist es jedoch möglich, durch starkes Wachstum Lebensstandard und Beschäftigtenzahl immer weiter zu erhöhen.

Ich möchte ausdrücklich betonen, daß ich ein überzeugter Anhänger des demokratischen und des sozial orientierten marktwirtschaftlichen Systems bin. Wer an der Marktwirtschaft zweifelt, sollte Alternativen nennen, die sich über lange Zeit bewährt haben oder die eine bessere Chance haben, die fundamentalen Einflußgrößen ins Gleichgewicht zu bringen und dadurch für Wohlstand und Lebensqualität zu sorgen. Es ist jedoch offensichtlich, daß sich in vielen marktwirtschaftlich orientierten westlichen Ländern zunehmend die typischen Signale des Abstiegs zeigen und die Chancen zu einer dauerhaft hohen Wirtschaftsleistung nicht genutzt werden. Als Folge stellt die wachsende Arbeitslosigkeit und Verschuldung ein ernstzunehmendes Problem für zukünftige Generationen dar. Alle sollten sich also rechtzeitig darum bemühen, diese Staatsform fortzuentwickeln, die Schwächen zu beseitigen und die Stärken auszubauen. Die Sorge, daß eines Tages die zwingend notwendig werdende Korrektur der Fehlstrukturen zu einer Gefahr für das demokratische System führen könnte, hat mich schon seit Mitte der 80er Jahre bewogen, über die Zusammenhänge nachzudenken und schließlich dieses Buch zu schreiben.

Einige Signale für den Niedergang sind schon seit zwei Jahrtausenden bekannt, wie das Zitat von Cicero aus dem Jahre 55 v. Chr. beweist:

> „Der Staatshaushalt muß ausgeglichen sein. Die öffentlichen Schulden müssen verringert, die Arroganz der Behörden muß gemäßigt und kontrolliert werden.
> Die Zahlungen an ausländische Regierungen müssen reduziert werden, wenn der Staat nicht bankrott gehen soll.
> Die Leute sollen wieder lernen zu arbeiten, statt auf öffentliche Rechnung zu leben!"

Natürlich haben wir durch diese Erkenntnisse gelernt. Aber warum sind nach mehr als 2 000 Jahren die Probleme durch eine entsprechende Organisation der Staaten immer noch nicht gelöst? Die Geschwindigkeit des Wandels und der Reaktion auf erkannte Probleme galten doch in der Wirtschaft als wichtige Erfolgsdeterminanten.

FRIEDRICH REUTNER

1 Lebensqualität als Ziel der Wirtschaftspolitik

Die Bedeutung der Wirtschaft und die Bedürfnisstruktur im Wandel

Wer Entwicklungsländer bereist und das Schicksal vieler Menschen dort näher kennenlernt, kann um so mehr ermessen, was es heißt, wenn keine funktionierende Wirtschaft existiert. Über einer Milliarde Menschen steht täglich weniger als ein Dollar Einkommen zur Verfügung. Tiefe Armut ist neben Krankheit eines der bittersten Schicksale, ganz besonders aber, wenn man die eigene Chancenlosigkeit erkennt. Armut ist die Ursache für Unterernährung, Krankheit, mangelnde Schulausbildung, rasches Bevölkerungswachstum, Umweltzerstörung, Konflikte und Völkerwanderung. Es liegt also im Interesse aller Staaten, eine funktionierende Wirtschaft zu entwickeln.

Welche Probleme eine schwache Wirtschaft auslösen kann, zeigt auch der Zusammenbruch hochgerüsteter Wirtschaftssysteme. Die wirtschaftliche Leistungsfähigkeit reichte auf Dauer nicht einmal, um die Grundbedürfnisse abzudecken. Man lebte weitgehend von der Substanz, die sich aber zunehmend aufzehrte. Nicht die Waffen, sondern die wirtschaftliche Fähigkeit hat schließlich die Veränderung erzwungen. Aber auch in vielen anderen Wirtschaftssystemen mußte man oft erst auf tragische Weise erkennen, daß die Worte Rathenaus „Die Wirtschaft ist unser Schicksal" Wirklichkeit wurden.

Die wirtschaftliche Leistungsfähigkeit ist für die Volkswirtschaft das, was die Gesundheit für einen Menschen ist. Die Gesundheit garantiert noch kein glückliches Leben. Sie wird, wenn sie eine Selbstverständlichkeit ist, normalerweise nicht beachtet und oft auf sträfliche Weise herausgefordert. Erst wenn die Krankheit kommt, erkennt man die Bedeutung der Gesundheit. *Eine funktionierende Wirtschaft ist nicht alles, aber je weniger eine Wirtschaft funktioniert, um so weniger lassen sich alle anderen politischen Ziele auf Dauer realisieren und um so mehr wird zum Beispiel die Quelle für soziale Wohltaten verschüttet.*

Wenn die funktionierende Wirtschaft für eine ganze Volkswirtschaft so bedeutend ist, warum werden dann die wirtschaftlichen Prinzipien trotzdem so oft verletzt und dadurch das vorhandene Potential nicht genutzt beziehungsweise der Lebensstandard geschmälert? Warum sind viele Völker mit zunehmendem Reichtum eigentlich nicht zufriedener und glücklicher geworden? Ein Grund liegt in der Veränderung der Bedürfnisstruktur und Wertschätzung der Bürger mit verändertem Wohlstand. *Die Umwelt wird meist subjektiv anders gesehen, als sie objektiv ist, und die Vorstellung läßt sich durch eine wenig hilfreiche, destruktive Beeinflussung bis zur hohen Unzufriedenheit verzerren.* Dies prägt in sehr hohem Maße die Lebensqualität der Bürger. Gerade weil es in armen Ländern so wenige Arbeitsplätze gibt, haben die unbedeutende Industrie und die darin beschäftigten Manager ein für unsere Vorstellung übertrieben hohes Ansehen. Ihr Ansehen sinkt mit zunehmendem Reichtum einer Volkswirtschaft. *Es ist typisch für das menschliche Verhalten, daß man unbefriedigte Bedürfnisse überbetont und die weitgehend befriedigten Bedürfnisse kaum noch beachtet.* Entsprechend wird die Bedeutung einer leistungsfähigen Wirtschaft in reichen Ländern oft unterschätzt. Man vergißt zu leicht, daß nur ein Staat mit profitablen Unternehmen ein sozialer Staat sein kann. Nach langen guten Zeiten wird vieles hingenommen, was zu Fehlstrukturen führt und die Leistungsfähigkeit schädigt. Aus dieser Einstellung ist beispielsweise ein Begriff wie „Nullwachstum" oder die Forderung „Wir wollen die Belastbarkeit der Wirtschaft erproben" entstanden. Die aufgrund solcher Gedanken eingeleiteten Maßnahmen führen zu kaum wiedergutzumachendem Substanzverlust. Erst die Krise führt dann wieder deutlicher vor Augen, wie bedeutend eine funktionierende Wirtschaft ist.

Im Vergleich zu Entwicklungsländern wird Armut in reichen Volkswirtschaften natürlich unterschiedlich definiert und ist hier nicht mit dem bitteren Elend in der Dritten Welt auf eine Stufe zu stellen. Vor allem aber gibt es in Wohlstandsländern normalerweise eine Chance zum Aufstieg, wenn der Wille dazu vorliegt. In ihnen müssen nicht nur die existentiellen Bedürfnisse abgedeckt sein.

Für die meisten Menschen in einer Überflußgesellschaft gibt es keinen echten Hunger, sondern höchstens Appetit. Der Wunsch nach körperlicher Sicherheit und Schutz, der auch noch zu den existentiellen Bedürfnissen zählt, tritt in den Vordergrund. Diese Ansprüche werden in der Demokratie nicht selten weit weniger befriedigt als in einem stärker autoritär gelenkten System. Eine weitere Kategorie bildet das Verlangen nach Liebe, Zuneigung und Zugehörigkeit. Bleibt es unbefriedigt, so entsteht ein Gefühl der Einsamkeit, Fremdheit und Verlassenheit. Dieses Bedürfnis gewinnt in der Wohlstandsgesellschaft an Bedeutung. Schließlich strebt der Mensch nach Selbstachtung und Wertschätzung seitens anderer Personen. Dies zielt auf Macht, Prestige, Status, verdienten Respekt und Ruhm ab. Dadurch werden Menschen zu hoher Leistung und Einsatzbereitschaft angetrieben. Auch wenn alle diese Wünsche befriedigt sind, treten häufig Unzufriedenheit und Unruhe auf: Es meldet sich ein Verlangen nach Selbstverwirklichung, das heißt Realisierung der individuellen Existenzvorstellung beziehungsweise Ausleben der eigenen Ziele und Möglichkeiten. Diese Selbstverwirklichung gerät oft in Konflikt mit dem Bedürfnis nach Anerkennung und positiver Beachtung, wenn die Ziele keine Billigung der Umwelt finden. Die beiden letzten Stufen der Bedürfnishierarchie sieht Maslow in dem Verlangen nach Wissen und Verstehen sowie im Bedürfnis nach Ästhetik. Menschen, die nicht ihren Fähigkeiten entsprechend gefördert werden, sondern in stupiden Berufen arbeiten, können erkranken, wenn sie nicht in ihrem Hobby zu einem Ausgleich kommen.

Dieser ständige Wechsel der spürbaren Bedürfnisse führt dazu, daß der Mensch zur Unzufriedenheit neigt und daß letztlich, je nach innerer Einstellung, Menschen bei hohem Reichtum unglücklich oder bei niedrigem Einkommen glücklich sein können. Dagegen werden befriedigte Bedürfnisse unterbewertet und manchmal vergessen. Den Wert eines Arbeitsplatzes schätzt zum Beispiel der besonders, der ihn verloren hat. Entscheidend ist die Bereitschaft, auf das Erreichte stolz zu sein und den Befriedigungszustand als positiv zu akzeptieren. Denken Menschen im Wohlstand nicht zu wenig darüber nach, was sie alles haben, aber zu viel darüber, was ihnen fehlt? *Es kommt zu einem künstlichen Zustand der Unzufriedenheit und letztlich auch zu einer sinkenden Lebensqualität, wenn Interessengruppen, aus welchen Grün-*

den auch immer, die Unzufriedenheit in bezug auf bestimmte Bedürfnisse schüren. Es stellt sich dann keine natürliche Sättigung ein, das angesprochene Bedürfnis wird überbetont, und unter gleichen Voraussetzungen steigt die Unzufriedenheit. Aus dieser Erkenntnis läßt sich auch ableiten, daß die Dankbarkeit für erreichte Verbesserungen um so größer ist, wenn man sich auf einer niedrigeren Basis der Bedürfnisbefriedigung befindet. Die Erfahrung, daß die Kirchen voll sind, wenn es den Menschen schlecht geht, bestätigt diese These.

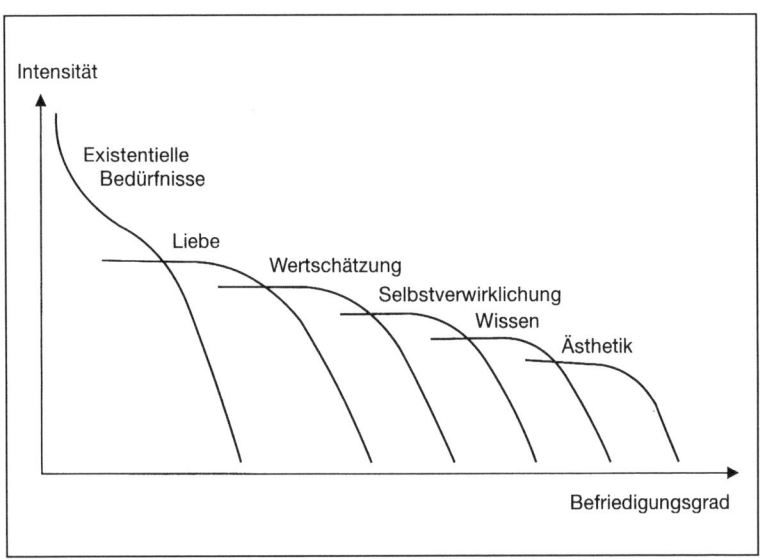

Bedürfniswandel in Abhängigkeit vom Befriedigungsgrad

Sicherlich sollte es das höchste Ziel der Politik sein, die Lebensqualität zu steigern. Aber was ist Lebensqualität, und was ist der richtige Ansatzpunkt? Als Maßstab dient im allgemeinen das verfügbare Einkommen. Aber ist ein Verkrüppelter und Kranker nicht sicherlich mehr benachteiligt als einer, der über wenig Geld verfügt? Hat ein Gutaussehender nicht erhebliche Vorteile gegenüber einem schlecht aussehenden Menschen usw.? Dies sind naturgegebene Merkmale, die der Betroffene weder verursacht hat noch beeinflussen kann. Sie sind weitgehend unabänderlich, während sich das Einkommen mit Einsatzbereitschaft und Fleiß durchaus gestalten läßt.

Das richtige Maß an Druck und Erfolgserlebnis

Befriedigte Bedürfnisse und ihre ursprüngliche Bedeutung in der Hierarchie geraten, wie gesagt, leicht in Vergessenheit. Es ist somit normal, daß in hochentwickelten Volkswirtschaften die Bedeutung der an sich gewichtigeren Bedürfnisse unterschätzt wird. Man strebt nach Befriedigung anderer, nun an Bedeutung gewinnender Bedürfnisse, das heißt, es tritt ständig ein neuer Zustand des Unbefriedigtseins ein. Vor allem, wenn viele Bedürfnisse schon in jungen Jahren ohne Schwierigkeiten erfüllt wurden, bildet sich leicht die Einstellung, daß keine hohen Anstrengungen notwendig sind, um das Leben angenehm zu gestalten. Die Erwartungen werden unrealistisch. Unverständnis und Protest sind die Folge. *Erst wenn durch Anforderungen die Befriedigung bereits unbeachteter Bedürfnisse wieder in Frage gestellt wird, lenkt man den Betroffenen davon ab, seinerseits die Erwartungen an die Lebenssituation zu hoch zu schrauben und trotz aller guten Voraussetzungen stets unzufrieden zu sein.* Deshalb sind motivierende Zwangskonstellationen zum Beispiel durch realistische Ziele, die herausfordern, vor allem in der Entwicklungsphase beziehungsweise Jugendzeit von besonderer Bedeutung.

> ▶ Glücksempfindungen entstehen vor allem durch motivierenden Druck im Zusammenspiel von realistischen Zielsetzungen, dem Aufgehen in den Aufgaben, Lernen, dem Streben nach Zielerreichung sowie durch das Kräftemessen und Überwinden von Schwierigkeiten. Diese Glücksempfindungen sind wiederum eine wichtige Voraussetzung für die Suche nach neuen Lösungen, also für eine hohe Innovationskraft.

In Unternehmen, die in Schwierigkeiten geraten, können die Mitarbeiter bei zielgerichteter Führung ungeheure Kräfte aktivieren und eine besonders hohe Kreativität entfalten. Eine solche Entwicklung kann das Unternehmen wesentlich stärken. Wird die Not zu groß oder zeigt die Führung keinen Weg auf, so erscheint das Problem unlösbar. Als Folge davon setzt bei den Mitarbeitern Resignation ein, und die Leistungskraft verfällt völlig. *Die Praxis und die Theorie[1] haben denn auch bewiesen, daß das richtige Maß an „Zügel halten" und „Zügel lassen" für Motivation und Erfolg entscheidend ist. Menschen strengen sich vor allem dort an, wo sie Anstrengung lustvoll erleben.* Sowohl eine Überforderung als auch eine Unterforderung der Bürger, das heißt zu viel oder zu wenig Druck, wirken schädigend auf die Entwicklung des Menschen und ganzer Volkswirtschaften. *Unterforderung führt zu erheblicher Verweichlichung, aber auch zu höherer Aggression. Das schwächt die Abwehrkräfte für Auseinandersetzungen mit dem Leben.* Druck kombiniert mit erreichbaren persönlichen Zielen führt zu den höchsten Spitzenleistungen, ohne daß der Betroffene die volle Belastung empfindet. Das Verwöhnen junger Leute bringt eher negative Folgen mit sich; das Umsorgen führt nicht zur Befriedigung der Mehrheit. Der selbst errungene Erfolg wird weit höher geschätzt und führt zu mehr Zufriedenheit als ein gleichwertiges Geschenk. Der normale psychologische Mechanismus zeigt, daß immer neue Forderungen gestellt werden. Das Verwöhnen ist auf Dauer nicht wirklich beglückend. Die Gefahr liegt eher darin, daß die Persönlichkeitsentwicklung aufgrund unrealistischer Anforderungen an das Leben verkümmert. Das System wird abgelehnt. Die Verweigerung kann bis zur Wut und Aggression, ja bis zum Haß gehen, weil der Umsorger letztlich als Schuldiger dafür angesehen wird, daß sich die ständig eskalierenden Forderungen nicht erfüllen lassen.

Jeder gutgemeinte Versuch, gesunde Menschen sehr stark abzusichern, hat letztlich das Glück nicht gesteigert. Neue Bedürfnisse treten zutage. Eine übersättigte Gesellschaft richtet die Aufmerksamkeit immer stärker auf das Negative. Diese Situation kann nur durchbrochen werden, indem der Staat dem gesamten Volk neue erstrebenswerte Ziele vor Augen führt. Erst wenn die Menschen sich darüber im klaren sind, was sie erreichen wollen, werden ihre Kräfte aktiviert. In den meisten Volkswirtschaften gibt es jedoch solche Ziele nicht. So wird es beispielsweise immer weniger lohnend, etwas zu riskieren und eine eigene Existenz aufzubauen. Zwangsläufig kommt es zu einem Mangel an Unternehmensgründungen. Auch eine einfachere

Arbeit wird kaum noch belohnt, weil das soziale Netz fast genausoviel an Einkommen bereitstellt, wenn man nichts tut. Es bleibt dann genug Zeit für unversteuerte Nebentätigkeiten, die die Ausgangssituation gegenüber dem Arbeitenden sogar noch verbessern. Für den „aktiven" Arbeitslosen lohnt es sich, keine Arbeit zu haben, so daß der Staat wiederum neue Kontrollen ersinnen muß, um dies zu verhindern. Der Kreislauf der interventionistischen Eingriff und Komplexitätserhöhung setzt aufgrund einer Interessendisharmonie ein.

Umgekehrt sind Leistungsanforderungen schädlich, die dauernd überfordern oder als sinnlos erkannt werden. *Hohe Komplexität und kaum verstehbare Zusammenhänge werden als nicht zu bewältigende Belastung insbesondere von jungen Menschen empfunden. Auf diesem Boden breitet sich Negaholismus aus. Es kommt zu Ohnmachtsgefühlen, auf die der eine aggressiv, der andere depressiv reagiert. Die unrealistischen Ziele lassen sich nicht erreichen. Neurosen sind die Folge.* Man fühlt sich dem Druck nicht gewachsen und muß schließlich resignieren. Auch hier lassen sich also die Ziele nicht erreichen, die diesmal von außen gesetzt werden. Dazu gehört beispielsweise die Überforderung durch ein viel zu komplexes Gesellschaftssystem mit einer Gesetzesstruktur und einer kaum berechenbaren Rechtsprechung, die selbst Juristen nicht mehr in der Gesamtheit überblicken – vom normalen Bürger ganz zu schweigen. Man benötigt auf den jeweiligen Gebieten ausgebildete Spezialisten, und selbst dann gibt es keine ausreichende Sicherheit.

Frust über Jahre führt zur Krankheit – ebenso wie dauernde Angst und mangelndes Selbstwertgefühl. Von einer solchen Krankheit können alle Organe betroffen werden. Herz- und Kreislauferkrankungen sowie Psychosen sind die Folge. In jedem Fall erlahmen die Aktivität und die Kreativität. Eine alles überlagernde Administration kann auch den Frömmsten zum Rebellen machen. Sie senkt nicht nur die Lebensqualität der Bürger, sie verändert auch die Mentalität. Die Bereitschaft zur produktiven Leistung sinkt, selbst wenn es immer noch einsatzbereite Bürger gibt. Die Kräfte orientieren sich in einer Weise, die nicht im Interesse der Volkswirtschaft liegt. Wertvernichtend wirken vor allem Verwaltungsvorgänge, deren Aufwand in keinem Verhältnis für den Nutzen der Gemeinschaft steht. *Die wertvernichtende Administration ist für jeden betroffenen Bürger eine der starken, frustrierenden Belastungen. Sie verursacht viel Arbeit, Streß und Streitereien, lenkt ihn davon ab, in seinen Aufgaben aufzugehen, stört sein Glücksempfinden, verursacht Krankheiten, senkt seine Bereitschaft und Fähigkeit zu produktiver Leistung und führt über eine deutliche Senkung der Wirtschaftsleistung unter Umständen letztlich zu einer Gefährdung des demokratischen Systems.*

Es ist unbestritten, daß ein Staat seine Bürger mit Steuern belasten muß, und jeder anständige Bürger ist auch bereit, angemessene Steuern ohne nennenswerten Widerstand abzuführen, aber die Kompliziertheit, das Gefühl unwirtschaftlicher Verwendung der Mittel und die ständig notwendigen persönlichen Arbeitsleistungen zur Vorbereitung von Steuerunterlagen führen für zu viele Bürger zu einem Dauerfrust und zu erheblichen Einschränkungen in der Lebensqualität. Der als zu groß empfundene Druck beziehungsweise die Resignation als Folge der Komplexität zeigen sich denn auch in der Praxis an einer Fülle negativer Reaktionen.

Gesundes Leben heißt, sich der Wirklichkeit zu stellen und sich an ihr zu messen. Man muß lernen, für Ziele zu kämpfen und mit unbefriedigten Bedürfnissen fertig zu werden beziehungsweise mit ihnen zu leben. Wer nicht gefordert wird, zeigt Versagensängste und Frustration, die über Jahre zur Krankheit führen. Eine angemessene Spannung, zum Beispiel zwischen den Risiken, die Arbeit zu verlieren oder nicht befördert zu werden, und der Möglichkeit, mehr zu verdienen und in der Hierarchie aufzusteigen, erhöht die Kreativität, solange diese Spannung zu bewältigen ist. Ist dies jedoch nicht der Fall, weil man zum Beispiel nach langer Suche keine Arbeitsstelle findet, folgt Resignation, Frust, kreative Lähmung, Alkoholismus und schließlich Krankheit. Warum war das Problem psychischer Krankheiten trotz Wohlstand selten so bedeutend wie heute? Der Staat muß wieder Ziele für die Bürger aufzeigen: Wofür lohnt es sich, hohes Engagement zu zeigen? Was sollten die Ideale einer Gesellschaft sein? Der sportliche Ehrgeiz ist zu wecken!

▶ Das richtige Maß an Absicherung für den Notfall und einer angemessenen Zwangskonstellation durch Ziele und durch Forderung von Leistung ist die beste Basis für Glück und Gesundheit.

Die Leistungskultur ist entscheidend!

Leistungskulturen steigern Zufriedenheit und Erfolg – administrierte Kulturen senken die Lebensqualität und steigern die Korruption

Wie kommt es, daß zum Beispiel das rohstoffarme Japan und die alte Bundesrepublik Deutschland so reich geworden, aber das rohstoffreiche Indonesien oder Brasilien so arm geblieben sind? Warum ist England bis etwa 1980, Argentinien im 20. Jahrhundert, Schweden seit den 70er Jahren oder der Osten Deutschlands mit demselben menschlichen Leistungspotential wie im Westen so zurückgefallen? – Die Erfahrung in den Unternehmen beweist, daß vor allem die Bereitschaft und Motivation zu hoher Leistung, die in der Bevölkerung offen anerkannt wird, also die Leistungskultur, die Basis war. Solche Kulturen üben einen motivierenden Druck auf alle Beteiligten aus.

> ▸ Man könnte glauben, daß in Leistungskulturen die Arbeitsfreude sinkt. Erstaunlicherweise läßt sich aber in den Unternehmen das Gegenteil feststellen, solange die Kultur menschlich orientiert bleibt und der Leistungsdruck nicht weit überzogen wird, das heißt noch bewältigt werden kann.

In den Unternehmen zeigt sich, daß das ausgewogene Maß an Druck und Bedürfnisbefriedigung die Menschen am ehesten positiv anspricht und eine weit höhere Zufriedenheit erzeugt.

Verfällt die Leistungskultur eines Unternehmens, so sinkt automatisch die Arbeitsfreude. Es kommt zu immer mehr Streitereien und einem höheren Krankenstand. Die Mitarbeiter versuchen, sich der Arbeit zu entziehen, und die Forderung nach zusätzlichem Personal steigt ständig, auch wenn die Leistung pro Kopf schon weit unter der des Wettbewerbs liegt. Trotzdem wird die Arbeitsbelastung subjektiv als zu hart empfunden. Damit sinkt auch die Lebensqualität während der Arbeit, die doch den größten Teil unserer Zeit beansprucht.

Ein Unternehmen mit knapp 1 000 Mitarbeitern erzielte über längere Zeit sehr niedrige Erträge, geriet schließlich in Schwierigkeiten und wurde von einen Wettbewerber übernommen. Die Mannschaft war deprimiert und zerstritten, die freiwillige Einsatzbereitschaft sehr begrenzt, obwohl es letztlich darum ging, auch die eigenen Arbeitsplätze zu retten. Statt Rationalisierungsbereitschaft zu zeigen, hielt man sich mit Streitereien auf und an den unwirtschaftlichen Strukturen und Abläufen fest. Die Korrektur der verlorengegangenen ehemaligen Leistungskultur erwies sich bei der Sanierung als äußerst schwierig. Erst als sich Einstellung, Motivation und Leistungskultur nach vielen harten Schritten und vielen personellen Neubesetzungen sehr spät veränderten, trat langsam die längst notwendige Besserung ein. Bis dahin kam es aber zu hohen Wertverlusten und vielen tragischen menschlichen Schicksalen.

Diese Situation ist typisch für eine Vielzahl von Unternehmen, die in Schwierigkeiten geraten, und auch typisch für die relativ wenigen Firmen, die später wieder zum Erfolg geführt werden.

Die Folge einer verfallenen Leistungskultur in Unternehmen ist, daß die Produkte für den Kunden immer uninteressanter werden und der Umsatz sinkt. Sowohl der sinkende Umsatz als auch die fehlende Leistungseffizienz verschärfen die Probleme: Die Zahl der Arbeitsplätze schrumpft immer weiter; die Verluste erhöhen sich. Gelingt es nicht schnell genug, die Kosten zu senken und unter anderem auch Arbeitsplätze abzubauen sowie die Leistung durch bessere Organisation, neue Produkte etc. zu erhöhen, so führt dies unweigerlich zum Vergleich oder Konkurs. Solche harten Eingriffe, die mit chirurgischen Eingriffen im Menschen vergleichbar sind, haben für alle Beteiligten schwerwiegende Konsequenzen und führen zu hohen Belastungen.

Die Erfahrungen in den Unternehmen beweisen, daß ein angemessener Druck aufgrund einer fordernden Leistungskultur, also eine motivierende Zwangskonstellation, in jeder Organisation auf Dauer Erfolge und einen hohen Grad an Zufriedenheit bei den Mitarbeitern beziehungsweise Bürgern und Erfüllung bei der Arbeit bewirkt. Jede Führung sollte deshalb alles tun, um Leistungskulturen zu entwickeln und zu erhalten. Warum sind die preußischen Tugenden Pünktlichkeit, Zuverlässigkeit und Rücksichtnahme so schlechte Ziele, daß sie nicht weiter gelten? Ist der Wertewandel in Deutschland[2] nicht beispielsweise ein starkes Signal für Veränderungen der Leistungskultur in einen gefährlichen Trend? Wer Erfahrungen mit Unternehmen in vielen verschiedenen Ländern sammeln konnte, muß erkennen, daß die volkswirtschaftliche Kultur eine entscheidende Basis dafür war, daß Deutschland oder Japan die heutige Wirtschaftsposition besitzt und über einen entsprechenden Wohlstand verfügt. Je mehr in einer Nation Freizeit als Lust und Arbeit als Last empfunden wird, um so mehr sollten Entscheider und Meinungsführer prüfen, welche entscheidenden Fehler diese Entwicklung bewirkten.

Klare Ziele sind die Voraussetzung für die Entwicklung einer Leistungskultur

Wenn Menschen realistische Ziele verfolgen, sind sie zu hohen Leistungen fähig und erreichen diese normalerweise auch. Beweise dafür sind Sport und Hobbys, aber auch viele Mitarbeiter in den Betrieben belegen dies. Das schafft eine hohe Zufriedenheit. Klare gemeinsame Ziele einer Organisation erhöhen die Effizienz und Effektivität erheblich. Könnte eine Fußballmannschaft oder ein Ruderteam ohne gemeinsame Ziele erfolgreich sein? *In jeder Sozietät, ob Unternehmen, Verein oder Volkswirtschaft, ist der Konsens über die gemeinsamen Ziele für den Erfolg von großer Bedeutung.*

> In einer Unternehmensgruppe zeigte sich eindrucksvoll, wie die Klärung der Ziele eine wichtige Basis für die Neuausrichtung der Mitarbeiter und letztlich für den Erfolg der Gruppe war. An sehr kurz gefaßten sogenannten „Neun Geboten" wurde klargemacht, was die Führung wollte, und sie ließ keinen Zweifel daran, daß diese Gebote auch durchgesetzt werden mußten. Im Gegenzug wurde den Mitarbeitern viel Freiheit im Detail eingeräumt, es kam also zu keiner Bevormundung bei der Tagesarbeit. Der Vorgesetzte sollte coachen beziehungsweise helfen, damit die richtige Arbeitsweise gefunden wird, aber nicht mit Vorschriften hineinregieren. Die Umsetzung solcher Ziele mußte sich im täglichen Handeln der Führung äußern. Nach starken personellen Umstellungen

gelang es im Laufe weniger Jahre, die Kultur des Unternehmens völlig zu verändern; Intrigen wurden reduziert und die Sachlichkeit der Diskussion erheblich verstärkt. Die Erfolge ließen nicht lange auf sich warten.

Auch der Staat sollte Klarheit über die Ziele schaffen. *Gerade falsche Zielsetzungen fördern eine üppige Administration.* Historisch gewachsen ist die Ansicht: „Der Staat soll nicht wirtschaftlich, sondern korrekt arbeiten", oder wie ein Minister einmal sagte: „Die Behörden sollen zuverlässig arbeiten und nicht kreativ sein." Sind das Gegensätze? Früher galten Qualität einerseits und Schnelligkeit und Kosten andererseits in der Industrie als Gegensatz: Hohe Qualität konnte nur erzeugen, wer sich Zeit ließ und hohe Kosten in Kauf nahm. In Untersuchungen wurde an Praxisbeispielen bewiesen, daß Spitzenfirmen hohe Qualität mit niedrigen Kosten in extrem kurzer Zeit produzieren können. Neuere Untersuchungen zu industriellen Abläufen zeigen, daß die Schnelligkeit einer Organisation, also beispielsweise die Lieferschnelligkeit, die Schnelligkeit der Entwicklung und Einführung neuer Produkte etc., die Wettbewerbsfähigkeit in erheblichem Maße beeinflußt. Sie beweisen weiterhin, daß sich bei richtiger Organisation die Zeit oft um mehr als 50 Prozent verkürzen läßt und daß dies darüber hinaus auch noch mit deutlichen Kosteneinsparungen verbunden ist, während man bis dahin immer geglaubt hat, daß kürzere Fristen zu höheren Kosten führen. Es ist eben eine Frage der besseren Organisation. Dies gilt auch für die Gesamtbelastung bei volkswirtschaftlichen Abläufen: Wenn sich beispielsweise Prozesse in vielen Ländern über mehr als fünf Jahre hinziehen, so heißt dies, daß sich Kläger, Beklagte, Anwälte und Gerichte während dieser Zeit immer wieder mit dem Problem auseinanderzusetzen haben, was unter Umständen für alle Betroffenen zu einer lähmenden Unsicherheit führt. Reisen werden erforderlich, Termine überwacht, Schriftsätze erstellt, Besprechungen finden statt usw. Die Kreativität wird über lange Zeit negativ abgelenkt. Bei einer Halbierung der Zeit von vier auf zwei Jahre würde sich der volkswirtschaftliche Gesamtaufwand erheblich reduzieren. Das entspricht den Untersuchungsergebnissen zur Verkürzung der Durchlaufzeiten von Wertschöpfungsprozessen in der Wirtschaft: Kürzere Zeitabläufe führen generell zu erheblichen Kostensenkungen.

Warum kann eine staatliche Administration nicht schnell, wirtschaftlich und zuverlässig arbeiten? Warum sollte in den Behörden nicht das gleiche wie in der Industrie möglich sein? Eine entscheidende Voraussetzung für jede Realisation ist zunächst die Zielsetzung. Ohne Ziele gibt es keine Erfolge beziehungsweise nur Zufallserfolge. Hier liegt also bereits eine Fehlvorgabe der politischen Instanzen vor: Zuverlässigkeit ist das Ziel, aber Kreativität und Wirtschaftlichkeit fehlen als Vorgabe.

Wie wichtig eine klare Ausrichtung auf neue Ziele sein kann, beweisen zahlreiche Unternehmen. Die Folge sind nicht nur hohe Ertragskraft und sichere Arbeitsplätze, mit denen die Unternehmen einen wichtigen Beitrag zu unserer Volkswirtschaft leisten, sondern sie bieten darüber hinaus eine weitaus bessere Basis für die Arbeits- und Lebensqualität. Warum lernt unsere Volkswirtschaft nicht aus diesen Erfahrungen? Wir könnten viele Frustrationen und Krankheiten verhindern und einen Staat aufbauen, in dem Glück und Zufriedenheit mehr dominieren als Streit und Haß.

Lohnenswerte Ziele steigern die Leistungseffizienz aufgrund der gemeinsamen Orientierung und erhöhen die Zufriedenheit. Ganze Völker lassen sich mit hohem Engagement von Visionären führen. Nur Ziele, die kurz und prägnant formuliert und von möglichst vielen verstanden sind, lassen eine Leistungskultur entstehen.

Interessenharmonie als Grundlage der Leistungskultur

Aufsässigkeit und Widerspruch gegen die Führung hat es zu allen Zeiten gegeben. Trotzdem basieren Leistungskulturen immer auf einer zumindest weitgehenden Einsicht in die Notwendigkeit und einer Interessenharmonie: Neben klaren Zielen ist vor allem das Gefühl der Fairness, Ehrlichkeit, Gerechtigkeit und Anerkennung eine wichtige Grundlage. Hilft der Staat den Kranken und unverschuldet in Not geratenen Mitmenschen, so wird das verstanden. Entsteht aber das Gefühl, daß die hohen Steuern und Abgaben unwirtschaftlich verwendet werden, zum Beispiel für Fehlinvestitionen oder mißbrauchte Wohlfahrtsleistungen, dann geht die Interessenharmonie oder der Sozialkonsens verloren. Sind harte Entscheidungen zu treffen, so muß die Notwendigkeit dieser Schritte verstanden werden. Das beseitigt einen möglichen direkten oder indirekten Widerstand und kann sogar zum Engagement für die Ziele führen. Nur dann kann eine solche Entscheidung mitgetragen werden. Die Mitarbeiter müssen ein Interesse daran haben, sich für die Belange einer Organisation zu engagieren. Dabei stehen die persönlichen Interessen im Vordergrund, und die übergeordneten Ziele werden daran gemessen, wie man damit die eigenen Wünsche erfüllen kann. Menschen wollen Freiheitsraum und wenig Vorschriften im Detail, um sich entfalten zu können.

In der wirtschaftlichen Krise eines großen Mittelständlers wurde in der Geschäftsführung die Frage diskutiert, ob man die Mitarbeiter offen über die Probleme informieren soll. Eine der Führungskräfte vertrat die Auffassung, daß dies kritisch sei, da gerade gute Mitarbeiter das Unternehmen verlassen würden. Von einer anderen wurde die Auffassung vertreten, daß eine offene Information deshalb nötig sei, damit die Mitarbeiter die Probleme kennen und sich entsprechend verhalten können. Entscheidend sei die Darstellung eines neuen Konzeptes, das allen Hoffnung auf eine bessere Zukunft versprach. Schließlich entschloß man sich zur offenen Aussprache, zunächst im Führungskreis, dann in der Betriebsversammlung. Die Erfahrungen insgesamt waren sehr positiv. Alle Verlustabteilungen wurden aufgedeckt. Einerseits überraschte es viele Mitarbeiter, daß bestimmte Abteilungen im Verlust lagen, auf der anderen Seite machte das Zukunftskonzept für alle deutlich, wie sich Sicherheit für das Unternehmen und die Arbeitsplätze erreichen ließe. Im Management stieg aufgrund der Darstellung der schwierigen Situation, der Ziele und des neuen Konzeptes die Einsatzbereitschaft erheblich. Vor allem die höhere Verantwortung und der größere Freiheitsgrad, der aber auch neue Druckkonstellationen schuf, führte auch dazu, daß viele Mitarbeiter, die früher pünktlich bei Feierabend das Werk verlassen hatten, nun bis in den Abend hinein mitwirkten, um mit ihrer Kreativität positive Beiträge zu erbringen. Die höhere Interessenharmonie half, wesentlich schneller neue Produkte zu entwickeln und bessere Positionen zu erreichen.

Eine Interessenharmonie wird leicht durch das Empfinden von Ungerechtigkeit gestört:

> Eine leistungsfähige kleine Gruppe mit circa zehn Mitarbeitern kämpfte mit großem Engagement darum, die von ihr geforderten Ziele zu erreichen. Allen machte es Spaß, keiner achtete genau auf die Zeit beziehungsweise darauf, daß längst Feierabend war. Nun kam eine Nachwuchsführungskraft mit glänzender Ausbildung in die Gruppe. Man wußte, daß diese Mitarbeiterin für höhere Führungsaufgaben vorgesehen war. Ihr Benehmen wurde als unfreundlich empfunden, und sie ging abends pünktlich, selbst wenn noch dringende Arbeiten für den nächsten Tag fertigzustellen waren. Andere Mitarbeiter waren darüber sehr verärgert. Sie empfanden es als ungerecht, daß jemand mit so wenig Einsatz gefördert werden sollte. Nach wenigen Monaten hatte sich die Einsatzbereitschaft der Gruppe völlig verändert. Die Leistungskultur verfiel. Man tat seine Pflicht, aber jeder begann mehr und mehr, auf die Feierabendzeit zu achten. Erst als aufgrund einer klaren Führungsentscheidung die Nachwuchskraft ausschied, was von allen mit Genugtuung registriert wurde, war die alte Motivation bald wieder hergestellt. Da der negative Einfluß nur kurze Zeit dauerte und die Führung nach wie vor als Vorbild wirkte, kam es nicht zu einem nachhaltigen Schaden.

Mitbestimmung steigert die Interessenharmonie und erhöht tendenziell die Gerechtigkeit der Entscheidungen, vor allem in großen Organisationen. Auf der anderen Seite sinken die Qualität der Entscheidungen sowie die Beschlußfähigkeit, und die wertvernichtende, belastende Administration sowie die Interessendisharmonie erhöhen sich zunehmend, wenn das Optimum mehr und mehr überschritten wird. Werden die wirtschaftlichen Zusammenhänge schon von gut ausgebildeten und erfahrenen Fachleuten manchmal falsch eingeschätzt, so steigt die Gefahr unwirtschaftlicher Beschlüsse, wenn eine Vielzahl weniger vorgebildeter und erfahrener Entscheidungsträger mitwirkt. Weiterhin sind lange Diskussionen über die Meinungen von Interessenvertretern einzelner Gruppen sowie falsch gesetzte Schwerpunkte aufgrund unzureichender Kenntnis der Zusammenhänge kosten- und zeitaufwendig. Vor allem notwendige, aber unpopuläre

Verfügungen zur Strukturveränderung lassen sich normalerweise erst durchsetzten, wenn die Probleme schon zu weit fortgeschritten sind, erhebliche Potentiale verlorengingen und die gefährlichen Krankheitsmerkmale bereits drohend deutlich werden. Die Erhaltung der Leistungsfähigkeit und des Wohlstands setzt aber eine laufende Anpassung und Korrektur voraus. Aus diesem Grunde ist abzuwägen, wie man zwischen der Frage der Gerechtigkeit einerseits und der Wirtschaftlichkeit andererseits optimieren will.

Wie bei einem Schwimmer, der mit dem Strom schwimmt, ist es ideal, wenn der Druck in Richtung der eigenen Wünsche verläuft. Sind Mitarbeiter beispielsweise, wie dies bei fast allen Führungskräften der Fall ist, auf eigene Kreativität und Einsatzbereitschaft angewiesen, so ist das Interesse naturgemäß höher, wenn sie mit besseren Ergebnissen auch die eigene Position verbessern und das Einkommen steigern können. Wie oft behaupten Politiker, daß sie kein Interesse an Macht und Einkommen haben.

> Wie sehr sich die meisten Menschen an der Ökonomie ihrer eigenen Vorteile orientieren, hat die Psychologie längst belegt und konnte jeder Manager im Laufe seines Arbeitslebens erleben. Dies wird bei wirtschaftspolitischen Entscheidungen zu wenig beachtet.

Wie oft wurde dem Verfasser direkt oder indirekt von Führungskräften gesagt: „Ob die Tantieme fest oder variabel ist, ich werde deswegen mein Verhalten nicht ändern!" Tatsache war jedoch, daß sich durch eine variable Tantieme im Laufe der Zeit nicht nur das Engagement, sondern auch die Einstellung zum Unternehmen deutlich positiv veränderte. Für die Interessenharmonie war sie fast immer eine entscheidende Basis. Das eigene Bedürfnis nach einem hohen Einkommen wurde am besten befriedigt, wenn man dem Ziel des Unternehmens, eine bessere Rendite zu erreichen, folgte. Die Mitarbeiter gaben viele geheime Widerstände auf, weil es kein Ausweichen gab, denn in jedem Fall hätte man damit seine eigenen Interessen geschädigt. *Die Abhängigkeit eines variablen Einkommens vom Ergebnis der selbstgeführten Organisation erweist sich wegen der Interessenharmonie als einer der ausgewogensten Druck- und Motivationsfaktoren, sich wirtschaftlich zu verhalten und Strukturen anzupassen.*

Den besten Beweis liefert das hohe Engagement der meisten selbständigen Unternehmer.

Auch die Entwicklung des Krankenstandes bei unterschiedlichen Systemen oder bei Veränderungen der Systeme läßt Rückschlüsse auf die Anpassung der Menschen an die Ökonomie der Vorteile zu. Nachdem aufgrund zu großzügiger Verhaltensweisen der öffentlichen Hand der Krankenstand in Schweden unerträglich hoch wurde, hat man 1991 die Entgeltfortzahlung verändert: Der erste Tag blieb seitdem ohne Entgelt, am zweiten und dritten Tag zahlte das Unternehmen 75 Prozent, ab dem vierten Tag bis zum Ende der zweiten Woche 90 Prozent. Die Fehlzeitenquote hat sich gegenüber 1990 nahezu halbiert.[3] Ein Verhalten, das sich an der Ökonomie der Vorteile orientiert, ist typisch für alle Menschen, ob Manager, Bürger oder Politiker.

Wie oft laufen in der Volkswirtschaft die Maßnahmen gegen die beschlossenen Ziele und führen dadurch zu einer Interessendisharmonie. Politiker fordern zum Beispiel mehr Arbeitsplätze, die höhere Umsätze und eine höhere Leistung der Wirtschaft voraussetzen. Im täglichen Handeln denken sie jedoch nicht darüber nach, daß sie die Leistungsträger durch ihre täglichen Entscheidungen zusätzlich belasten und demotivieren, wenn sie selbst Administration, Kosten oder Verschuldung aufbauen. Damit wird das Ziel, Bürger und Unternehmen zu höherem Einsatz zu bewegen, konterkariert. Die wesentliche Ursache für abfallende Leistung liegt beim Staat selbst.

Wenn der Staat ständig neue Vorschriften erläßt und die Bürger damit im Detail bevormundet, die Administration und die Steuern erhöht und wenn der Leistungsträger mehr Belastung zu tragen hat, so daß ihm immer geringere Einkommensanteile bleiben, so kommt es zu einer immer größeren Verärgerung und zu einem zunehmenden Konflikt zwischen den staatlichen und den persönlichen Interessen. Zu viele Tatbestände werden geregelt. Die Vorschriften werden zu umfangreich und komplex, als daß der Bürger die Zusammenhänge noch überblicken könnte. Er ärgert sich über die nach seiner Meinung sinnlose Arbeit, die entstehenden Kosten und die hohen Abgaben. Immer mehr Bürger suchen nach Auswegen. Sie setzen all ihre Kreativität ein, die Vorschriften zu unterlaufen, und nicht dazu, die wirtschaftliche Situation zu verbessern.

Nicht zuletzt zu hohe Steuern, verbunden mit dem Gefühl der Verschwendung bei der öffentlichen Hand, stören die Interessenharmonie. Zunächst werden die verfügbaren legalen Auswege ausgeschöpft: Die Bürger nutzen Steuersparmodelle und treten aus Kirchen, Gewerkschaften und Parteien aus, um Geld zu sparen. Darüber hinaus gehen jedoch viele Steuerpflichtige mit aufwendigen, zum Teil nicht rechtlich abgesicherten Konstruktionen Risiken ein, führen aus volkswirtschaftlicher Sicht Fehlinvestitionen durch, um dem Druck zu entweichen, und riskieren dabei auch noch Vermögen. So geht für die wirtschaftliche Wettbewerbsfähigkeit viel wertvolle Arbeitsleistung und Kreativität verloren, nützliche Kräfte werden vergeudet. Mit raffinierten Beratern läßt sich unter Umständen ein Großteil der Steuern einsparen. Wer finanziell unabhängig ist, wandert legal mit seinem Vermögen ins Ausland ab. Das verstärkt bei den übrigen Bürgern das Gefühl der Ungerechtigkeit und den Steuerwiderstand. Wer keine Skrupel hat, führt „Schwarzarbeiten" durch oder sucht andere illegale Wege der Steuerersparnis. Die Presse informiert offen über Steuerlücken und Möglichkeiten, Gelder in sichere Gefilde zu transferieren. *Mit sinkender Interessenharmonie steigt der Anreiz zum illegalen Handeln, das Unrechtsbewußtsein nimmt ab und der Trend zur „inneren Kündigung" verstärkt sich.* Schließlich nimmt die volkswirtschaftlich so wichtige Sparneigung ab, weil der Bürger fürchtet, daß die öffentliche Hand große Teile des Angesparten wegbesteuert. Der Staat verschärft die Gesetze und Kontrollen, der Bürger strengt sich noch mehr an, dem Druck auszuweichen. Eine interventionistische Eskalation der Eingriffe zum wirtschaftlichen Schaden aller, verbunden mit steigendem Streß und Streitereien, beginnt.

Dies alles sind Indikatoren für wachsende Interessenkonflikte. *Der große Schaden nicht zielgerichteter und in weiten Teilen nicht konsensfähiger Vorschriften und Eingriffe liegt weniger in den kurzfristigen Abflüssen von Mitteln, sondern vielmehr in einer Leistungsabsenkung und Kreativitätsblockade für die wichtige Weiterentwicklung und schließlich sogar in einer Mentalitätsveränderung, das heißt in einer Veränderung der volkswirtschaftlichen Kultur.*

Überschaubare Regeln, Freiheit im Detail, Strenge in den Grundwerten

Ende der 70er Jahre kam ein größerer Mittelständler mit vielen verschiedenen Arbeitsgebieten in die Existenzkrise. In den Bereichen eines Vorstands, der seinen Mitarbeitern einen breiten Freiheitsraum gewährte, blieb der Erfolg aus, aber auch die Bereiche seines Kollegen, der weitaus strenger führte und kontrollierte, zeigten kein positives Ergebnis. Überall wurden lange Diskussionen geführt, in die jeder seinen Beitrag einbringen konnte. Die meisten fragten enttäuscht, was diese breiten Diskussionen wohl bewirken sollten. Die Motivation der Führungskräfte war in beiden Fällen schlecht bis höchstens mittelmäßig. Kaum jemand war bereit, sich zum Wohle der Firma voll einzusetzen. Kurz nach Feierabend war fast niemand mehr anzutreffen. Der neue Vorstand stand vor der Frage: Wie lassen sich die Mitarbeiter begeistern? Wie bringen sie freiwillig ein höheres Engagement?

Zunächst verkleinerte er mit Hilfe einer veränderten Organisation die Stabsabteilungen und die Zuständigkeitsgebiete und grenzte sie besser ab. Dann schuf er kurze und knappe Unternehmensgesetze als Ziele, die alle verstehen konnten. Ihre Bedeutung und ihr Inhalt wurden immer wieder an Beispielen geschult. Jeder wußte, was man von ihm erwartete. Im Rahmen dieser Gesetze arbeiteten die Mitarbeiter fortan fast völlig frei. Nur die Zielsetzungen wurden jährlich neu überarbeitet und deren Realisation während des Jahres ständig kontrolliert. Der Leiter eines Geschäftsfeldes sollte wie ein Unternehmer in seinem Tätigkeitsgebiet handeln, aber die wenigen Unternehmensgesetze durfte niemand ohne Konsequenzen verletzen. Die Sitzungen mit kleinen Gruppen wurden straff von den Vorgesetzten geführt. Jeder, der etwas Wichtiges beizutragen hatte, bekam die Gelegenheit, aber die Zeit war begrenzt. Erkannte die Gruppe die Gedanken als wichtig, so griffen andere das Thema automatisch auf und führten es weiter. Jeder empfand das höhere Maß an Diskussionsdisziplin als vorteilhaft und sehr förderlich für die Entschlußfähigkeit des Unternehmens, denn im Wettbewerb ist Schnelligkeit entscheidend. Es kam zu einem erheblichen Motivationsschub. Mit der Begeisterung stiegen Einsatzbereitschaft und Erfolg. Die Strenge bezüglich der Einhaltung der Unternehmensgesetze wurde als fair empfunden und unterstützte die Motivation. Das Unternehmen legt seit dem Wandel Spitzenergebnisse vor, und die Motivation blieb bis heute auf hohem Niveau.

Gesetze, Behörden, Rechtsprechung und Rechtsvollzug zeigen Ziele auf, bringen Sicherheit, führen zu einer Ordnung in der Volkswirtschaft und tragen bei konsequenter Umsetzung somit zum Nutzen für den Bürger bei. Damit wirken Gesetze zunächst grundsätzlich werterhöhend und steigern die Lebensqualität, auch wenn die Umsetzung mit einem gewissen Aufwand verbunden ist. Je nach der Art der Gesetze liegt der Breakeven-Punkt, bei dem das Optimum an Wertschöpfung erreicht ist, mehr oder weniger hoch. Werden Gesetze und Rechtsprechung aufgrund des hohen Ziels der Einzelfallgerechtigkeit zu kompliziert, zu viele Einzelfälle geregelt und die Umsetzung zu schwierig, so nimmt der Gesamtnutzen für die Allgemeinheit aufgrund der zunehmenden Unsicherheit bei allen Entscheidungen eher ab, während der zusätzliche Aufwand erheblich steigt.

Früher galt der Grundsatz: „pacta sunt servanda". Was schriftlich festgehalten wurde, galt als vereinbart. Das war für alle Beteiligten übersichtlich und klar. Wie heute Verträge zu interpretieren sind, entscheidet das Gericht. Damit erhöht sich die Rechtsunsicherheit für die Vertragspartner und die Zahl der Streitfälle erheblich, aber die Gerechtigkeit wird kaum erhöht, denn das Gericht ist hier weitgehend auf theoretische Überlegungen angewiesen. Die ständig steigende Zahl der Rechtsvorschriften, die dadurch begründeten interpretierenden Durchführungsvereinbarungen, gerichtlichen Entscheidungen, Kommentare, und die Auflösung wichtiger Rechtsgrundsätze machen die Rechtsprechung unüberschaubar und für den Bürger weniger kalkulierbar. Ob er sich richtig oder falsch verhält, hängt mehr als früher vom Zufall ab. Läuft die Klage über viele Instanzen, so resultiert daraus eine jahrelange Rechtsunsicherheit für die Betroffenen. Dasselbe gilt, wenn die Gesetzesvielfalt die Situation unüberschaubar macht und damit der Vollzug problematisch wird. In diesem Stadium wirken Gesetze und Rechtsprechung eher wertvernichtend. Auch der Breakeven-Punkt zur Erhöhung der Lebensqualität ist weit überschritten.

Bei der Schaffung neuer Gesetze wird grundsätzlich nur der Aufwand der öffentlichen Hand, kaum noch der des produzierenden Gewerbes sowie der Verbände und schon gar nicht der Aufwand, Streß und Ärger bei den Bürgern berücksichtigt. In einem Staat mit zu vielen Gesetzen und Verordnungen, selbst für unwichtige Tatbestände und Sonderfälle, sinkt die Rechtssicherheit. Keiner übersieht mehr alle Zusammenhänge; die Arbeit wird komplizierter; die Verhandlungen ziehen sich in die Länge, und jeder ist mit der Situation unzufrieden. *Komplizierte, zu detaillierte rechtliche Rahmenbedingungen und nachträgliche, kleinliche Korrekturen durch die Gerichte, oft mit dem gutgemeinten Ziel hoher Einzelfallgerechtigkeit, führen zu extremer Entscheidungsunsicherheit, eskalierenden Streitereien, sinkender Kreativität und hemmen somit die Leistungsfähigkeit einer Volkswirtschaft.*

Streitkulturen senken die Lebensqualität und den Lebensstandard

Konflikte sind ein wesentlicher Bestandteil des menschlichen Zusammenlebens. Sie entstehen durch Gegensätze von Zielen, Interessen und Bedürfnissen. Nur die Konflikte, die sich auf das Sachliche und Wesentliche beschränken, wirken normalerweise durch die aus ihnen resultierenden konstruktiven Veränderungen werterhöhend. Die meisten Konflikte werden jedoch stark emotional und persönlich geprägt ausgetragen. Dadurch lenken sie vom Wesentlichen ab, führen zu hoher Belastung, Demotivation und Resignation und wirken stark wertvernichtend. Wer bedingungslos die Streitkultur fordert, ist sich entweder nicht darüber im klaren, welche Belastungen er dem Bürger durch solche Kleinkriege zumutet und welche wirtschaftlichen Schäden er anrichtet, oder er nimmt auf die dadurch entstehenden Folgen keine Rücksicht.

> In einem Großkonzern kam es im Vorstand zu ständigen Streitereien, die die Zusammenarbeit erheblich erschwerten. Es gab keinen starken, mit entsprechenden Vollmachten ausgestatteten Vorsitzenden, sondern die Satzung sah bewußt die Gleichheit der Mitglieder im Spitzengremium vor. Für die Mitarbeiter war diese Situation sehr schwierig und belastend, weil jeder einerseits einem

Vorstand zugeordnet war, der von ihm erwartete, daß er seine Partei kämpferisch vertrat, andererseits aber die Wettbewerbsfähigkeit des Unternehmens eine harmonische, ergänzende Zusammenarbeit erforderte. Der Streit in der Spitze setzte sich im Laufe der Zeit mehr und mehr nach unten hin fort. Jeder war mit dieser Situation im Grunde unzufrieden, fühlte sich aber außerstande, dies zu ändern. Sichtbarer Ausdruck in den Zahlen war der weit überhöhte Krankenstand.

Als dann auch noch aufgrund der hohen Reibungsverluste Positionen verlorengingen und Renditeprobleme die Existenz der Arbeitsplätze bedrohten, kam es zu wachsenden Schuldzuweisungen und zu einer Eskalation der Streitereien. Der Führungsstil wurde barsch und aggressiv. Viele resignierten, andere wechselten das Unternehmen. Die einst starke finanzielle Basis ging zunehmend verloren. Erst die Existenzgefahr bewirkte eine Strukturänderung: Ein Vorsitzender wurde bestimmt. In kurzer Zeit kam es zu einer klaren Neuorientierung der Mitarbeiter. Auf der Basis klarer Ziele konzentrierte man sich wieder auf den Markt und die Kunden. Das Unternehmen arbeitet heute wieder auf gesunder Basis. Die Mitarbeiterzufriedenheit und die Lebensqualität am Arbeitsplatz sind erheblich gestiegen, die Fluktuation ist gesunken. Gerungen wird heute in erster Linie um die Sache, persönliche Angriffe sind nicht erwünscht.

Welche Reibungsverluste, sinkende Lebensqualität und Vermögensverluste ständige Streitereien, Intrigen und Machtkämpfe mit sich bringen, zeigt sich am deutlichsten an der Mortalitätsrate von Familienbetrieben. Nach internationalen Studien gehen mehr als 50 Prozent dieser Unternehmen bis zur zweiten Generation unter oder werden übernommen, weil die Familien mit ihren Problemen nicht fertig werden. Deutlicher läßt sich das Maß an Wertevernichtung durch sinnlose Streitereien kaum beweisen. Auch in Publikumsgesellschaften führen Macht und Richtungskämpfe innerhalb von fünf bis zehn Jahren zu einem mehr oder weniger starken Werteverfall. Nur löst sich hier das Problem meistens durch den Druck der roten Zahlen aufgrund harter Entscheidungen des Aufsichtsrats oder Boards.

Jeder persönliche Angriff ist besonders ärgerlich für den Betroffenen, richtet viel Schaden an, bringt aber wenig Nutzen für die Sache, gefährdet in hohem Maße die Interessenharmonie und bedeutet einen nicht unwesentlichen Eingriff in die Lebensqualität. Wenn Streitereien zwischen den Interessengruppen in der Volkswirtschaft eskalieren, zum Beispiel durch Tarifauseinandersetzungen, entstehen Reibungskonflikte, die die Entwicklung ganzer Branchen und ganzer Volkswirtschaften bremsen. *Übertriebene Streitereien zwischen den Interessengruppen steigern die Reibungskonflikte und dämpfen die Leistungskultur. Sie leisten schließlich einen Beitrag zu einer unerwünschten Mentalitätsänderung.*

> Unzufriedenheit wird meist zum Schaden aller angeheizt und sollte deshalb nur ein Mittel für äußerste Notfälle sein.

Die erheblichen Wettbewerbsnachteile, die solche Volkswirtschaften im Vergleich zu anderen haben, deren Grundkonsens auf einer Interessenharmonie beruht, beeinträchtigen auf lange Sicht den Lebensstandard.

Unsachliche und oftmals persönliche Auseinandersetzungen zwischen den politischen Parteien, vielfach verbunden mit verletzenden Angriffen auf das Gegenüber, üben einen negativen Einfluß auf die Bürger aus. Diese müssen sich bei Fernsehauszügen von Parlamentsdebatten ständig über die schlechten Vorbilder ärgern und empfinden es als deprimierend, wenn die Spitzenpersönlichkeiten ihres Staates das Sachliche so wenig in den Vordergrund stellen. Dieses Vorleben der Meinungsführer prägt die Gesellschaft. Aggressivität gegen andere, unsachliche Auseinandersetzungen etc. werden vorgelebt und nachgeahmt. Zu lügen ist kein verurteilenswertes Verhalten mehr. Diese volkswirtschaftliche Kultur schlägt zurück: Wer wenig Frustrationsverträglichkeit besitzt, wird krank. Wird solchen Menschen nicht bitteres Unrecht getan? Wer stark genug ist, stellt sich der Realität und macht mit. Recht und Ordnung, die von den meisten Menschen mehr geschätzt werden und die somit entscheidend zur Lebensqualität beitragen, wären bessere Ziele. Ist damit nicht auch ein höheres Maß an Gerechtigkeit verbunden? *Harmonie leistet einen wichtigen Beitrag zur Lebensqualität. Zerstrittene Vorbilder erhöhen aber die*

Bereitschaft zur Auseinandersetzung. Der notwendige Streit sollte sich auf das Sachliche beschränken.

Durch die zu wenig sachbezogene Argumentation und Handlungsweise werden jährlich aufgrund der Machtkämpfe und Reibungsverluste quer durch ein ganzes Volk riesige Werte vernichtet oder Potentiale nicht ausgeschöpft. Darüber hinaus regt die Unzahl der Gesetze, Verordnungen und Erlasse die Streitereien und die Neigung an, die Gerichte zu bemühen. Allerdings sind in der Volkswirtschaft diese Verluste beziehungsweise Folgen in ihrer Gesamtheit kaum meßbar. Lediglich in Einzelfällen werden die Kosten, beispielsweise von Polizeieinsätzen, geschätzt. Aber durch die Folgen für die Gesamtleistung gehen langfristig immer größere Prozentsätze des Bruttoinlandprodukts verloren, oder Chancen zu höherem Wohlstand werden vertan. Länder, die große Reibungskonflikte durch eine sehr hohe Streikrate zeigen, erleiden nicht nur erhebliche Produktionsausfälle, sondern es kommt infolge häufiger Qualitäts- und Lieferprobleme auch zu einer Vertrauenskrise auf der Kundenseite. Da die Unternehmen das Kundeninteresse mit niedrigeren Preisen wieder zu steigern suchen, führt dies aus mehreren Gründen zwangsläufig zu weniger Spielraum für die Gehälter, und der Lebensstandard sinkt.

Betrachten wir als Gegensatz dazu die typische Situation in einem Unternehmen mit Hochleistungskultur: *Hochleistungskulturen konzentrieren sich weitgehend auf die Ziele des Unternehmens, Auseinandersetzungen betreffen fast nur die Sache.* Persönliche Auseinandersetzungen sind, wie viele Spitzenunternehmen beweisen, auf ein Minimum reduziert, denn jeder weiß, daß er Vorteile für sich erzielt, wenn er positiv an der Zielerreichung mitwirkt. Im Bereich des Sachlichen gibt es aber durchaus engagierte Diskussionen. Die Leistung der Organisation steigt im Laufe von wenigen Jahren erheblich.

Korruption, Kriminalität und Unpünktlichkeit sind wichtige Faktoren der Unwirtschaftlichkeit und Lebensqualität

Eine weitere wichtige Grundlage für die Lebensqualität, aber auch für die Motivation und Leistungsfähigkeit, ist die konsequente Durchsetzung des Rechtes, um Korruption und Kriminalität zu verhindern.

Wieviel wohler fühlen sich Menschen in den Ländern, in denen Behörden korrekt arbeiten und man sich nicht nur deshalb frei bewegen kann, weil das System freiheitlich ist, sondern auch weil Recht und Ordnung die persönliche Sicherheit und das Eigentum schützen. Verbrecher hinterlassen bei ihren Opfern neben materiellen Verlusten große psychische Schäden, wie ständige Angst und seelische Belastungen, und beeinträchtigen damit deren Lebensqualität in hohem Maße. Diese kaum zu überschätzenden Folgen werden weder vom Gesetzgeber noch von den Gerichten angemessen berücksichtigt. Wirtschaftsspionage, Erpressungen, Anheuerungen durch Geheimdienste etc. gefährden Inhaber und Mitarbeiter. Schließlich gehen Arbeitsplätze durch unterlassene Investitionen verloren. Ist es ein Wunder, daß nicht wenige sich in den betroffenen Ländern nach einem „starken Mann" an der Spitze sehnen, obwohl jeder die daraus erwachsenden möglichen Gefahren kennt? Wieviel unwirtschaftlichen Aufwand müssen viele Privatpersonen aus Sicherheitsgründen treiben, um sich selbst und ihr Hab und Gut zu schützen zum Beispiel durch Alarmanlagen, Umzäunungen, Schließanlagen, Überwachungssysteme und Zutrittskontrollanlagen? Ganze Industrien und Dienstleistungsbranchen haben sich in der Zwischenzeit gebildet, die das entstandene Risiko verkleinern helfen, aber die vorher abgesunkene Lebensqualität wird dadurch nur zum Teil wiederhergestellt. Damit werden Investitionen und kreative Kräfte gebunden, die sich in einem sicheren Staat nützlicher für eine Erhöhung der Lebensqualität einsetzen lassen.

Je höher die Administration wird, je unüberschaubarer die Gesetzeslage, je mehr der Staat in die einzelnen Entscheidungen der Bürger eingreift oder ihn belastet, um so mehr können wirtschaftliche Prozesse durch Behörden verzögert werden, und um so größer wird der Kräfteverzehr durch innere Reibungen und die Korruptionsgefahr. Die überadministrierte und damit schwerfällige staatliche Verwaltung produziert auf Dauer ein Volk von Gesetzesbrechern. Diese Erfahrung ist schon sehr alt, denn Laotse wies bereits darauf hin, daß es in einem Staat um so mehr Räuber und Diebe gibt, je mehr Gesetze und Vorschriften er erläßt. Eine vom Bürger nicht mehr akzeptierte steuerliche Belastung lenkt die Kreativität darauf, die Gesetze zu umgehen. Als Beispiel sei nur die Schwarzarbeit in Deutschland genannt, die nur etwa zehn Prozent der Bürger ohne Vorbehalte verurteilen. Sie ist vor allem eine Folge der zu hohen Steuern und sonstiger Abgaben. Dem Staat gehen Einnahmen verloren, die Kreativität der Bürger wird umgelenkt und allein die Abwicklung der Flut von Prozessen verschlingt riesige Summen und schafft immer mehr Spannungen, die bei richtiger volkswirtschaftlicher Struktur weitgehend vermeidbar gewesen wären. Solche Reibungskonflikte senken die volkswirtschaftliche Leistung.

Immer mehr Bürger sehen das illegale Ausweichen nicht als eine kriminelle Handlung, sondern als den sportlichen Ausdruck von Cleverness. Der Ehrliche ist der Dumme, das führt insbesondere bei den Leistungsträgern zu Demotivation und Frustration. Wenn Politiker nicht sehen, daß sie damit die Leistungskultur immer mehr beeinträchtigen oder gar zerstören und langfristig die Durchsetzbarkeit von Gesetz und Ordnung gefährden, so wird dies zu einem großen volkswirtschaftlichen Problem mit schwerwiegenden langfristigen Folgen. Die einmal veränderte Kultur ist nach Jahrzehnten kaum noch zu korrigieren, vor allem nicht in einer Demokratie. *Korruption ist nicht mit vielen Gesetzen und Überwachungsorganisationen, sondern vor allem durch Leistungskulturen zu bremsen, die sich auf das Sachliche konzentrieren. Mit der zunehmenden inneren beziehungsweise wertvernichtenden Administration und dem ständigen Eingriff in die Tätigkeit der Bürger steigt die Tendenz zur Korruption.*

Der Betreiber eines kleinen Gewerbebetriebes will seine Gebäude umbauen. Nach Abschluß seiner Überlegungen und Planungen innerhalb eines Jahres leitet er das Genehmigungsverfahren ein. Zahlreiche Behörden müssen ihre Zustimmung geben: das Gewerbeaufsichtsamt, das Ordnungsamt, das Bauordnungsamt, die Denkmalschutzbehörden, das Veterinäramt, die Feuerwehr und das Amt für Stadterneuerung. Es folgen viele Besprechungen mit einem erheblichen Zeitaufwand für den Unternehmer. Jedes Amt hat eigene Anforderungen, die sich aufgrund der unterschiedlichen Aufgaben der Behörden zum Teil sogar widersprechen. Bei einigen scheint die Genehmigung erreichbar, andere sprechen über Auflagen, die unzumutbar erscheinen. Immer wieder wird verhandelt. Verärgerung und Frust beim Bauherrn sind die Folge. Bald sind viele Monate verstrichen, seine Finanzierung läuft ab, und andere Verhandlungen mit Lieferanten geraten in Gefahr. Schließlich versucht er, die Beamten durch Einladungen in Gaststätten zu gewinnen. Er hofft, daß er damit das Genehmigungsverfahren erleichtert. Die Kontaktpflege zahlt sich aus. Bald hat man sich auf einen Kompromiß geeinigt. Natürlich wird die Vorgehensweise im engsten Freundeskreis diskutiert, wo man sich in einer ähnlichen Situation befindet. Keiner geht von einer Bestechung aus, aber die Neigung, mit kleinen Geschenken die zuständigen Behördenvertreter wohlwollend zu stimmen, wird weitergetragen – die Grenze zur Bestechung ist fließend.

Wenn Zuständigkeiten immer weiter atomisiert werden, so kommt es sowohl in den Behörden als auch bei den Bürgern aufgrund der Schnittstellen zu einem erheblichen Mehraufwand und zu Zeitverzögerungen. Je komplizierter die Genehmigungsverfahren sind, je mehr sich die Bürger bei der Erreichung sinnvoller persönlicher Ziele behindert fühlen und je weniger sie den Sinn der komplexen Vorschriften verstehen, um so größer ist die Tendenz zu Reibungskonflikten und zur Korruption.

Brasilien schützt seine Inlandsindustrie seit vielen Jahren durch hohe Importzölle. Es müssen jedoch viele Roh-, Hilfs-, Betriebsstoffe, Halbfabrikate und Maschinen eingeführt werden. Die Zollbehörden haben somit einen großen Einfluß darauf, ob die Produktion reibungslos läuft oder nicht. Wenn Kleinigkeiten auf den Papieren unstimmig sind oder nur formale Fehler vorliegen, zum Beispiel in der Adresse, wird die Ware nicht freigegeben. Mündliche und schriftliche Erklärungen nützen nichts. Benötigt die Firma die Sendung aber dringend, um einen größeren Auftrag abzuwickeln, so sendet sie Mitarbeiter, je nach Standort über viele hundert Kilometer, bis zum Zollhafen, um die Angelegenheit mit dem Zöllner zu besprechen. Aber auch dann ist es oft nicht zu verhindern, daß die Ware monatelang im Zoll liegt. Einsprüche und Bemühungen bei vorgesetzten Behörden erweisen sich als nutzlos; sie steigern eher die Schwierigkeit bei allen weiteren Sendungen. Die Industrie hat sehr schnell gelernt, daß nur durch Geschenke und „nützliche Abgaben" solche Sendungen schnell freigegeben werden. So wird heute in den meisten Fällen gar nicht lange verhandelt, sondern das Problem nur noch über diese „nützlichen Abgaben" erledigt, um das Unternehmen und die Arbeitsplätze zu erhalten.

Damit entsteht eine innere Administration als Folge der Korruption: Unnütze Verschwendung wertvoller Arbeitszeit und Kosten entsteht durch Reisen, Gespräche, Telefonate etc. Die Kreativität konzentriert sich auf die Lösung dieser wichtigen Auslieferungsprobleme. Die Kunden müssen länger auf ihre Produkte warten mit all den Folgen für die Produktivität ihres Betriebs. Hinzu kommt, daß die Industrie trotz aller Anstrengungen nach und nach ein Image der Unzuverlässigkeit erhält. Kunden und Marktanteilsverluste sind die Folge.

Viele lateinamerikanische Länder schwächt der Mangel an Rechtsdurchsetzung in Form von Korruption und sonstigen Verbrechen, während andererseits die für uns zu strikte Durchsetzung des Rechts in asiatischen Ländern, wie zum Beispiel in Singapur, eine starke Basis für eine dynamische wirtschaftliche Entwicklung bildet, auch wenn das Strafmaß nicht als Beispiel dienen kann.

▶ Recht und Rechtsdurchsetzung schaffen Vertrauen in die Führung und sind ein wichtiger Faktor für die Wirtschaftsleistung und Lebensqualität.

Unproduktive Aufwendungen durch Reibungskonflikte, unnötige Kosten etc. können entfallen. Die Ziele für die Menschen sind klarer. Der Verbrecher wird zum Außenseiter, nicht zum diskussionsfähigen Partner. Recht und Ordnung tragen zur Stärkung der Leistungsfähigkeit einer Industrie und zur Absicherung sowie zum Aufbau der Arbeitsplätze langfristig erheblich bei. *Je mehr sich die volkswirtschaftliche Kultur verändert, und je mehr Korruption bereits als Cleverness angesehen wird, um so schwieriger wird es, den Trend zu brechen.* Die entscheidende Frage für die Lebensqualität der Bürger lautet: Wo liegt das Optimum zwischen strengem Recht und konsequenter Rechtsumsetzung sowie der Gefahr staatlicher Willkür einerseits und unproduktivem volkswirtschaftlichem Aufwand sowie Bedrohung durch kriminelle Delikte andererseits?

Die Rechtssicherheit kann auch abnehmen, weil ständig neue Gesetze und Verordnungen geschaffen werden, beispielsweise durch einen überaktiven Gesetzgeber, unausgegorene Regelungen, einen Regierungswechsel oder durch Regierungsumbildungen. Immer wieder ändern sich so die Grundlagen. Dies führt zu einer aufwendigen inneren Administration und schließlich zu einem erheblichen Vertrauensverlust in den Staat. Die aufwendige Administration entsteht dadurch, daß sich Industrie und Bürger zur Beachtung der neuen Gesetze und Verordnungen ständig einem Lernprozeß unterziehen müssen.

In den Unternehmen wird der Umsetzungsprozeß der neuen Rechtsgrundlagen in vielen Diskussionen, Schriftsätzen und Vorträgen eingeleitet. Aufwendige Gespräche mit vielen Spezialisten finden statt, die sich ebenfalls erst über längere Zeit einarbeiten müssen. Eventuell werden Investitionen veranlaßt. Ändert sich dann die Rechtslage, war die Arbeit umsonst, und der administrative Prozeß müßte durch die Rechtsänderung neu eingeleitet werden. Kommt es zu relativ häufigen Veränderungen, so ist es verständlich, daß die Bürger sich nur noch unter starkem Druck auf jede weitere neue Rechtslage einstellen. Die Rechtsumsetzung wird immer schwieriger, der Vollzug schlechter, der heimliche Widerstand größer. Schließlich werden Gesetzesänderungen nicht mehr ernst genug genommen, eine breite Bevölkerungsschicht bricht die Gesetze, und der Staat müßte zu einer Vielzahl von harten Durchsetzungsmaßnahmen mit Strafen und Bußgeldern greifen, was wiederum staatliche Willkür nicht ausschließt, die in einer Demokratie sicher nicht gewollt sein kann.

In den größten Städten Brasiliens, wie São Paulo und Rio de Janeiro, blüht die Kriminalität. Privatleute und Industriebetriebe haben einen ungeheuren Aufwand zu betreiben, um sich einigermaßen abzusichern. Einzelne Privathäuser sind kaum noch zu schützen. Man flieht in Hochhäuser, die sich durch Wachleute und hohe Vergitterungen besser absichern lassen. Für alle Besuche am Abend benötigt man ein Taxi oder ein eigenes Auto. Trotzdem sind die Schäden durch Kriminalität sehr hoch, und die wirtschaftliche Abwicklung wird in erheblichem Maße behindert. Ähnliche Situationen kennen wir seit langem in Süditalien und neuerdings in vielen östlichen Ländern. Unter diesen Bedingungen läßt sich eine hochleistungsfähige Volkswirtschaft nur sehr schwer entwickeln. Aber selbst wenn die Kriminalität noch nicht solche dramatischen Formen annimmt, entstehen Kosten, die die Wettbewerbsfähigkeit belasten oder in jedem Fall vom anständigen Bürger zu zahlen sind. Man schätzt, daß zum Beispiel jährlich allein im Handel in Deutschland durch zehn Millionen Diebstahlfälle ein Schaden von circa vier Milliarden DM zu verkraften beziehungsweise in der Kalkulation der Preise zu berücksichtigen ist. In jedem Fall gilt: *Korruption und Kriminalität sind eine der stärksten Einschränkungen für die Lebensqualität und senken die volkswirtschaftliche Wertschöpfung. Sie verursachen einen hohen Aufwand, führen zur Ablenkung produktiver kreativer Kräfte und können dadurch zu einem entscheidenden Wachstumshemmnis werden. Schließlich besteht die Gefahr, daß immer mehr Menschen das Unrechtsbewußtsein verlieren.*

Aber nicht nur Korruption und Kriminalität senken die wirtschaftliche Leistungsfähigkeit. An Beispielen soll gezeigt werden, wie Länder, in denen Unpünktlichkeit und Unzuverlässigkeit die Regel sind, mit hohen Kosten und sinkender Arbeitseffizienz belastet werden. In vielen Ländern ist es fast normal, daß Gesprächspartner nicht pünktlich zur Verabredung erscheinen, Fahrpläne von öffentlichen Verkehrsmitteln, Flugzeugen etc. nicht eingehalten werden. Bei wichtigen Gesprächen, die am Morgen stattfinden sollen, ist es deshalb unbedingt notwendig, schon am Vorabend anzureisen. Zusätzlich verschwendete Arbeitszeit und Kosten für Übernachtung und Verpflegung sind die Folge. Ist der Partner nicht pünktlich und werden die Verhandlungen dadurch weitaus später abgeschlossen, so kann unter Umständen eine weitere Übernachtung notwendig werden. Aus einem notwendigen Reisetag werden schließlich drei.

Hierzu ein Beispiel:

> Wir wollten einen Geschäftsfreund in Rio de Janeiro vom Flughafen abholen und mit ihm zur Verhandlung in unser Hotel fahren. Er kam aus dem Inland mit einem einstündigen Flug. Wir fuhren mit dem Taxi zum Flughafen. Die Ankunft des Flugzeugs war mit einer Stunde Verspätung angekündigt. Wir schickten das Taxi weg und gingen mit unserer Begleitung zu einem Drink in die Gaststätte. Mit einer Verspätung von drei Stunden kam schließlich unser Gast. Ein großer Teil der Arbeitszeit war verlorengegangen, und zusätzliche Kosten für Taxi und Verpflegung fielen an.

Solche Einzelfälle sind volkswirtschaftlich ohne Bedeutung, aber in der Vielzahl der Fälle summieren sie sich jeweils zu Milliardenbelastungen, bremsen die Aktivität der Wirtschaft, verzögern den Wertschöpfungsprozeß und lenken die Kreativität um. Vor allem die zunehmende logistische Verknüpfung der Wirtschaft, zum Beispiel das vielfach praktizierte Just-in-time-Konzept, unterstreicht die Bedeutung aufeinander abgestimmter Prozesse. *Unpünktlichkeit führt zu sinkender Wettbewerbsfähigkeit, zu verringerter Produktivität, zu Mehrkosten, Ärger, zu einer Ablenkung der Aufmerksamkeit von wichtigen Aufgaben und damit letztlich zu Arbeitsplatzverlusten.*

Chancen der optimierten Struktur

Der Verfasser möchte vor allem einen bisher viel zu wenig beachteten Aspekt in den Mittelpunkt rücken: Fehlstrukturen und insbesondere Administration und Überkomplexität als starke, wertvernichtende Kräfte, die nicht nur durch ständigen Ärger die Lebensqualität der Bürger senken, sondern vor allem die wirtschaftliche Leistungsfähigkeit einer Volkswirtschaft erodieren. *Alle reden über eine zunehmende zeitliche Belastung und Hast. Trotz des hohen Wohlstands ist die Lebensqualität eher gesunken oder kaum gestiegen. Ein Grund für diese negativen Entwicklungen ist der Verfall der Leistungskultur und die unnütze, wertsenkende Administration.* Die Einhaltung detaillierter Vorschriften muß mit hohem Aufwand überwacht und verfolgt werden. Auf eine solche als ungerecht und unsinnig empfundene Belastung reagiert jeder anders, denn es gibt beim einzelnen Menschen eine unterschiedliche Frustrationsverträglichkeit: Vor allem Jugendliche resignieren und gehen in die „innere Kündigung", andere reagieren aggressiv oder mit Bestechungsversuchen, um Belastungen abzuwenden, oder bewegen sich sonst außerhalb der Gesetze. Alle Resultate führen zum Schaden für die Allgemeinheit.

Der Verfasser möchte die Chancen aufzeigen, die Ausgangssituation einer jeden Organisation und ganzer Volkswirtschaften zu verbessern. Dabei geht es bei der Abkehr aus einer schwierigen Ausgangssituation nicht um die nächsten drei bis fünf Jahre, sondern um die Zukunft der jungen Generation und deren Nachkommen. *Je mehr sich nicht nur die einzelnen Unternehmen, sondern die ganze Volkswirtschaft im liberaleren Welthandel behaupten müssen, um so wichtiger werden die volkswirtschaftlichen Strukturen als Vorteil oder Last.* Die Konzentration der öffentlichen Hand auf die wertschöpfende Administration bringt einer Volkswirtschaft große Chancen für Wachstum, Steigerung des Lebensstandards und mehr Lebensqualität.

2 Tiefe Krisen, schwache Aufschwünge

Strukturprobleme führen zum Ungleichgewicht

Zahlreiche betriebswirtschaftliche Analysen haben bewiesen, daß und warum es in jeder Branche gute und schlechte Unternehmen gibt. Die einen verlieren im gleichen Markt immer mehr Marktanteile und Arbeitsplätze, andere halten die Zahl ihrer Mitarbeiter etwa auf gleichem Niveau, und in einer dritten Gruppe entstehen von Jahr zu Jahr mehr Arbeitsplätze.

Die langfristige Betrachtung entscheidet

Solche Unterschiede zeigen sich auch in der langfristigen Entwicklung verschiedener Volkswirtschaften, auch wenn die Veränderungen wesentlich langsamer verlaufen: Die einen sind gekennzeichnet durch wenig Arbeitslosigkeit, niedrige Verschuldung und ein starkes Wachstum; sie werden reich und wohlhabend. Die anderen schrumpfen immer mehr, verschulden sich und fallen zurück oder versinken in der Armut, obwohl sie vielleicht sogar noch von der Natur begünstigt sind, zum Beispiel über zahlreiche Bodenschätze und beste Voraussetzungen für den Tourismus verfügen. Warum sind England, Schweden, Argentinien, Uruguay etc. so zurückgefallen, und warum ist Deutschland bis etwa 1970 oder Japan so reich geworden? Natürlich gibt es unterschiedliche Gründe.

Konjunkturen und Krisen führen in starken wie in schwachen Unternehmen beziehungsweise Volkswirtschaften zu einem Auf und Ab. Menschen schauen zu sehr auf die Bedürfnisse des Augenblicks. Die kurzfristige Entwicklung beobachten Bürger und Politiker an

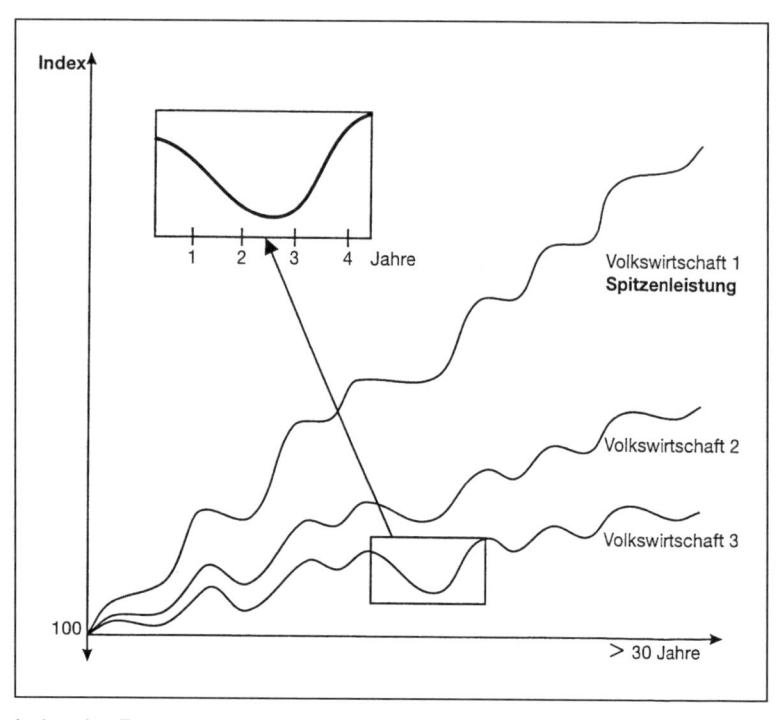

Index der Entwicklung des Bruttosozialprodukts

erster Stelle, weil unsere Erwartungen auf einem kurzen Zeitraum basieren und sie unser tägliches Leben berührt. So flammt beispielsweise die Diskussion um Standorte oder Arbeitsplätze besonders in schwierigen Krisen auf, während sie sich in der Konjunktur wieder beruhigt. Die Menschen spüren unmittelbar die höhere oder geringere Einkommenssteigerung. Die augenblickliche Situation und Entwicklung besitzt damit hohen Aufmerksamkeitswert. Wer kurzfristig orientiert ist, sieht den weit gefährlicheren langfristigen Trend nicht. Wichtiger wäre dagegen eine Betrachtung des Trends über mehrere Jahrzehnte. Er zeigt, ob eine Volkswirtschaft im Gleichgewicht ist oder nicht, ob es also schon Strukturprobleme gibt, oder ob sie entstehen. Sie finden aber fast gar keine oder eine viel zu späte Beachtung. *Optimierte Strukturen sind eine entscheidende Basis für ein langfristig gesundes Wachstum und eine steigende Lebensqualität in einer jeden Volkswirtschaft. Eine Vielzahl von positiv und negativ beeinflussenden Entscheidungen überlagert sich. Gefährlich ist an der Entwicklung, daß die zahlreichen Ursachen, die Fehlstrukturen bewirken, erst durch die Kumulation über viele Jahre, manchmal über Jahrzehnte, die Zahlen deutlich verändern, so daß eine Zuordnung der Ursachen kaum möglich wird und Korrekturen eine langfristig konstante Politik erfordern. Jede kurzfristig orientierte Handlungsweise birgt also erhebliche Risiken in sich.*

Die drei Strukturzustände: positives Ungleichgewicht, Gleichgewicht und negatives Ungleichgewicht

Strukturelle Veränderungen entscheiden also über die Zukunft unserer Kinder, darüber, ob der Wohlstand sich erhöht, erhalten bleibt oder nicht. Die Schwierigkeit liegt darin, daß sich die konjunkturellen und die strukturellen Krisenmerkmale überlagern und Konjunktureinflüsse in der kurzfristigen Betrachtung deutlicher spürbar sind. Strukturprobleme äußern sich in Gleichgewichts- oder Ungleichgewichtszuständen, zum Beispiel darin, ob die Industrie Positionen im Vergleich zum Wettbewerb verliert und die Investitionen zunehmend in andere Regionen fließen. *Beeinflussen besondere Faktoren, wie eine durch Verschuldung finanzierte staatliche Investition oder Konsumerhöhung, den Aufschwung atypisch, so erscheint die Situation besser, als dies in Wirklichkeit strukturell der Fall ist.*

Wie in den einzelnen Unternehmen, so schrumpft auch in den Volkswirtschaften die Produktion in der Krise mehr oder weniger, während sie im konjunkturellen Aufschwung wieder mehr oder weniger wächst. Arbeitsplätze gehen in der Krise verloren, und die Verschuldung steigt. Diese Arbeitsplätze entstehen aber in der nächsten Konjunktur ganz oder teilweise wieder und die Verschuldung reduziert sich. Der langfristige Trend der Entwicklung über viele Konjunkturperioden zeigt erst spät die auftretenden Gefahren: Wird zum Beispiel der durchschnittliche Aufschwung immer schwächer, werden die Krisen tendenziell tiefer, so gehen mehr Arbeitsplätze in der Krise verloren, als in der Konjunktur wieder geschaffen werden. Die Struktur der Volkswirtschaft befindet sich in einem negativen

Ungleichgewicht. Ein solcher Trend wird deutlich, wenn man eine Zeitspanne von mindestens 20 bis 30 Jahren beobachtet.

Man kann drei Kategorien von Volkswirtschaften unterscheiden: *In sehr starken, dynamisch wachsenden Volkswirtschaften mit einer Leistungskultur, relativ wachsender Differenzierungskraft und relativ niedrigen Kosten wird der Abbau der Arbeitsplätze in der Krise normalerweise geringer ausfallen als der Aufbau von Arbeitsplätzen in der Konjunktur. In diesem positiven Ungleichgewicht kommt es zu einer Überbeschäftigung,* wie dies nach 1945 bis etwa 1970 in Deutschland der Fall war, obwohl es damals einen starken Zustrom von Vertriebenen gab. Die Motivation und Lebensqualität bleibt trotz des Ungleichgewichts positiv.

Eine zweite Kategorie stellen die gesunden Volkswirtschaften dar, in denen zwar in der Krise auch Arbeitsplätze verloren gehen, die aber in etwa gleicher Höhe in der Konjunktur wieder geschaffen werden. Es gibt folglich nur eine befristete Arbeitslosigkeit, aber keine nennenswerte Dauerarbeitslosigkeit. Die Volkswirtschaft *befindet sich mit dem Wachstum der Differenzierungskraft einerseits und dem Kostenwachstum andererseits im Gleichgewicht.*

Eine schlecht strukturierte Volkswirtschaft verliert dagegen wie ein schlecht positioniertes Unternehmen zunehmend Arbeitsplätze in der Krise, und im Aufschwung gewinnt sie immer weniger zurück, wie es sich in der Bundesrepublik Deutschland seit etwa 1974 zeigt. Dies ist zum Beispiel der Fall, wenn die Kosten über lange Zeit stärker steigen als die Produktivität, die Produkte veralten und der Anpassungsdruck durch andere lernende Volkswirtschaften mit besseren Strukturen und niedrigsten Löhnen zu mehr Arbeitsplatzverlusten führt, als neue, arbeitsplatzschaffende Produkte infolge der kreativen Kräfte in der Volkswirtschaft aufbauen können. Eine Leistungsgesellschaft verträgt viele Belastungen, die sie zwar schwächen, aber deren Auswirkungen über lange Zeit kaum merklich sind. Kommen jedoch zahlreiche Belastungen zusammen, so setzt langsam ein kumulativer Prozeß des Ungleichgewichts ein. Die Krisenanfälligkeit steigt in solchen Volkswirtschaften erheblich an. Aufgrund von Arbeitslosigkeit kommt es zu starken negativen Einflüssen auf die Lebensqualität und Motivation. Hier liegt ein negatives Ungleichgewicht vor. *Der Struktur-*

zustand des negativen Ungleichgewichts führt auf Dauer mit zunehmender Beschleunigung zu Arbeitsplatzverlusten und Verschuldung.

Die drei Kategorien, das Gleichgewicht, das positive oder das negative Ungleichgewicht, zeigen unter Umständen keinen Unterschied in der kurzfristigen Entwicklung, dagegen aber einen deutlich unterschiedlichen langfristigen Trend, der erst sehr spät an den abweichenden Zahlen, aber schon früh an den schwachen Signalen zu erkennen ist. Dieser Trend wird zunächst kaum von der Politik und auch nicht von den Bürgern beachtet. Die Signale sind schwach, und nur wer vertiefte wirtschaftliche Erfahrungen besitzt, fühlt und sieht nicht nur das Auf und Ab im Konjunkturzyklus, sondern auch, daß langsam Positionen in einem einzelnen Unternehmen oder in der gesamten Industrie im internationalen Wettbewerb verlorengehen. Die Folge ist, daß die Krisen tiefer und die Aufschwünge flacher werden. Wenn sich ein Unternehmen ständig schlechter in seiner Wachstumsrate entwickelt als der Wettbewerb, so ist dies ein Zeichen mangelnder und sinkender Leistungsfähigkeit. Dies gilt auch für ganze Volkswirtschaften. Wenn zum Beispiel im Verlauf von circa 20 Jahren zweimal von der härtesten Rezession gesprochen wird, die Zahl der Patente abnimmt und sich die strukturelle Arbeitslosigkeit ständig erhöht, so sind diese Veränderungen bereits als starke Signale für eine schlechtere volkswirtschaftliche Struktur zu deuten. In der Politik setzt aber, soweit komplizierte Entscheidungsprozesse und unpopuläre Maßnahmen das Handeln erschweren, das Umdenken erst sehr spät ein, wenn sich neben den Signalen auch schon schmerzliche Probleme in der volkswirtschaftlichen Struktur zeigen.

Politiker fast aller Nationen versuchen nicht selten, solche Entwicklungen als Folge des negativen Ungleichgewichts durch schuldenerhöhende Maßnahmen, wie Subventionierung der betroffenen Wirtschaftszweige, durch Erhöhung der Zahl der Beschäftigten bei der öffentlichen Hand oder durch Zwangsmaßnahmen aufzufangen, vor allem wenn viele Arbeitsplätze bedroht sind. Damit werden zwar die Symptome bekämpft, aber die Ursachen langfristig eher verstärkt. Das negative Ungleichgewicht vergrößert sich. Sie lenken dadurch Steuergelder in unwirtschaftliche Arbeitsplätze um, und die noch wirtschaftlichen Betriebe, die die Belastungen zu tragen haben, schrumpfen oder wachsen langsamer. Die volkswirtschaftliche Struktur verschlechtert sich wiederum, und es gehen langfristig noch mehr Arbeitsplätze verloren. *Die fundamentalen Grundlagen lassen sich durch künstliche Korrekturen, wie beispielsweise durch einen Schuldenaufbau, zeitlich begrenzt überdecken.*

Wirtschaftlicher Erfolg basiert zu mehr als der Hälfte auf Psychologie

Es besteht kein Zweifel, daß Krisen die Lebensqualität der Bürger in hohem Maße beeinträchtigen. Zunächst wirken sie positiv, weil sie in den existenzgefährdeten Teilen der Volkswirtschaft den Druck erhöhen und Anstrengungen auslösen. Bei zu starken Krisen kommt es zu einer Überforderung: Viele Mitarbeiter werden entlassen, und es ist schwieriger, einen neuen, geeigneten Arbeitsplatz zu finden. Soziale Leistungen im Unternehmen werden nicht mehr bezahlbar und somit gestrichen. Die Anforderungen an die Mitarbeiter steigen ganz erheblich, wenn das Unternehmen überleben will. Unternehmerfamilien verlieren zunehmend ihre Existenzbasis und ihr Eigentum. Dies ist die rationale Seite des wirtschaftlichen Einflusses auf die Stimmung.

Krisen werden normalerweise von überaus pessimistischer und Aufschwünge von zu optimistischer Stimmung begleitet. Die psychologische Situation verschärft die Krise beziehungsweise führt zur Überhitzung in der Hochkonjunktur. Sie hilft aber andererseits auch, den Aufschwung einzuleiten beziehungsweise zu beschleunigen. Die Stimmung unterscheidet sich also oft von der tatsächlichen Situation. Deutlich meßbarer Ausdruck ist der Börsenkurs, der erheblich von den fundamentalen Daten abweichen kann.

Jeder sieht seine Umwelt subjektiv, das heißt, er beurteilt sie vor dem Hintergrund seiner Persönlichkeit und Ziele. Solche Einstellungen lassen sich im positiven wie im negativen Sinn durch Vorbilder beziehungsweise Meinungsführer beeinflussen. Wer motiviert ist, empfindet auch hohe Leistungen kaum als Belastung. Andererseits können nicht motivierte Menschen Leistungsdruck empfinden, ohne ihm tatsächlich ausgesetzt zu sein. Der Neidische fühlt sich ärmer, wenn er merkt, daß andere reicher werden, zu sehr verwöhnte Menschen sind unglücklich im Überfluß etc. Auf der Basis gemeinsamer Ziele kommt es zu hohen Anstrengungen, wie die Bemühungen um Hobbys oder im Sport immer wieder beweisen. Wenn es in einem Unternehmen beispielsweise gelingt, große Teile der Belegschaft und vor allem die Führungscrew für die Ziele zu begeistern, dann ist die Erfolgswahrscheinlichkeit schon wesentlich erhöht. *Mehr als 50 Prozent des Erfolgs einer Wirtschaftspolitik dürften auf dem richtigen psychologischen Ansatz basieren. Die langfristigen Folgen einer psychologisch stark belasteten Situation werden sowohl in der Wirtschaft als auch in der Politik oft übersehen. Ständige Demotivation verändert schließlich die Einstellung, das Verhalten und führt zu nachhaltigen Schäden durch eine verfallende Leistungskultur. Es ist sehr wichtig, die psychologischen Mechanismen zu kennen und zu beachten.*

Unternehmensanalysen verdeutlichen die wirtschaftlichen Zusammenhänge

Die Unternehmen liefern in bezug auf die wirtschaftlichen Zusammenhänge ähnliche Erkenntnisse für die Volkswirtschaft wie die Labors für die technische Entwicklung der Betriebe. Im kleinen Maßstab läßt sich alles besser überschauen, man kann leichter lernen, und die Kosten bei Fehlschlägen sind geringer. In der Volkswirtschaft wird dagegen zu oft im Großversuch laboriert und viel schwerer gelernt – meistens erfolgt ein personeller Wechsel, bevor der Lernprozeß abgeschlossen ist –, und keiner trägt die Verantwortung für die Milliardenprobleme, die geschaffen wurden, weil sie sich kaum zuordnen lassen. Es fehlen die notwendigen Navigationsinstrumente. Schließlich hat die Bevölkerung für die Folgen aufzukommen, da der Staat als Monopolist andere seine Fehler bezahlen läßt.

Die wirtschaftlichen Zusammenhänge sind mit zunehmender Größe einer Organisation und mit der damit verbundenen Funktionsaufteilung immer komplexer und immer schwieriger zu überblicken. Der kleine Unternehmer mit wenigen Produktgruppen und Mitarbeitern erkennt meist noch ohne Hilfsmittel, wenn er in einem Geschäft oder

Teilgebiet einige Tausend Mark Verluste erwirtschaftet. Schon ein mittlerer Betrieb ist ohne Kostenrechnungen kaum wirtschaftlich zu führen, und Verluste von einigen zigtausend Mark werden oft übersehen. In einem Großbetrieb braucht man ausgefeilte Instrumente. Trotzdem werden nicht selten Verluste von vielen Millionen Mark viel zu spät erkannt.

Die komplexeste Organisation ist die Volkswirtschaft großer Nationen. Die Auswirkungen von einzelnen Entscheidungen sind kaum erkennbar und schwer meßbar. Selbst verursachte Verluste in Milliardenhöhe gehen in der Volkswirtschaft unter, wenn ein Instrumentarium fehlt, das solche Schäden laufend mißt und als Entscheidungsbasis zugrunde legt. Diejenigen, die aufgrund ihrer Position das Ganze noch übersehen könnten, leben und arbeiten zu weit von der Basis entfernt, als daß sie im Normalfall die Auswirkungen ihrer Entscheidungen noch erkennen. Sie sind deshalb in einem hohen Maße auf Berater angewiesen. Von deren Objektivität hängt die Entscheidungsfindung ab. Die Erfahrung in der Wirtschaft zeigt, daß nur mit einem vertieften Wissen, das nicht selten auf jahrzehntelanger Erfahrung beruht, das relativ sichere Gefühl für die wirtschaftlichen Zusammenhänge entsteht. Welcher Politiker hat schon die Chance, eine solche Erfahrung unter meßbaren Bedingungen in einer praktischen Wirtschaftstätigkeit von ein bis zwei Jahrzehnten zu gewinnen, bevor er über Milliarden in der Volkswirtschaft und über Auswirkungen für ganze Industriezweige entscheidet?

Umfassendere Erfahrungen lassen sich gewinnen, wenn man in größeren oder komplexeren Unternehmen mit vielen Sparten und Gesellschaften die Auswirkungen von Entscheidungen und den damit verbundenen strukturellen Veränderungen beobachtet. Hinzu kommt, daß zahlreiche Untersuchungen geklärt haben, welche die Erfolgsfaktoren für Unternehmen sind. Wenn man feststellt, daß es in gleichen Märkten erfolgreiche und nicht erfolgreiche Unternehmen gibt, so kommt es zwangsläufig zu der Frage, was die Ursachen für Erfolg oder Mißerfolg sind. Es wurde seit mehr als zwei Jahrzehnten immer wieder nach den Erfolgsfaktoren geforscht. – Können wir daraus etwas für die volkswirtschaftliche Steuerung lernen? Welche Voraussetzungen müßten geschaffen werden, damit eine Volkswirtschaft blüht und gedeiht?

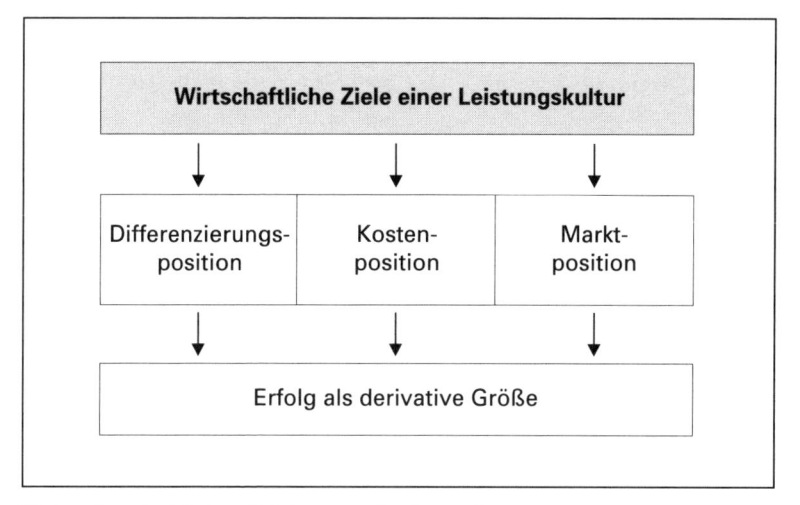

```
┌─────────────────────────────────────────────────┐
│         Wirtschaftliche Ziele einer Leistungskultur         │
└─────────────────────────────────────────────────┘
          ↓                ↓                ↓
┌──────────────┬──────────────┬──────────────┐
│ Differenzierungs- │    Kosten-   │    Markt-    │
│    position      │   position   │   position   │
└──────────────┴──────────────┴──────────────┘
          ↓                ↓                ↓
┌─────────────────────────────────────────────────┐
│              Erfolg als derivative Größe              │
└─────────────────────────────────────────────────┘
```

Ziele wirtschaftlicher Erfolgsorganisationen[4]

Wirtschaftliche Organisationen arbeiten dann besonders erfolgreich, wenn sie eine Leistungskultur entwickeln, deren Ziele auf Differenzierung und günstige Kostenpositionen ausgerichtet sind und sich in Märkten oder Marktsegmenten etablieren, die Wachstum und gute Rendite versprechen (vgl. Abbildung oben). Gelingt dies, dann leitet sich daraus fast automatisch der zukünftige Erfolg ab.

Unternehmen wie Volkswirtschaften weisen die gleichen wirtschaftlichen und psychologischen Mechanismen auf. Je größer eine Organisation wird, um so wichtiger sind klare Zielsetzungen, Leistungskulturen, aussagefähige Abrechnungssysteme, die Auswirkungen der Psychologie und vor allem die Berücksichtigung der Interessenharmonie, weil die Führung immer weniger direkt beeinflussen kann. Transparenz schaffen vor allem die Planungs-, Investitions-, Kosten- sowie die Gewinn- und Verlustrechnungen. Dadurch werden die Schwierigkeiten früher deutlich und auch eine noch so geschickte Argumentation kann die Probleme nur befristet wegdiskutieren.

3 Strukturkrisen: Entwicklung und Ursachen

Die lange Inkubationszeit von Strukturkrisen

Sowohl eine Wende zum Positiven als auch eine zum Negativen zeigt sich erst mit großer Zeitverzögerung in den Zahlen. Das heißt: Wer die Zusammenhänge nicht kennt, sieht die kommenden Probleme nicht oder beendet seine Verbesserungsmaßnahmen, bevor sie wirken. Schließlich reagiert auch die Industrie meist nicht unmittelbar auf Belastungen und Verluste mit Schließungen und Verlagerungen, soweit sie diese durch Erfolge in anderen Gebieten kompensieren kann. Normalerweise wird über Jahre und Jahrzehnte versucht, Verlustabteilungen zu retten, da Schließungen und Verlagerungen mit einem hohen Aufwand verbunden sind. Man hofft immer wieder, doch noch Erfolge zu erzielen. Erst mit großer Zeitverzögerung kommt es zu einer schwer zu bremsenden negativen Dynamik der Investitions-, Arbeitsplatz- und Know-how-Verlagerung.

In der Gruppe des Verfassers gab es eine kleine Spezialitätengießerei. Man hatte sie mit einem anderen Unternehmen übernommen, das im Markt als Spezialist für Maschinen aus korrosionsfesten Werkstoffen galt. Insofern war die Gießerei für dieses Unternehmen von großer Bedeutung. Man konnte sie also nicht schließen, ohne das Gesamte zu gefährden. Sie wurde schon seit mehr als zehn Jahren beim früheren Hersteller subventioniert und hat entscheidend dazu beigetragen, daß wegen des ständigen Aderlasses und der dadurch eingeschränkten Wettbewerbsfähigkeit viele Arbeitsplätze, auch in der zugeordneten Maschinenfabrik, abgebaut werden mußten und daß die Eigentümerfamilie schließlich das Gesamtunternehmen verlor. Kurz vor einem Vergleich wurde es übernommen.

Natürlich gab es Mitarbeiter, die gleich wußten, warum die Verluste entstanden waren. Konzepte wurden vorgelegt und erprobt, denn zunächst einmal sollten die Arbeitsplätze nicht verlorengehen. Innerhalb von fünf Jahren wurde das Konzept immer wieder modifiziert, weil die Voraussagen nicht eintrafen und die gemachten Investitionen sich schließlich als unwirtschaftlich erwiesen. Nach fünf Jahren war die Erkenntnis klar: Alle Konzepte konnten die erwarteten Vorteile nicht realisieren, um die hohen Kosten des Standortes zu kompensieren. Die Lohn und Gehaltskosten machten fast 50 Prozent der Erlöse aus. In einem Niedriglohnland, in dem die Löhne und Gehälter nur etwa 15 Prozent unseres Lohnniveaus betrugen, gab es erheblich mehr Chancen, die Gesellschaft wirtschaftlich zu führen, selbst wenn die Produktivität weniger als die Hälfte erreichte. Im sechsten Jahr fiel der Beschluß der Schließung und Verlagerung ins Ausland.

An diesem Beispiel zeigt sich, wie langsam solche Entscheidungen wachsen. Bei schlechterer Unternehmensführung werden die Verluste ohne Korrektur noch weit länger mitgeschleppt, und man riskiert, daß die ganze Gruppe untergeht, wenn die Gewinnabteilungen ebenfalls eine schwierige Phase durchlaufen. Die bessere Unternehmensführung reagiert schneller, sobald die Konsequenz klar wird und man erkennt, daß auch neue Konzepte nicht zum Erfolg führen. Je stärker jedoch der Druck in einer Volkswirtschaft wird, je mehr Firmen mit Verzögerungen ihre Existenz riskieren, um so stärker wird die Erkenntnis, daß konsequent gehandelt werden muß. Dann setzt ein allgemeiner Wettlauf um bessere Standorte ein. Der Arbeitsplatzabbau beschleunigt sich. Der kumulative Prozeß nach unten bekommt eine Eigendynamik, die kaum noch zu bremsen ist.

Mit welchen Schwierigkeiten Verlegungen von Unternehmen verbunden sind, kann ebenfalls am Beispiel der Verlagerung einer Gießerei gezeigt werden: Etwa 15 Prozent des Umsatzes waren aufzuwenden, um das Personal am alten Standort abzufinden. Während des letzten Jahres kam es verständlicherweise zu erheblichen Turbulenzen mit höherem Ausschuß, Lieferschwierigkeiten und Kundenverlusten, die sich im Jahr der Schließung ebenfalls noch einmal mit etwa 15 Prozent vom Umsatz niederschlugen. Aufgrund der geringen Motivation war auch die Übertragung sehr schwierig. Hinzu kam, daß die übernehmenden Portugiesen das technische Know-how weit unterschätzten und trotz Einarbeitung durch deutsche Mitarbeiter unverhältnismäßig viel und lange Ausschuß produzierten. Auch dies führte letztendlich wieder zu erheblichen Lieferschwierigkeiten, Image- und Kundenverlusten. Erst nach mehr als einem Jahr konnte man feststellen, daß das Know-how langsam adaptiert worden war. Dann erwies sich aber die Entscheidung trotz der hohen Übergangsverluste und -kosten unternehmenspolitisch als richtig. Schon im Anlaufjahr und trotz der Übergangsschwierigkeiten erwirtschaftete die aufgebaute Gießerei aufgrund der günstigen Personalkosten kaum noch Verluste, und es bestanden sogar gute Aussichten für einen Gewinn in der Zukunft.

Aus volkswirtschaftlicher Sicht war die unternehmenspolitisch richtige Entscheidung wieder ein Beitrag dazu, daß sich die Zahl der Arbeitsplätze reduzierte. Aufgrund der großen Aufwendungen und Probleme, die mit einer solchen Verlegung verbunden sind, kann man ermessen, daß diese Arbeitsplätze kaum noch ins Ursprungsland zurückkehren werden.

> ▶ Eine gute Unternehmensführung wird stets versuchen, die Krise im Vorfeld zu verhindern. Eine gute volkswirtschaftliche Führung sollte genauso handeln.

Schwache Signale müssen erkannt, und es sollte möglichst früh gegengesteuert werden. Dies ist der wirtschaftlichste Weg, Unternehmen sowie Arbeitsplätze zu erhalten und das Vermögen zu vergrößern, denn jede Krise ist stets mit kaum reparierbaren Wert- und Positionsverlusten verbunden – Stillegungen vernichten Werte durch Abriß, Entlassungsaktionen kosten Abfindungen, es geht über viele Jahrzehnte erarbeitetes Know-how verloren, Reibungsverluste senken die Produktivität usw. Gelingt die Sanierung, ist das Unternehmen stets kleiner und verfügt über weit weniger Arbeitsplätze.

Wie kann es trotz des langen Vorlaufs, der dem Management oder den Politikern ausreichend Zeit läßt, Gegenmaßnahmen einzuleiten, überhaupt zum Verlust wichtiger Positionen kommen? Es gibt viele Gründe dafür, daß selbst der erfahrene Praktiker die frühen Symptome übersieht. Welche sind die wichtigsten? *Die relativ schwachen Signale der Inkubationszeit werden oftmals nicht erkannt oder nicht gewürdigt.* Man ist zu sehr auf das stark kräftebindende Tagesgeschäft orientiert, und ein Umsatz und Ergebnisrückgang sagt noch keineswegs etwas über die Gefahr von Positionsverlusten aus. Solche Signale sind deshalb stets an Wettbewerbsunternehmen oder der Wettbewerbsnation zu messen. Sie zeigen sich beispielsweise in einer verfallenden Leistungskultur, sinkenden Marktanteilen, Imageverlusten, relativ hohen Verwaltungskosten, schlechteren Erlösen als beim Wettbewerb, geringerem Wachstum, in einer niedrigeren Pro-Kopf-Wertschöpfung, sinkender Kreativität und Lernbereitschaft, in Reibungsverlusten, einer ineffizienten Führung, geringerer Lieferzuverlässigkeit und längeren Lieferzeiten. Die mittel- bis langfristige Folge sind schwächere durchschnittliche Renditen. Bei der Diskussion gibt es für alle Probleme vielerlei Entschuldigungen. Schließlich können Verluste durch Überbewertung der Bestände, Unterlassung von Reparaturen, Bevorzugung von Aktivierungen oder Veränderungen des Abschreibungssystems sowie unterlassene Dotierungen für Pensionsrückstellungen, unterlassene Entwicklungsarbeit, zurückgenommene Werbung oder unterlassene strategische Investitionen, wie aufwendige Vorinvestitionen für den Aufbau von Zukunftsprodukten und Zukunftsmärkten, einige Jahre verdeckt beziehungsweise die Ergebnisse geschönt werden. So kommt es dazu, daß schlechte Bilanzen normalerweise schlechter und gute Bilanzen normalerweise besser sind, als sie sich darstellen. Darüber hinaus haben Unternehmen mit schlechten Bilanzen normalerweise weniger zur Absicherung der Zukunft vorinvestiert.

Nur der Kritische und Geübte kann bei ausreichender Sensibilität die oft kaum merklichen Signale schlechter Leistungsorientierung, verfallender Positionen und Differenzierungen sowie sich verändernder Märkte erkennen. *Volkswirtschaftliche Warnsignale sind die verfallende Leistungskultur, der Anstieg der öffentlichen Verschuldung, Abwanderung der Investitionen, eine starke Subventionspolitik als Wertvernich-*

tungsmechanismus, die Ausbeutung der öffentlichen Kassen, die Veränderung der Relation der Investitionen vom Inland zum Ausland, verschobene Infrastrukturausgaben für Verkehrswege und Abwasser, die letztlich die nächste Generation bezahlen muß, drohende Gefahren für die Rentenversicherung und Pensionslasten, ein Sinken der Patentanmeldungen im Vergleich zum Ausland, ein Mißverhältnis zwischen Löhnen und Gehältern einerseits sowie der Produktivität andererseits.

> Es ist wohl die wichtigste, aber auch oft nicht beachtete Aufgabe der Mitglieder von Führungs- und Überwachungsgremien in der Wirtschaft und in der Volkswirtschaft, Gefahrensymptome schon sehr früh zu erkennen und auf Gegenmaßnahmen hinzuwirken.

Vorstand, Aufsichtsrat und Politiker dürfen die Situation nicht allein aufgrund von Zahlen beurteilen, da sie dann nur noch auf die Korrektur entstandener Schäden hinwirken können. Die Richtigkeit der strategischen Ausrichtung müssen sie schon im Vorfeld verifizieren, um Schäden vorzubeugen. In dieser Phase ließe sich noch auf leichte Weise eine Eskalation verhindern. Je deutlicher sich die Symptome zeigen, um so schwieriger wird es, Wege aus der Krise zu finden. Oft ist die Führung dann überfordert; man findet keine Lösung. Statt systematisch nach einem klaren Konzept vorzugehen, kommt es zum hektischen Agieren.

Wer die wirtschaftlichen Zusammenhänge versteht, konnte schon früh erkennen, daß die Überadministration durch die Behörden und die Überbelastung der Wirtschaft und der Bürger in Schweden dazu führen mußten, daß die Leistungskultur verfiel und die schwedische Industrie mehr und mehr Positionen verlieren wird. Kreative Industrielle fanden Auswege: Um Schlimmeres zu verhindern, gingen schwedische Unternehmen zunehmend ins europäische Ausland; die einheimische Industrie hat an Leistung verloren. Heute ist aus einem der ehemals reichsten Länder der Welt noch ein Land der oberen Mittelklasse verblieben, und der Prozeß ist trotz harter Eingriffe noch nicht abgeschlossen. Jedem Mitarbeiter in der gewerblichen Wirtschaft steht mittlerweile ein Mitarbeiter der öffentlichen Hand gegenüber. Das negative volkswirtschaftliche Ungleichgewicht ist für jeden deutlich erkennbar. Wenn der Staat nicht völlig neu im Sinne eines

Reengineering strukturiert wird und ein weit höherer Anteil der arbeitenden Bürger sich auf den Wertschöpfungsprozeß konzentriert, setzt sich der Prozeß nach unten weiter fort. Graduelle Korrekturen allein werden nicht ausreichen.

In Unternehmen entstehen Strukturkrisen je nach Größe normalerweise in mehr als zehn Jahren, in Volkswirtschaften nicht selten im Laufe von über 50 Jahren. Sie deuten sich aber schon früh in sehr schwachen Signalen an, die sich im Laufe der Zeit verstärken. Die Heimtücke liegt darin, daß negative Strukturveränderungen schwer zu erkennen sind, durch kurzfristige Einflüsse wie beispielsweise eine Über- oder Unterbewertung der Währung oder einen Verschuldungsauf- und -abbau zeitweise überdeckt werden, ihre Korrektur für die Politiker eher negative Folgen mit sich bringt, später aber verlorene Positionen infolge von Strukturveränderungen kaum noch zurückgewonnen werden können. Eine Konjunktur läßt sich kurzfristig beeinflussen, Strukturprobleme sind jedoch nur sehr langfristig und mit harten Entscheidungen wieder zu beseitigen.

Der Trend zum negativen Ungleichgewicht

Wenn man aus den industriellen Zusammenhängen schneller lernen kann, weil sie übersichtlicher sind, dann müßte dies helfen, volkswirtschaftliche Prozesse objektiver zu beurteilen. Es gibt jedoch einen großen Unterschied: *Im Gegensatz zu den Unternehmen kann die öffentliche Hand praktisch nicht in Konkurs gehen. Sie kennt keine „roten Zahlen" und keine Existenzfrage. In der gegebenen Situation geht normalerweise jeder lieber den bequemeren Weg, auch wenn er dadurch die Zukunft erheblich belastet. Damit ist auch der Druck, Unwirtschaftlichkeit zu beseitigen, kaum gegeben und die Aufmerksamkeit gegenüber den Signalen zwangsläufig noch geringer als in der Wirtschaft. Mit dem älter werdenden Staatssystem kumulieren sich die unwirtschaftlichen Handlungen, da es keine vergleichbaren kontinuierlichen Anstrengungen zur Rationalisierung wie in der freien Wirtschaft gibt.*

Die wirtschaftlich optimierte Zwangskonstellation

Jede grundlegende Anpassung, Rationalisierung oder Verbesserung setzt in der Regel einen quälenden Denkprozeß voraus, aktiviert Widerstände und erfordert somit einen hohen Kraftaufwand, der meist unpopulär ist, Risiken in sich birgt und den man infolgedessen möglichst gern vermeidet. Daher verbessern Menschen ihre Tätigkeit normalerweise nur unter einem entsprechend orientierten Zwang. Ohne wirtschaftliche Not, die sich auch auf die persönliche Situation der Mitarbeiter auswirkt, sind trotz einer möglichen Existenzgefahr nicht alle Unternehmen in der Lage, sich grundlegend zu reorganisieren, und ohne eine Reorganisation lassen sich Prozesse nicht effizienter gestalten. *Führen wirtschaftliche Probleme nicht zu Konsequenzen, weil zum Beispiel Firmenverluste sozialisiert werden beziehungsweise dauerhafte Subventionen die Existenz sichern, oder haftet in großen Gremien letztlich keiner für die Folgen kostenaufwendiger Entscheidungen, so verliert der Druck, wie das Verhalten der Menschen in der Wirtschaft beweist, letztlich seine Kraft, Verbesserungen herbeizuführen.*

Durch die natürlichen oder von Organisationen geschaffenen Voraussetzungen kann eine Zwangskonstellation entstehen, die

▶ entweder eine mehr oder weniger starke wirtschaftliche Orientierung erzwingt oder

▶ im Gegenteil sogar ein unwirtschaftliches Verhalten abnötigt.

Die Wirtschaft steht in Wettbewerbssystemen normalerweise ständig vor der Notwendigkeit, sich an geänderte Marktsituationen anzupassen und ihre Strukturen zu verändern. Aber selbst wenn die Zwänge schon sehr stark wirken, gelingt es normalerweise erst nach einem längeren Denkprozeß mit vielen Diskussionen, die Verbesserungspotentiale zu finden und auszuschöpfen, das heißt, jeder Rationalisierungsprozeß erfordert Kreativität und Zeit. Wer im Wettbewerb vorne bleiben will, muß also ständig an seinem Vorsprung arbeiten, denn Versäumtes läßt sich, wie in einem Marathonlauf, nur sehr schwer nachholen.

Die betriebliche Praxis hat bewiesen, daß Menschen entsprechend ihrem Kenntnisstand rational auf wirtschaftlichen Druck reagieren, daß sich andererseits ohne einen motivierenden wirtschaftlichen Zwang keine

Organisation auf Dauer genügend anpaßt und rationalisiert, um wettbewerbsfähig zu sein. Das trifft für Unternehmen genauso zu wie für Behörden. Auch in den Unternehmen führen entsprechend große Verwaltungen, die sich nicht an die Marktgegebenheiten anpassen, zu einer Lähmung der Dynamik der gesamten Organisation. So hat man beispielsweise festgestellt, daß Betriebsabläufe dann wesentlich effizienter sind und flexibler reagieren, wenn Hierarchien abgebaut und Vertrauensorganisationen statt Mißtrauensorganisationen aufgebaut werden und die Organisation sich vor allem auf den wertschöpfenden Prozeß konzentriert, während die Stabsabteilungen möglichst klein sind. Das führt zu mehr motivierendem Druck und größerer Interessenharmonie in den eigentlichen wertschöpfenden Stellen.

Vor allem der Wettbewerb, aber auch die Kunden, Gewerkschaften und manchmal die Lieferanten und Behörden üben einen Anpassungsdruck aus: Reagiert man nicht, sind Umsatz beziehungsweise Rendite gefährdet und schließlich die Existenz bedroht. Dies drückt weiter auf die Stimmung und die Lebensqualität am Arbeitsplatz. Es kommt zu Entlassungsmaßnahmen und Konkursgefahr. Das am wenigsten Erwünschte wird erreicht: Die psychische Belastung der Mitarbeiter wächst auf ein unerträgliches Maß. Will die erfahrene Führung jedoch den Trend schon früh verändern, was für alle segensreich wäre, so kommt es stets zu einem erheblichen Widerstand, der sich erst mit der drohenden Existenzgefahr reduziert. Der Überlebenskampf sorgt dann für eine erhöhte Interessenharmonie. Aber selbst wenn schon ein gewisses Maß an Einsicht in die Veränderungsnotwendigkeit gegeben ist, benötigt sie für eine solche Strukturänderung eine starke Hand und die Entscheidung ohne Wenn und Aber. Sie muß einerseits schnell umsetzen, andererseits aber schon bald die motivierenden Kräfte wieder anregen, damit die Kreativität für neues Wachstum sorgt. Langsame Sanierungseinschnitte lassen Unternehmen eher ausbluten, führen zur Resignation, zerstören die kreativen Kräfte, und wichtige Mitarbeiter wandern ab.

> Menschen vollziehen unbequeme Handlungen fast immer nur unter motivierendem Druck beziehungsweise in einer optimierten Zwangskonstellation.

So zwingt beispielsweise der Wettbewerb dazu, ständig die eigene Leistung zu verbessern. Die Gefahr der Existenzbedrohung und der persönlichen Konsequenzen schafft am ehesten das Verständnis beziehungsweise die Einsicht in die Notwendigkeiten, wenn schwierige Restrukturierungsmaßnahmen durchgesetzt werden sollen.

▶ Die kontinuierliche Leistungsverbesserung ist die Basis für Wachstum und Wohlstand. Erfolgswirksamer Zwang basiert auf weitgehender Interessenharmonie, erzeugt Motivation und überfordert nicht.

Das Maß an Existenzbedrohung, also der wirtschaftlich orientierte Druck, verbunden mit persönlichen Konsequenzen, ist ein Maßstab dafür, inwieweit eine Organisation Kräfte aktiviert und die Bereitschaft zeigt, sich zu erneuern und zu den Verbesserungen zu kommen. Stellen wir uns einmal einen großen Konzern vor, der sich in fünf Sparten gliedert, an denen wiederum zahlreiche Tochtergesellschaften hängen. Alle Mitarbeiter einer Tochtergesellschaft sind unmittelbar existenzbedroht, wenn diese über längere Zeit keine Rendite erzielt. Die übergeordnete Sparte wird dadurch noch geringfügig bedroht, wenn beispielsweise 20 Tochtergesellschaften an einer solchen Einheit hängen. Sie wird kaum veranlaßt, Einsparungen in der Zentrale vorzunehmen. Erst wenn mehrere ihrer Firmen in Not geraten und damit die gesamte Gruppe unter Renditeproblemen leidet, wird auch die Sparte, und damit deren Verwaltung, bedroht, das heißt, sie muß sich restrukturieren und verkleinern. Der darüberliegende Gesamtkonzern wird aber durch diese Entwicklung normalerweise immer noch nur geringfügig beeinflußt. Treten jedoch Probleme in einer Vielzahl von Sparten auf, so berührt die Existenzfrage auch die Konzernverwaltung. Der abgestufte beziehungsweise geringere Druck mit zunehmender Marktferne ist auch der Grund, warum es manche Abteilungen in Großkonzernen vor allem nach guten Zeiten mit der wertvernichtenden Administration der Behörden aufnehmen können, was Formulare und Vorschriften angeht. Wegen der daraus entstehenden Gefahren und kaum korrigierbaren Folgen achten erfahrene Wirtschaftsführer darauf, auch ohne direkte Zwänge diese Fehlentwicklungen zu verhindern.

Die übergeordnete volkswirtschaftliche Verwaltung wird jedoch auch dann noch nicht betroffen, wenn einige wenige Konzerne in Schwierigkeiten sind. Erst wenn ein größerer Teil der gewerblichen Wirtschaft Probleme zeigt, baut sich langsam ein Rationalisierungsdruck auf. Eine europäische Administration zwingt selbst die Not einzelner Länder nicht zur Rationalisierung. Die Zwangskonstellationen werden mit zunehmendem Zusammenschluß von Nationen immer schwächer, denn solche Zusammenschlüsse können sich besser abkapseln.

Es gibt also eine Hierarchie des wirtschaftlich orientierten Drucks. *Der natürliche Druck des Marktes zur Rationalisierung wirkt am stärksten in den unmittelbar marktabhängigen Teilen einer Organisation und wird mit steigenden Problemen und zeitlicher Verzögerung auch in den immer marktferneren Stellen spürbar. Anders ausgedrückt: Die Gefahr, daß unwirtschaftlich gehandelt wird, steigt tendenziell mit zunehmender Größe, Marktferne und Komplexität sowie den abnehmenden wirtschaftlichen Zwängen. Solche Nachteile können die Größenvorteile weit überkompensieren. Wenn in einem unsensiblen System der Volkswirtschaft die Politiker auch noch ablehnen, wirtschaftliche Kriterien in ihren Entscheidungen zu berücksichtigen, muß langfristig die Wettbewerbsfähigkeit erheblich leiden. Bei der öffentlichen Hand macht sich ein wirtschaftlich orientierter Zwang erst bemerkbar, wenn schon große Teile der Volkswirtschaft erhebliche Probleme aufweisen und nur noch schwer korrigierbar sind.* Jede Zentralisierung, ob in der Wirtschaft oder beim Staat, führt dazu, daß der ökonomische Zwang in der oberen Etage abnimmt. Diese Erkenntnis hat in der Wirtschaft zur Verselbständigung von Arbeitsgebieten und zu kleinsten Holdinggesellschaften geführt, wodurch sich die wirtschaftliche Sensibilität insgesamt erheblich erhöht und auf eine breitere Basis verteilt.

Der Druck läuft dann weitgehend ins Leere, wenn Fehlentwicklungen zu keinerlei Konsequenzen führen oder wenn er überfordert, also die Betroffenen keine Chance zur Lösung der Probleme mehr sehen. Dasselbe gilt, wenn der Druck nicht auf einer Interessenharmonie beruht, weil zum Beispiel die Bewertung nicht auf objektiven Leistungsmaßstäben wie Umsatz, Ertrag, Pro-Kopf-Leistung etc. basiert, sondern auf dem Urteil eines Vorgesetzten oder einer vorgesetzten Behörde, das als ungerecht empfunden wird. Wer über die besseren Beziehungen und persönlichen Bindungen verfügt, kann das Beurteilungsergebnis beeinflussen. Der Druck wirkt dann eher demotivierend, führt zur „inneren Kündigung" und aktiviert immer weniger Anstrengungen. Man verfolgt andere, zum Beispiel familiäre Ziele, weil man keine Möglichkeit mehr sieht, die ursprünglichen Absichten zu verwirklichen und die Probleme zu bewältigen. Resignation macht sich breit.

Nun hängt die Qualität der Reaktion auch von der Erfahrung und der dadurch beeinflußten Erkenntnisfähigkeit ab. Ohne die Kenntnis der Instrumente zeigt sich die Führung eher hilflos.

Nach langen Jahren der Expansion und hoher Renditen bis Anfang der 70er Jahre hatten die Manager nicht gelernt, durch Kostenanpassungen auf die schwachen Signale zu reagieren, die die zukünftigen Krisen andeuten. Sie waren nicht in der Lage, sich vorzustellen, daß eine Gefährdung der eigenen Existenz denkbar wäre. Auch die Wissenschaft kannte noch kaum die notwendigen Rationalisierungs- und Sanierungsinstrumente. Mittlerweile gehört das Kriseninstrumentarium in der Industrie zu den Standardwerkzeugen. Wer aufgrund der Strukturprobleme gelernt hat, mit tiefen Krisen zu leben, reagiert sensibler und schneller. Deshalb passen Unternehmen heute konsequenter ihre Kosten zum Beispiel durch Personalabbau an und werden weit besser als früher mit gleichartigen Krisensituationen fertig, obwohl die zu tragenden Belastungen weitaus größer und die Spielräume weitaus geringer geworden sind. Für die Politik gab und gibt es zwangsläufig Verständnisschwierigkeiten, wenn die Wirtschaft sich auf dem Rückzug befindet und die Arbeitslosigkeit steigt. Von einer Existenzbedrohung wie in der Wirtschaft ist die öffentliche Hand noch sehr weit entfernt, da sie immer noch Belastungen auf Bürger und Gewerbebetriebe verteilen kann. Die Antwort lautet folglich wie bei jedem Monopol: Verteuerung der öffentlichen Leistung.

Besteht die Notwendigkeit zur Strukturveränderung und liegt die Erkenntnisfähigkeit vor, muß neben dem Druck auch die Entscheidungsfähigkeit gegeben sein, wenn wirklich durchgreifende Maßnahmen umgesetzt werden sollen. Ist ein Vorstandsgremium beispielsweise aufgrund seiner organisatorischen Voraussetzungen, oder weil eine starke Persönlichkeit an der Spitze fehlt, nicht entscheidungsfähig, so erhöht sich die Gefahr der Fehlstrukturierung und eines Untergangs. Dabei haben sich große Gremien nicht selten als ein Problem sowohl für die Qualität als auch für die Schnelligkeit erwiesen. Es können die dringend notwendigen Entscheidungen ausbleiben, und die begrenzt verfügbare Zeit, um das Unternehmen zu retten, verstreicht. Gremienstrukturen wurden deshalb immer wieder unter dem Druck der Rentabilität optimiert.

Jede Gesamtwirtschaft basiert auf komplizierten Entscheidungsprozessen, und es kommt aufgrund der organisatorischen Voraussetzungen kaum zu einem wirtschaftlich orientierten Druck. Alle Belastungen durch Fehler und Probleme verteilen sich auf die Bürger und bewirken in der Summe einen sinkenden Lebensstandard, beispielsweise durch steigende volkswirtschaftliche Verschuldung, höhere Steuern, höhere Arbeitslosigkeit oder sinkenden Geldwert, der das Vermögen und das Einkommen der Bürger schmälert. Eine hohe Verschuldung kann der Staat nicht aus eigener Leistung zurückzahlen, sondern er muß sie letztlich auf die leistungsfähigen Bürger und vor allem auf zukünftige Generationen verteilen.

> Die unmittelbar fehlende Existenzgefahr sowie die fehlenden Leistungsmaßstäbe für die Politik, Behörden und Verwaltungen senken den Entscheidungsdruck, und die Organisation staatlicher Entscheidungsprozesse erschwert die Durchsetzung.

Ein gleichmäßiger, wirtschaftlich orientierter und motivierender Druck beziehungsweise die Zwangskonstellation erweist sich unter folgenden Voraussetzungen als effizient:

1. Die organisatorischen Voraussetzungen führen zu wirtschaftlich orientierten Zwängen. Die allgemeine Anerkennung des Prinzips „Leistung und Gegenleistung" ist dabei eine gute Grundlage.

2. Der Druck ist möglichst harmonisiert mit den eigenen Zielen, wie zum Beispiel im günstigsten Fall bei Selbständigen und Leistungssportlern. Eine wichtige Basis ist das Einkommen. Andere Möglichkeiten liegen in allen Instrumenten der Anerkennung und Herausstellung. Dies führt zu höchster Motivation und größten Anstrengungen.

3. Die persönlichen Konsequenzen von unwirtschaftlichen Entscheidungen sind schon frühzeitig erkennbar und meßbar, das heißt, es gibt ein unmittelbares Entscheidungs-Konsequenz-Prinzip.
4. Die wirtschaftlichen Folgen von fehlerhaften Entscheidungen sind zuzuordnen und meßbar.
5. Die Entscheidungsträger besitzen eine hohe Sensibilität und Erfahrung, um die wirtschaftlichen Probleme zu erkennen und zu lösen, das heißt, es hängt von der Auswahl der richtigen Führungskräfte ab. Weiterhin unterliegen sie keinen Zwängen, die die Umsetzung des Notwendigen verhindern.
6. Die Entscheidungsträger verfügen über die notwendigen Vollmachten zum Handeln.

Eine gewisse Effizienz ist gegeben, wenn mindestens die eigene Organisation, zum Beispiel das eigene Unternehmen oder die Partei, die Konsequenzen der Entscheidung zu tragen hat und somit durch die soziale Kontrolle ein mittelbares Entscheidungs-Konsequenz-Prinzip vorliegt. Dies beweisen viele kleine Gemeinden, in denen fast jeder die Entscheidungsträger noch persönlich kennt, wodurch ein Zwang zu wirtschaftlichem Verhalten ausgeübt wird.

Eine falsch orientierte Zwangskonstellation und monopolistische „Ventile" führen zur Unwirtschaftlichkeit

In Deutschland ist die öffentliche Hand durch die Gesetze zur Wirtschaftlichkeit verpflichtet,[5] aber es zeigen sich dieselben Erfahrungen, die man in vielen Großbetrieben machen mußte, daß sich mit Vorschriften nur eine sehr begrenzte Wirkung erzielen läßt. Die Kreativität wird eher dazu benutzt, im kritischen Fall zu beweisen, daß man nicht anders handeln konnte und den Entscheider keine Schuld an der Fehlentwicklung trifft. Der einzelne denkt viel intensiver über das wirtschaftliche Verhalten nach, wenn steigende Kosten zu Zwängen führen, die zum wirtschaftlichen Verhalten motivieren, das heißt, wenn er persönlich für die Folgen aufzukommen hat. Kinder, deren Eltern grundsätzlich alles bezahlen, lernen nicht, sparsam zu sein. Die Kreativität wird vom produktiven Leistungsbeitrag abgelenkt und orientiert sich darauf, möglichst viel zum eigenen Vorteil zu erhalten. Ähnlich verhalten sich Erwachsene, wenn die Gemeinschaft, zum Beispiel durch Subventionen, für alles aufkommt. Nur wenn Entscheidungsmacht mit der persönlichen Verantwortung für die Konsequenzen verbunden ist, gibt es den notwendigen motivierenden Druck zur wirtschaftlichen Steuerung des eigenen Verhaltens. Wie an anderer Stelle gezeigt,[6] bewirkte die Umstellung von fester auf eine variable Tantieme eine Veränderung der inneren Einstellung: Auch in einer guten Situation versuchte man, zum eigenen Vorteil die Rentabilität weiter anzuheben. Bei der öffentlichen Hand und in der Politik spielt das Entscheidungs-Konsequenz-Prinzip in wirtschaftlicher Hinsicht heute fast keine Rolle.

In diesem Zusammenhang sind psychologische Experimente von Interesse, die in vielfacher Abwandlung wiederholt wurden und stets zum gleichen Ergebnis führten:[7]

> Man beobachtete beispielsweise die Ausgabebereitschaft von zehn Ehepaaren, die des öfteren zum Essen ausgingen. Schließlich bat man die zehn Ehepaare, gemeinsam zum Essen zu gehen und die Gesamtrechnung einfach durch zehn zu teilen. Das Ergebnis: Nach mehreren Malen war die durchschnittliche Rechnung um mehr als 50 Prozent angestiegen.

Ein großer Kunde kann schon deshalb erheblichen Druck ausüben, weil seine Weigerung zu kaufen die Existenz von Arbeitsplätzen oder gar des ganzen Unternehmens gefährdet. Je größer der Hersteller jedoch ist, um so weniger bemerkt man den Einfluß eines einzelnen Kunden. In der Volkswirtschaft hat der Bürger als „Kunde" allenfalls in kleinen Gemeinden, sonst aber kaum Bedeutung, selbst wenn er hohe Leistungen erbringt. Abgesehen davon, daß er sich bei eklatanten Fehlern an die Presse wenden kann, besteht für ihn grundsätzlich kaum eine Möglichkeit, gegenüber einer Behörde Druck auszuüben, es sei denn, er baut ein Beziehungsnetz auf.

Der Mitarbeiter in der Behörde unterliegt insbesondere einem Zwang von innen und seltener dem Druck der Öffentlichkeit: Eigene Mitarbeiter, Kollegen oder Vorgesetzte vertreten ihre persönlichen und sachlichen, emotionalen und rationalen Interessen und beeinflussen damit alle anderen. Dem stärkeren Zwang wird tendenziell nachgegeben. Weiterhin erhält der Vorgesetzte mit der zunehmenden Zahl der Mitarbeiter eine größere Bedeutung im Amt. Mit Rationalisierungsbemühungen würde er dagegen sein Ansehen schwächen und sich eher Feinde schaffen. Wo liegt dann ein Anreiz, sich möglichst wirtschaftlich zu verhalten? *Der stärkste Druck zu hoher Unwirtschaftlichkeit ist dann gegeben, wenn durch unwirtschaftliches Verhalten wichtige persönliche Vorteile zu erzielen sind.* – Wenn kein Zwang zur Leistung, keiner von außen oder über Verluste besteht, beschäftigen sich solche Organisationen zunehmend mit sich selbst. So ist es erklärlich, wenn sich von den 21 000 Beschäftigten in den Bonner Ministerien etwa 40 Prozent mit Organisation, Personal und Allgemeiner Verwaltung befassen.[8] Es kommt zu einer immer umfangreicheren wertvernichtenden Beschäftigung, die man auch als innere oder wertvernichtende Administration bezeichnen kann. Jede Administration sollte man daran messen, welchen Gesamtnutzen sie für die Volkswirtschaft bringt. Während eine wertschöpfende Verwaltung Zusatznutzen schafft, liegt das Verhältnis von Aufwand und Nutzen bei einer stark wertvernichtenden Administration in Extremfällen so ungünstig, daß ganze Volkswirtschaften trotz intelligenter Menschen entscheidend behindert werden, ihre großen wirtschaftlichen Probleme zu bewältigen.[9]

Kommt es aufgrund fehlender Geldmittel zu der Anweisung, daß kein Personal aufgebaut werden darf, so entscheiden übergeordnete politische Stellen nicht selten über Regelungen, die in den Behörden zusätzliche Arbeiten veranlassen. In dieser Situation bleiben den Behörden ähnliche „Ventile" wie monopolistischen Wirtschaftsbetrieben, das Problem auf Kosten der Kunden zu lösen. Die Lieferzeiten verlängern sich, der Leistungsempfänger muß seinerseits einen Teil der Arbeiten übernehmen etc. Die Zwänge führen also normalerweise nicht zu einer wirtschaftlichen Orientierung, sondern eher zu einer Verlagerung der Administration. Es wird aufgrund der gegebenen organisatorischen Verhältnisse, wie bei industriellen Verbänden oder Stabsabteilungen, mehr darüber nachgedacht, wie man beweisen kann, daß eine Rationalisierung nicht möglich ist, und weit weniger darüber, wie man das Problem wirtschaftlich löst. Erst organisatorische Regelungen, die die Unwirtschaftlichkeit aufzeigen, wie die

Kosten- oder die Gewinn- und Verlustrechnung, und Gefahren sowie eigene Existenznot ermöglichen eine höhere Bereitschaft, Anstrengungen zu unternehmen und Opfer auf sich zu nehmen, um die Prozesse wirtschaftlicher zu gestalten.

Die Vergangenheit hat bewiesen, daß die Industrie eines Landes weniger rationalisiert und stark zurückfällt, wenn die Regierung durch Verstaatlichung, Schutzzölle oder Schließung der Grenzen den Wettbewerbsdruck abschwächt oder gar ganz verhindert. Der fehlende Zwang führt dazu, daß Anstrengungen, neue Produkte, rationellere Verfahren etc. zu finden, weitgehend unterbleiben. Die Industrie fällt im Laufe der Jahrzehnte immer mehr zurück: Ein Vergleich der Produktivität ost- und westdeutscher Betriebe nach der Wiedervereinigung zeigte, daß die Durchschnittsproduktivität der Ostbetriebe nach Angaben der Deutschen Bundesbank[10] in der zweiten Jahreshälfte 1990 bei 26 Prozent lag, das heißt, sie betrug bei westdeutschen Firmen fast das Vierfache, obwohl dieser Vergleich noch nicht das ganze Potential aufzeigt, zumal die westdeutsche Industrie ebenfalls, zum Beispiel durch die starke Regelungsdichte, in der Leistung gebremst war. Allein dieser Unterschied ermöglichte es bereits, im Westen ein Vielfaches an Löhnen zu verkraften, einen Beitrag zum Steueraufkommen zu leisten und den Investoren eine Rendite zu erwirtschaften. *Man sieht folglich: Betriebe verhalten sich unter gleichen wirtschaftlichen Zwängen nicht anders als Behörden.*

Was einmal versäumt wurde, läßt sich kurzfristig nicht nachholen, lediglich mit aufwendigen Hilfsaktionen ist die Aufholzeit zu verkürzen. Beseitigt der Staat nach Jahrzehnten plötzlich die Einfuhrzölle oder öffnet er die Grenzen, so kommt es zu weitgehenden Zusammenbrüchen in der eigenen Industrie. Diese Tatsache spürten die Unternehmen der sozialistischen Länder, als sie ihre Märkte kurzfristig liberalisierten. Die Menschen waren nach einer kurzen Motivationsphase schnell durch den hohen Anpassungsdruck überfordert. *Nur ein stufenweiser Abbau über weit mehr als ein Jahrzehnt mit einem angemessenen, wirtschaftlich orientierten Druck kann von der Industrie bewältigt werden.*

Immer dann, wenn es aufgrund des Wissensstands beziehungsweise der derzeit möglichen Organisationsformen nicht gelingt, zu Regelungen zu finden, die auf der Basis einer Interessenharmonie motivierenden Druck aufbauen, kommt es zu einer ständig zunehmenden Unwirtschaftlichkeit und Unzufriedenheit und dem Bemühen, die Notwendigkeit des unwirtschaftlichen Verhaltens nachzuweisen. Deshalb sind bei den heutigen Organisationsformen die Verwaltungsapparate der öffentlichen Hand kaum wirtschaftlich zu führen. Auf der anderen Seite ist eine volkswirtschaftliche Verwaltung notwendig, um ein Chaos zu verhindern. *Damit ergibt sich zwangsläufig, daß die Leistungsfähigkeit einer Volkswirtschaft abnimmt, je mehr der Staatsanteil ein Optimum unter- oder überschreitet. Dieses Optimum liegt in jeder Organisation bei einer kleinen Verwaltung, die sich auf das Wesentliche beschränkt.*

Nun gibt es hochadministrierte Volkswirtschaften, die kaum Arbeitslosigkeit zeigen, bei denen der Staat tief in die wirtschaftlichen Zusammenhänge der Unternehmen eingreift. Entweder kommt man dann durch entsprechend niedrige Löhne und Gehälter zum Gleichgewicht oder die Arbeitslosigkeit ist in Wirklichkeit vorhanden, nur findet sie zum Beispiel in den Betrieben statt und ist somit verdeckt. Politischer Druck zwingt die Unternehmen, möglichst viele Mitarbeiter zu beschäftigen.

Als ein Unternehmen Anfang der 70er Jahre in einem Bereinigungsprozeß eine ganze Fabrik nach China verkaufte, konnten die Manager dies auf plastische Weise erleben. Mit den Maschinen verkauften sie auch zahlreiche Werkzeuge zur Herstellung von Kunststoffspritzgußteilen. Dabei gab es vollautomatische Werkzeuge und für deutsche Maßstäbe sehr unwirtschaftliche, mit deren Fertigungsablauf sehr viel Handarbeit verbunden war. Vor den Verkaufsverhandlungen wurde im Unternehmen diskutiert, ob es solche alten Werkzeuge überhaupt noch anbieten dürfte. Der Produktionsleiter war der Auffassung, daß man damit die Kaufinteressenten nur verärgern könne. Man entschied sich dann trotzdem, die alten Werkzeuge mit in das Verkaufsprogramm aufzunehmen. Das gesamte Angebot wurde schließlich von der chinesischen Delegation übernommen.

Ein halbes Jahr später, als die Fabrik in der Nähe von Peking lief, fuhr der Produktionsleiter nach China, um noch einige Abklärungen vorzunehmen und gegebenenfalls Hilfestellung zu leisten. Die Werksleiterin führte ihn durch den Betrieb und zeigte, daß die Produktion gut funktionierte. Es fiel ihm auf, daß etwa 1 000 Menschen in dem gleichen Betrieb arbeiteten, im dem das eigene Unternehmen etwas mehr als 100 Beschäftigte hatte. Er sah viele Menschen zwischen den Maschinen schlafen. Schließlich sprach ihn die Betriebsleiterin verlegen auf die modernen Werkzeuge an und fragte, ob man diese nicht umstellen könne: Es sei alles zu automatisch und erfordere zu wenig Arbeitskräfte. Sie wisse nämlich nicht, wie sie damit überhaupt die Vielzahl ihrer Mitarbeiter beschäftigen solle.

Das zeigt, wie sich die Denkweise verändert, wenn sich der Druck in Richtung auf die Unwirtschaftlichkeit orientiert. Obwohl die Betriebe bereits das Zehnfache an Mitarbeitern beschäftigten und kaum noch eine Produktivität vorhanden war, wird nicht über Rationalisierung, sondern nur noch darüber nachgedacht, wie man die Unwirtschaftlichkeit erhöhen kann. Auf diese Weise muß das Bruttosozialprodukt und das Einkommen der Bürger auf niedrigstem Niveau verharren oder tendenziell eher weiter absinken. Glücklicherweise sind in einer freien Marktwirtschaft solche Symptome in den Gewerbebetrieben kaum denkbar, da der wirtschaftlich orientierte Druck des Wettbewerbs und der „roten Zahlen" immer wieder eine Korrektur erzwingt. Der Gegendruck bei Anpassungsprozessen wird jedoch mit zunehmendem Reichtum einer Volkswirtschaft stärker und führt zu Zeitverzögerungen bei der Anpassung, so daß jedes Unternehmen, mindestens über eine gewisse Zeit, im Anpassungsprozeß zu viele Mitarbeiter beschäftigt.

In allen Demokratien stehen die Politiker vor einem großen Dilemma: Die unterschiedlichsten Interessengruppen verlangen ständig mehr staatliche Leistungen und damit höhere Ausgaben, weil jeder versucht, für sich Vorteile auf Kosten anderer zu erlangen. Beugt sich die Politik nicht, besteht die Gefahr, schon bei der nächsten Wahl abgewählt zu werden. Kommen die Politiker dem sozialstaatlich motivierten Erwartungsdruck nach, so übersteigen die Ausgaben bald die Einnahmen, und das Problem wird in die Zukunft verlagert. Die Konstellation der Zwänge drückt bei der heutigen Organisation der Demokratien in eine Richtung, die langfristig für die Volkswirtschaft verheerende Folgen hat und nicht gewollt sein kann. Deshalb ist als sicher anzusehen, daß die Verschuldungstendenz kaum gebremst werden kann. Die ständig steigende Finanznot führt aber eher zu typisch monopolistischen Reaktionen: Ständig werden neue Steuern und Abgaben „erfunden", die die Komplexität steigern und den allgemeinen Verdruß auf Staat und Politik noch erhöhen. *Politiker sind in der Demokratie durch den Druck normalerweise überfordert, wenn sie die Kosten und die Verschuldung im Griff behalten wollen.*

Ein typisches Verhalten der Politik aufgrund des Drucks der Öffentlichkeit verläuft wie folgt:

▶ Es gibt einen problematischen großen Einzelfall, der in der Öffentlichkeit Beachtung findet. Die Politiker fühlen sich unter Druck gesetzt, etwas zu unternehmen.

▶ Man versucht durch ein neues oder geändertes Gesetz, die Probleme in Zukunft zu verändern. Um das Ziel sicher zu erreichen, wird der Kreis der durch das Gesetz betroffenen Personen oder Gruppen möglichst weit gefaßt. Die Auswirkungen auf die belastende oder wertvernichtende Administration bei den Gerichten, in der Bevölkerung und in der Wirtschaft bleiben unbeachtet, oft selbst die in den nachgeordneten Ländern und Behörden.

▶ Eine Behörde wird zur Kontrolle erweitert oder neu geschaffen. Diese neue Behörde oder Abteilung beginnt, durch Richtlinien, Rechtsverordnungen etc. das Gesetz zu konkretisieren.

▶ Über die langfristige Notwendigkeit und den Aufwand im Verhältnis zum volkswirtschaftlichen Nutzen wird kaum jemals diskutiert. Selbst wenn das der Fall wäre, ist eine Streichung schwer und nur mit großem Kraftaufwand durchsetzbar. Deshalb bleiben Behörde, Gesetz, Richtlinien etc. normalerweise bestehen, auch wenn die Voraussetzungen für die Entstehung des problematischen Einzelfalls entfallen. Um den Berechtigungsnachweis zu erbringen, baut die Behörde eine weitere wertvernichtende Administration auf.

Weiterhin erzwingen die Wähler und Interessengruppen immer neue Regelungen. So entstanden nach 1945 fast 5 000 Gesetze im Bundestag, und ein Ende ist nicht abzusehen. Dadurch steigerte man die volkswirtschaftlichen Kosten gewaltig, und es verdichtete sich das Netz an Vorschriften für den Bürger, Aufwand und Streß. *Die Schaffung von Gerechtigkeit, Kontrolle und Transparenz durch Regelungen wirkt zunächst werterhöhend. Aber das Optimum wird sehr schnell überschritten, und es entsteht innere Administration, die die Leistung der Gesamtorganisation senkt, also eine negative Arbeitsleistung erstellt.*

Auch die für die Fortentwicklung eines Hochlohnlandes so wichtige Kreativität ist von der Orientierung des Drucks abhängig. Werden die Kosten besonders hoch, stehen die Kostensenkung sowie das Suchen nach neuen Produkten, die bessere Erlöse ermöglichen, im Vordergrund. Läßt der Druck nach, so läßt auch das Bestreben nach Rationalisierung und die Suche nach neuen Produkten nach. Insofern ist ein angemessener, wirtschaftlich orientierter Druck von großer Bedeutung für die Leistungsfähigkeit. Dies läßt sich in Ländern mit niedrigem Lohnniveau deutlich erkennen: Die Produktivität liegt hier auch deshalb niedriger, weil zusätzliche Arbeitskräfte die Rentabilität nicht so sehr beeinträchtigen. *Ein angemessener Kostendruck, der die wirtschaftliche Tätigkeit noch interessant erscheinen läßt, unterstützt die Kreativität im Hinblick auf Kosteneinsparungen und die Entwicklung neuer Produkte. Überdruck und wertvernichtende Administration senken die Kreativität.*

Der Druck verliert dagegen weitgehend seine Wirkung, das heißt, die Zwangskonstellation wird ungünstig, wenn

1. die organisatorischen Voraussetzungen zu keinen wirtschaftlichen Zwängen führen und „monopolistische Ventile" bleiben,
2. die Entscheidungsgremien groß sind und die Entscheidung persönlich nicht mehr zuzuordnen ist,
3. die Entscheidungsträger keine Erfahrung und Sensibilität besitzen, die Signale einer Strukturänderung zu erkennen,
4. meßbare Konsequenzen fehlen, weil zum Beispiel sehr große Gremien entscheiden oder weil es keine entsprechenden Abrechnungssysteme gibt und das Prinzip „Leistung und Gegenleistung" vernachlässigt wird,
5. die Konsequenzen von anderen, die kaum Druck ausüben können, zu tragen sind. Dies ist beispielsweise gegeben, wenn die Euro-

päische Union eine Entscheidung trifft, die Folgekosten aber die Gemeinden oder die Bürger zu tragen haben. Das Entscheidungs-Konsequenz-Prinzip wird damit außer Kraft gesetzt.
6. Resignation und „innere Kündigung" der Betroffenen eine Reaktion verhindern.

Da in großen Teilen der Volkswirtschaft ungünstigste organisatorische Voraussetzungen für eine wirtschaftliche Steuerung vorliegen, muß sich trotz zeitweiser Aktionen der Gegensteuerung laufend ein starker Trend zum negativen Ungleichgewicht entwickeln. *Organisationen, in denen es keine Existenzgefährdung gibt, haben normalerweise selbst dann nicht die Einsicht, wenn eine totale Unwirtschaftlichkeit vorliegt. Gewinnt darüber hinaus die eigene Position mit zunehmender Unwirtschaftlichkeit noch an Bedeutung, beispielsweise dadurch, daß das Prestige mit zunehmender Mitarbeiterzahl steigt, oder wenn Ziele verfolgt werden müssen, die zwangsläufig zur Unwirtschaftlichkeit führen, so lassen sich persönliche Ziele dadurch befriedigen, daß man einen möglichst hohen Grad an Unwirtschaftlichkeit anstrebt. Die Unwirtschaftlichkeit ist systemimmanent. Dagegen eingesetzte Zwangsmaßnahmen, zum Beispiel über die Budgetierung der Ausgaben, verhindern den Trend nicht, sie verzögern ihn nur.* Daraus leitet sich die Schlußfolgerung ab:

> ▶ Grundsätzlich sind die heutigen organisatorischen Voraussetzungen in der Demokratie wenig geeignet, das wirtschaftliche Potential ihrer Volkswirtschaften zum Vorteil aller zu nutzen.

Ohne eine Neustrukturierung und ständige Anpassung wird die öffentliche Hand zur entscheidenden Bremse für die Wettbewerbsfähigkeit, das Wachstum und den Wohlstand einer hochentwickelten Nation.

Einige Beispiele für eine hochgradige Wertvernichtung

Wertvernichtende Administration wird auch geschaffen, wenn man die Zahl der notwendigen Abrechnungen erheblich erhöht. Aus einem jährlichen Zahlungs- und Verbuchungsvorgang für den einzelnen Bürger werden unter Umständen mehrere Hundert gemacht.

Ein typisches Beispiel für eine weitgehend wertvernichtende Administration stellen die Parkplatzgebühren an Straßenrändern oder die Autobahngebühren dar. Die Kosten zur Pflege der Straßen könnten mit der jährlichen Steuer abgedeckt sein. Statt dessen wird zusätzlich in Parkautomaten investiert, die für Privatpersonen und geschäftlich Reisende viel Aufwand und Streß bedeuten, weil entsprechende Münzen fehlen und erst besorgt werden müssen, weil die Zeit abläuft etc. Beim Geschäftsreisenden sind zusätzlich eine Fülle von Belegen zu verwalten, die den betrieblichen Aufwand erhöhen. Statt einer Zahlung im Jahr zusammen mit der Kfz-Steuer erstellen die Reisenden zum Beispiel mindestens mit jeder wöchentlichen Abrechnung einen Eigenbeleg, wenn sie nicht eine Vielzahl von Parkplatzquittungen vorlegen. So entstehen zwischen 50 und vielen hundert Belegen pro Jahr, die kaum jemand ganz kontrollieren kann. Pro Außendienstmitarbeiter fallen nach eigenen Untersuchungen etwa 100 DM pro Monat an. Rechnet man zum Beispiel für Deutschland mit circa 32 Millionen PKWs und durchschnittlich 50 Parkvorgängen jährlich auf solchen Plätzen, werden die Bürger circa 1,6- bis 3,2milliardenmal zu einer nutzlosen Tätigkeit veranlaßt und die Wirtschaft mit Belegen und Buchungen administrativ belastet.

Die Unterhaltung und Pflege der Straßen und Autobahnen ist eine typische hoheitliche Aufgabe und muß sowohl bei staatlichen als auch bei privaten Organisationen erfolgen. Somit ergibt sich zunächst kein Vorteil, wenn der Staat oder Private diese Arbeiten vornehmen. Lediglich der Zwang zur Wirtschaftlichkeit könnte aufgrund der Existenzbedrohung bei Privatfirmen größer sein. Andererseits erhält der Autobahnbetreiber eine monopolistische Stellung, die den wirtschaftlichen Druck weit reduziert und Monopolgewinne ermöglicht, wodurch der Staat sich wiederum genötigt sieht, die Preise zu kontrollieren. Die Gesamtzahl der Mitarbeiter, die sich aber bei der staatlichen Lösung mit dem Abkassieren und der Verwaltung von Gebühren befassen, bilden eine wertvernichtende Administration. Auch die damit verbundenen Investitionen für Zahlstellen und Straßen kann man als volkswirtschaftlich fehlinvestiert ansehen. Weit schlimmer noch ist der volkswirtschaftliche Zeitverlust sowie der Ärger der Reisenden und das Abrechnen der Gebühren in den

Betrieben. Milliarden Belege werden in einer Volkswirtschaft durch die Reisekostenabrechnung, Buchhaltung und steuerliche Administration mit einem hohen Aufwand produziert, ohne daß damit eine wertschöpfende Tätigkeit verbunden wäre. So bringt es ein Mitarbeiter im Außendienst in italienischen Firmen nach eigenen Recherchen im Schnitt pro Jahr auf etwa 400 Belege im Wert von knapp 2 000 DM. Der Aufwand ist also je Reisenden etwa 400mal so hoch wie bei der Abgeltung durch eine jährlich zu zahlende Kfz-Steuer. Wenn man nur unterstellt, daß in Deutschland circa drei Millionen Menschen geschäftlich veranlaßt reisen, so entstünde neben den drei Millionen Buchungen für die Kfz-Steuer eine Belegflut von 1,2 Milliarden Stück, die zu kontrollieren und zu buchen sind, ohne daß diesem Vorgang eine Wertschöpfung gegenübersteht. Die privat reisenden Personen wurden dabei noch nicht in die Betrachtung einbezogen. Auch wenn man das Buchungsverfahren verbessert und wirtschaftlicher gestaltet, zum Beispiel Zahlkarten einführt oder Milliarden in datentechnisch kontrollierte Autobahnen investiert, um die Abwicklung zu erleichtern, so wird der Schaden dadurch höchstens kleiner; es ändert aber nichts an der Tatsache der Unwirtschaftlichkeit. Nun wird sogar mit der Schaffung von Arbeitsplätzen argumentiert. Bei oberflächlicher Betrachtung ist das richtig. Da es sich jedoch um eine wertvernichtende Administration handelt, wird die gesamte Wirtschaft belastet, andere Arbeitsplätze verlieren ihre Wettbewerbsfähigkeit und Grenzbetriebe scheiden aus. Es werden einerseits neue Arbeitsplätze geschaffen, doch gehen andererseits im Laufe der Zeit durch die sinkende Wettbewerbsfähigkeit überproportional viele Arbeitsplätze verloren.

Ein Beispiel für hochgradige wertvernichtende Administration ist auch das „Geldwäschegesetz", nach dem die Banken bei allen Ein- und Auszahlungen ab 20 000 DM die persönlichen Daten des Kunden festzuhalten haben und Verdächtiges anzeigen müssen. Von den ersten 20 Millionen Fällen konkretisierte sich nach Ermittlungen des Bundesverbandes deutscher Banken in 108 Fällen der Verdacht auf Geldwäsche. Ungefähr 200 000 Registrierungen führten zu jeweils einem konkreten Ergebnis.

Ein anderes Beispiel zeigt, wie es in staatlichen Organisationen automatisch zu einer personellen Expansion kommt.

An einer Universität gab es 1960 ein kleines Institut mit einem beamteten Assistenten. Dieser Assistent war für die wissenschaftliche Tätigkeit nicht geeignet, und so stellte der Institutsdirektor ihn ganz auf Verwaltungsarbeiten ab, obwohl er damit nur zu einem geringen Teil ausgelastet war. Der Assistent vertrat die Interessen des Instituts aber sehr geschickt. Er pflegte Kontakte zu einer Fülle von Behördenvertretern und erreichte damit, daß das Institut nach und nach immer mehr Assistenten genehmigt bekam. Die Verwaltung kannte keine objektive Kontrollrechnung, die das hohe Maß an Unwirtschaftlichkeit hätte aufzeigen können. So hatte der beamtete Assistent durchaus einen Wert für das Institut. Volkswirtschaftlich gesehen waren seine Tätigkeiten jedoch weitgehend wertvernichtend, weil nicht nur den eigenen Kosten keine entsprechende Leistung gegenüberstand, sondern darüber hinaus auch noch Stellen geschaffen wurden, die nicht notwendig waren.

Weitere typische Beispiele von einer nahezu zu 100 Prozent wertvernichtenden Administration konnte der Verfasser in Brasilien erleben.

Die große Ingenieurvereinigung CREA, der über 700 000 Ingenieure angehören, verlangt von diesen eine jährliche Zulassung. Wer diese nicht erhält, darf keine technischen Zeichnungen unterschreiben. Firmen und Mitarbeiter machen sich gegebenenfalls strafbar, wenn ohne Zulassung signiert wird. Die Unterschrift eines zugelassenen Ingenieurs ist vor allem bei staatlichen Aufträgen unumgänglich. Um die neue Zulassungsnummer zu erhalten, reicht der Ingenieur sein Diplom jedes Jahr aufs neue ein, und die Firma bezahlt dafür 250 DM an die Ingenieurvereinigung. Nach circa vier bis fünf Wochen kommt dann das Zertifikat. Die Firma muß also Mitarbeiter beauftragen, die Termine zu überwachen und den Vorgang zu bearbeiten. Hier fallen im Minimum nochmals mehr als 100 DM an Bearbeitungskosten an. Da nur das Diplom bestätigt wird, befassen sich Mitarbeiter in der Vereinigung sowie in der Industrie mit einer sinnlosen Tätigkeit.

Die brasilianischen Politiker erließen Anfang der 80er Jahre besonders viele Gesetze, um die schwierige Finanzsituation des Landes zu verbessern. Die Firmen fühlten sich ungerecht behandelt, und es kam zu einer Vielzahl von Prozessen. Schließlich entschied etwa vier bis fünf Jahre später das oberste Finanzgericht (Supremo tribunal federal), daß einige der Gesetze verfassungswidrig seien. Normalerweise hätte nun der Staat jedem Steuerzahler seine zuviel gezahlten Beträge zurückerstatten müssen. In Brasilien ist die Situation jedoch anders: Der Steuerzahler darf nicht verrechnen und erhält seine Beträge erst zurück, wenn er für seinen Einzelfall den gerichtlichen Rückerstattungsanspruch erworben hat. Das Urteil der Gerichte steht schon vorher fest, soweit der Kläger oder sein Anwalt keinen Formfehler begehen. Die erste Instanz genügt zwar, um mit der steuerlichen Verrechnung zu beginnen, aber der Prozeß geht dennoch durch die weiteren Instanzen. Das endgültige Urteil für jeden einzelnen fällt folglich wiederum frühestens nach vier bis fünf Jahren. Da der Geldwert aufgrund der hohen Inflation im Verlauf der zehn Jahre soweit gefallen ist, daß der Rückzahlungsanspruch nur noch einen Bruchteil des ursprünglichen Wertes ausmacht, muß neu geklagt werden, um auch den Geldverlust ersetzt zu bekommen.

Die Folgen dieser falschen Gesetzgebung und der unnötig ausgeweiteten Administration aufgrund der vorgeschriebenen Einzelklagen lassen sich sofort erkennen: Es kam zu mehreren hunderttausend Klagen, die seit fast 15 Jahren Anwälte, Gerichte und Manager beschäftigen. Statt sich um den Aufbau der so wichtigen Arbeitsplätze zu kümmern, verschwendeten Unternehmer und Manager viel Zeit und Geld, ohne daß dadurch auch nur die geringste Wertschöpfung stattfand. Gleichzeitig wurde die Lebensqualität durch Ärger und Streß beeinträchtigt. Die ungeheuren Reibungsverluste schwächen die Produktivität und Wettbewerbsfähigkeit der brasilianischen Wirtschaft.

Immer wieder lassen sich eine Vielzahl von mehr oder weniger sinnlosen Richtlinien entdecken. Beispielsweise heißt es in der EG-Richtlinie über den Führersitz von land- und forstwirtschaftlichen Zugmaschinen auf Rädern unter anderem, daß er der „einer einzigen Person platzbietende Sitz ist, der für den Führer bestimmt ist, wenn dieser die Zugmaschine führt", und daß die „Sitzfläche die nahezu horizontale Fläche des Sitzes ist, die die sitzende Haltung des Führers ermöglicht". Schließlich wird der Sitz-Bezugspunkt definiert als „der Punkt in der Längs-Mittel-Ebene des Sitzes, in dem sich die Tangential-Ebene am unteren Ende der gepolsterten Rückenlehne mit einer Horizontal-Ebene der Sitzoberfläche schneidet; diese Horizontal-Ebene schneidet ihrerseits die Oberfläche des Sitzes 150 mm vor dem Sitz-Bezugspunkt". – Die Bearbeitung und Formulierung einer solchen Richtlinie stellt eine hundertprozentige innere Administration dar. Die Industrie ist gezwungen, sich mit unnützen Vorschriften auseinanderzusetzen.

Der Teufelskreis falscher Gesetze

Eine wichtige Ursache für wertvernichtende Administration liegt im Teufelskreis zu vieler Regelungen sowie solcher Gesetze, die ohne Rücksicht auf die volkswirtschaftliche Gesamtbelastung und die Interessenharmonie entstehen. Kein Gesetz wird die Zustimmung aller Bürger finden. Sinnvolle Gesetze werden aber von einer breiten Interessenharmonie getragen, lassen sich mindestens begründen, und dieser Kommunikation mit dem Bürger ist ein großes Gewicht zu geben, um zu überzeugen.

Immer dann, wenn Vorschriften in den Unternehmen oder Gesetze in der Volkswirtschaft nicht von der breiten Masse der Mitarbeiter oder der Bevölkerung innerlich mitgetragen werden, sie also auf eine starke Interessenkollision zwischen den Zielen der Regierung und denen der Bürger angelegt sind, kommt es zu einem verdeckten oder offenen Widerstand. Man merkt, daß die Vorschrift oder das Gesetz schwer durchsetzbar ist. Anstatt das Gesetz zurückzunehmen, wird es jedoch meist verschärft: Es werden härtere Strafen und Kontrollen verordnet. Ausführungsbestimmungen müssen erlassen oder neue Organisationen geschaffen werden, die die Durchführung kontrollieren und den Schaden begrenzen sollen. Die soziale Marktwirtschaft weicht einem sozial-bürokratischen Interventionismus. Der Bürger setzt seine Kreativität dafür ein, zu überlegen, wie er dem neuen Druck ausweichen kann. Der Staat muß weitere Maßnahmen ergreifen, um den neuerlichen Ausweichprozeß abzufangen. Wieder reagiert der Bürger etc. In einem solchen Umfeld bleibt immer weniger

Raum für wertschöpfende Kreativität. Müßte es nicht in der Demokratie normalerweise über kurz oder lang zu einer Korrektur kommen? Der Anlaß zu diesem Teufelskreis, der letztlich in die weitgehende Überwachung und Reglementierung führt, liegt in der falschen Anlage des Gesetzes.

Typisches Beispiel ist das deutsche Zinsabschlagsgesetz, das zu circa 160 Millionen Freistellungsanträgen geführt hat, mit denen die Bürger ihre Zinserträge unterhalb eines Freibetrags von der Zinsabschlagssteuer befreien lassen. Nicht nur, daß den Banken eine riesige Administration aufgebürdet wurde, die letztlich der Kunde bezahlen muß und die volkswirtschaftlichen Schaden anrichtet, auch die Bürger wurden mit einer gewaltigen Administration, Streß und Ärger belastet. Viele suchten – wie in der Presse zu lesen war – offensichtlich Wege, das Gesetz zu umgehen. Razzien bei Banken waren die Folge. Die Betroffenen werden sich bemühen, zukünftig noch geschickter auszuweichen. Ausländer ziehen unter Umständen ihr Kapital von deutschen Banken ab. Man müßte die Grenzen international kontrollieren oder andere Staaten dazu bewegen, ihre Banken zu Meldungen zu verpflichten. Das Netz der Kontrolle, die angedrohten Strafen und damit die wertvernichtende Administration müssen sich immer weiter ausdehnen. Wird man aber auch die großen Fluchtgelder dadurch fassen?
– Je höher die Belastungen, um so stärker wehrt sich der Bürger durch aktiven oder passiven Widerstand, um so mehr steigt die wertvernichtende Administration, um so schädlicher sind auf Dauer die Auswirkungen auf die volkswirtschaftliche Kultur.

Steigt der Druck noch weiter, so ziehen sich die Menschen schließlich aus dem Wirtschaftssystem in die Privatsphäre zurück, wie dies im Sozialismus geschah. In der Wirtschaft nennt man diesen Vorgang, der für die langfristige Entwicklung der Betriebe und der Volkswirtschaft eine der größten Gefahren darstellt, „innere Kündigung". Natürlich verträgt jede leistungsfähige Volkswirtschaft zahlreiche belastende Regelungen, aber die wirtschaftliche Leistungsfähigkeit wird dadurch geschwächt, auch wenn sich die kurzfristigen Folgen kaum in genauen Zahlen und die langfristigen Wirkungen auf die Leistungskultur schon gar nicht abschätzen lassen.
Die Erfahrungen in der Wirtschaft führen zu einer grundlegenden Erkenntnis:

> Alle Regelungen, die zu einer kräftebindenden, nicht wertschöpfenden oder sogar wertvernichtenden Arbeit führen, verkürzen die Zeit für produktive Arbeit und lenken die Kreativität in eine unwirtschaftliche Richtung.

Im ungünstigsten Fall kann sich eine Organisation bei hoher Belastung für alle Beteiligten so sehr mit sich selbst beschäftigen, daß sie trotz aller Arbeit kaum noch Produktivität erbringt.

Die Signale nachlassender struktureller Wettbewerbsfähigkeit

Unternehmen, die ihre Wettbewerbsfähigkeit verlieren, zeigen fast immer eine Reihe von Merkmalen, die zu dieser Situation geführt haben. Es ist sehr interessant, die Symptome von Krisenunternehmen zu betrachten und der Situation der Volkswirtschaft gegenüberzustellen. Strukturveränderungen, die in die Krise führen, deuten sich vor allem an durch

- steigende Verwaltungskosten,
- einen wachsenden Anteil unproduktiver beziehungsweise nicht wertschöpfender Arbeitsplätze,
- kompliziertere Abläufe,
- zunehmende Reibungskonflikte, Frustrationen sowie Streß und Ärger,
- unzureichende Steuerungsinstrumente,
- zunehmende Rechtsunsicherheit und Streitbereitschaft,
- eine veränderte Einstellung zur Leistung und eine abfallende Leistungskultur,
- sinkende Kreativität.

Die Verwaltung ist zu groß

In Zeiten, in denen in der Industrie sichere und hohe Renditen erzielt wurden, wie in der Bundesrepublik Deutschland bis etwa 1960, entstanden große und aufwendige Verwaltungen oder Holdinggesellschaften. Der wirtschaftliche Druck war nicht entsprechend hart, und die Anstrengungen zum Kostenabbau hielten sich in Grenzen. Der Personalanteil für die Verwaltung betrug in manchen Fällen sogar mehr als 20 Prozent. Der wirtschaftliche Zwang der späteren Jahre hat zu Rationalisierungsmaßnahmen und zu einem starken Abbau geführt.

Es gibt in jeder Organisation einen Automatismus zu steigender Administration und zu wuchernden Regelungen für alle Vorgänge, dem auch ganze Volkswirtschaften unterliegen. Ist eine Führung zum Beispiel aufgrund einer Gewaltenaufsplitterung oder starker Zerstrittenheit nicht stark genug, und gibt es keinen Druck der „roten Zahlen" und Existenzprobleme, die die wuchernden Anforderungen bremsen, so entstehen zu viele unproduktive Abteilungen, die sich mit Nebensächlichkeiten befassen, auch wenn die einzelnen Mitarbeiter ihre Arbeit als äußerst wichtig ansehen. Diese Wucherung führt nicht nur zu hohen Kosten und Zukunftslasten, zum Beispiel durch Pensionen, sondern sie lähmt mit ihrer Schwerfälligkeit auch die Kreativität für die Weiterentwicklung, lenkt von der Kundenorientierung ab und senkt die Arbeitsfreude.

In den Unternehmen werden zentrale Abteilungen benötigt, um eine komplexe Gruppe überwachen und steuern zu können. Gerade die zentralen Abteilungen werden leicht zu groß, weil sie nicht unmittelbar ergebnisabhängig sind. In der nächsten tiefen Krise, in der die Gewinne sinken oder Verluste auftreten, muß man jedoch alle Abteilungen anpassen, oder das Unternehmen scheidet ganz aus dem Markt aus, das heißt, alle verlieren ihren Arbeitsplatz. Dieser erbarmungslose Zwang führt dazu, daß die meisten Wirtschaftsbetriebe sich alle paar Jahre erneut an dem Prinzip orientieren: „Konzentration auf das Wesentliche beziehungsweise auf die Kernkompetenzen". Sie streichen unwirtschaftliche Abteilungen, legen sie zusammen, kürzen die Zahl der Mitarbeiter, lassen ganze Aufgaben entfallen und kommen somit zu einer wesentlich höheren Effizienz. In jeder Krise kann man feststellen, daß danach die Pro-Kopf-Leistung gestiegen ist und die Unternehmen bei gleichem Umsatz mit weniger Mitarbeitern auskommen.

Ein größerer deutscher Mittelständler stand nach jahrelangen Verlusten vor der Existenzfrage. Die Produkte waren entweder überaltert oder hatten keine Voraussetzung für eine gute Wettbewerbsposition. Die Administration war zu hoch, die Pro-Kopf-Leistung zu niedrig. Im Laufe des Umstrukturierungsprozesses wurde beispielsweise die Verwaltung innerhalb von fünf Jahren so restrukturiert und die Zahl zentraler Abteilungen von zwölf auf drei reduziert, so daß nach einer starken Umsatzsteigerung die Zahl der Verwaltungsmitarbeiter sank und der Umsatz pro Kopf sich auf mehr als das Vierfache erhöhte. Im Verhältnis zum Umsatz reduzierte sich der Personalanteil in der Verwaltung um fast 75 Prozent. Der damit verbundene Rationalisierungseffekt führte nicht nur zu erheblichen Kosteneinsparungen, sondern vor allem zu einer Entlastung der Mitarbeiter in Vertrieb, Produktion und Entwicklung von zahlreichen Rückfragen und Kontrollaktivitäten durch die Verwaltung. Die dadurch freigesetzte Kraft und Kreativität steigerte Umsatz und Rentabilität und brachte damit eine hohe Sicherheit für das Unternehmen und die Arbeitsplätze. Die Exportquote stieg aufgrund der höheren Wettbewerbsfähigkeit weit über das frühere Maß hinaus.

Eine Verwaltung kann das Ergebnis einer wertschöpfenden Tätigkeit steigern, indem sie für gute Rahmenbedingungen und eine klare Orientierung sorgt und dadurch die Leistungsfähigkeit der funktionalen Stellen steigert oder ihre Fehlorientierung verhindert, sich also als linienunterstützende Servicestelle versteht. Damit trägt sie zur Wertschöpfung bei. In jedem Fall muß sie dazu so klein und effizient wie möglich gehalten werden. Die industriellen Erfahrungen zeigen, daß eine zu große Verwaltung drei entscheidende Nachteile für die Wettbewerbsfähigkeit mit sich bringt:

1. Sie belastet die Stückkosten.
2. Sie führt zu einer zunehmenden Belastung der Linienabteilungen, indem sie diese beschäftigt. Zu große Stäbe entwickeln stets eine große Regelungsdichte.
3. Sie lenkt die Kreativität in Richtung auf die Verteidigung gegen eine lästige Administration.

Insbesondere die letzten beiden Nachteile sind für die langfristige Entwicklung von entscheidender Bedeutung. *Gutgeführte Industriebetriebe arbeiten mit einer möglichst kleinen und effizienten Verwaltung. Sie bekämpfen den Automatismus zu steigender Administration.* Aus dieser Erkenntnis bemühen sich alle Holding-Gesellschaften, mit kleinstem Mitarbeiterstab auszukommen. Manchmal sind es weniger als zehn Prozent der Mitarbeiter, die früher in Holding-Gesellschaften tätig waren. Heute liegt der Anteil aller Verwaltungsstellen in wirtschaftlich geführten Produktionsunternehmen bei circa acht bis neun Prozent und für Holdinggesellschaften nicht selten weniger als 0,2 Prozent[11] des Gesamtpersonals. Zu dieser Verwaltung zählt man üblicherweise das Finanz- und Rechnungswesen, die Datenverarbeitung, das Controlling, die Abteilung für PR, die Rechtsabteilung, den Einkauf, die Poststelle, die Pforte, die Kfz-Stelle, die Ambulanz und die Kantine.

Nun ist die öffentliche Hand letztlich nichts anderes als die Verwaltung oder eine Holding einer Volkswirtschaft, und es macht Sinn, ihren Anteil am gesamten produzierenden Gewerbe zu messen, auch wenn die Aufgaben vielfach nicht vergleichbar sind. Staatliche Expansion über das Optimum einer effizienten Verwaltung hinaus schwächt nach den obigen Erkenntnissen die Wirtschaft. Deren Schrumpfung läßt die Steuerquellen versiegen und den Staatsanteil nochmals relativ steigen. Ein Teufelskreis beginnt. In einer gut strukturierten Volkswirtschaft müßte der Anteil der öffentlichen Hand sogar geringer sein als der Anteil der Verwaltung in Industriebetrieben und eher nur den Personalanteil einer Holding besitzen.

Während eine Vielzahl von Industriebetrieben hohe Einsparungen zeigen, wurden die volkswirtschaftlichen Verwaltungen dagegen seit 1970 deutlich ausgeweitet; die Relation hat sich in fast allen Ländern verschlechtert. Da die Industriebetriebe einem weitaus stärkeren Anpassungsdruck unterlagen, müßte der einsparbare Anteil beim Staat sehr hoch liegen, wenn man alle wirtschaftlichen Möglichkeiten ausschöpft. Dies läßt auf ein nicht zu unterschätzendes Einsparungspotential und eine gewaltige Chance für die internationale Wettbewerbsfähigkeit schließen. Je mehr die administrativen Eingriffe wachsen, um so mehr bemüht sich die Wirtschaft dagegenzuhalten und über die Verbände Korrekturen zu erreichen. Industrieverbände sind gewissermaßen „Verteidigungsorganisationen", tragen aber wenig zu den wertschöpfenden Tätigkeiten bei. So haben die deutschen Unternehmen in circa 20 000 Wirtschaftsverbänden mittlerweile ebenfalls eine gewaltige Administration aufgebaut. Ungezählte freiwillige Helfer verlieren durch die Verbandstätigkeit viel Zeit und produzieren erhebliche Kosten. Hinzu kommt nutzlose Doppelarbeit. Mit zunehmendem Alter versuchen die Verbände mehr ihre angestammten Gebiete zu verlassen und dringen in die anderer Organisationen ein. Weder die Verwaltungen der Unternehmen noch die des Staates oder der Verbände können letztlich direkt die Produktivität steigern. Nur mit kleinen effizienten volkswirtschaftlichen Verwaltungsstellen werden tatsächlich mehr Leistungen produziert, die für die Lebensqualität direkt von Nutzen sind. Großbetriebe unterhalten Spezialabteilungen für den Kampf um Subventionen und Lobbyisten für die Beeinflussung der Gesetze, die ebenfalls produktivitätsmindernd wirken.

Das Eintreiben von Steuern ist so lange ein wertschöpfender Vorgang und ein leistungssteigernder Prozeß, so lange er auf das richtige Maß beschränkt bleibt, weil damit wertschöpfende Leistungen des Staates, wie Recht, Rechtsprechung und Rechtsvollzug, internationale Angelegenheiten, Verteidigung, Sicherung der Währung etc., finanziert werden. Dabei sollte der Staat das Optimum zwischen den zwei Polen „so zuverlässig und gerecht wie möglich" und „so einfach und schnell wie möglich" suchen. Je umfangreicher die Umleitung der Gelder und je komplizierter die Abwicklung durch unübersichtliche Gesetze wird, desto mehr Menschen müssen sich beruflich mit diesem Thema beschäftigen, um so mehr Mitarbeiter muß der Staat, zum Beispiel zur Eintreibung der Steuern, einstellen, und um so mehr Privatpersonen sind gezwungen, sich ständig mit diesem Thema auseinanderzusetzen. Den Steuereinnahmen steht weniger eine wertschöpfende, sondern eher eine wertvernichtende Leistung gegenüber. Aber damit ist der schädigende Verwaltungsvorgang noch nicht beendet. Weitere wertvernichtende volkswirtschaftliche Tätigkeiten, die man als eine „derivative volkswirtschaftliche Verwaltung" bezeichnen könnte, werden beim Bürger ausgelöst. Dieser wehrt sich gegen die als ungerecht empfundenen Lasten und bemüht sich, seine Steuern zu minimieren. Viel Ärger, Streß und Frust sind damit verbunden, die Lebensqualität wird beeinträchtigt, und es kommt auch noch zu großer volkswirtschaftlicher Kapitalfehllenkung. Kräfte werden in hohem Maße von produktiver, arbeitsplatzschaffender Tätigkeit in eine administrative kostenerhöhende Tätigkeit umgeleitet und in Reibungskonflikten verschlissen, und nützliche Investitionen unterbleiben. Die Leistungskultur wird beeinträchtigt und die produktive Kreativität sinkt.

Die laufenden oder in unregelmäßigen Abständen in der freien Wirtschaft stattfindenden Bereinigungsprozesse haben bei der öffentlichen Hand kaum Bedeutung. Gibt es solche Bemühungen, so scheitern sie fast immer an der Umsetzung, denn hier hilft kaum ein wirtschaftlich orientierter Zwang. Es liegt im System, daß sich stets einige der unterschiedlichen Parteien, die in den Stadträten der Gemeinden sowie in den Parlamenten der Länder und des Bundes vertreten sind, nicht zuletzt beeinflußt durch die Interessenvertretungen, sofort zur Wehr setzen und eine Strukturveränderung verhindern.

In einer Stadt mit vielen hunderttausend Einwohnern versuchte der Oberbürgermeister aus der Kenntnis industrieller Zusammenhänge heraus, seine Organisation zu straffen und die hohe Verschuldung abzubauen. Alle Versuche scheiterten letztlich aufgrund der unterschiedlichen Interessen am Widerspruch des Gemeinderates. Der wirtschaftliche Druck reichte nicht aus, da die Folgen der Unwirtschaftlichkeit letztlich für die Entscheidungsträger ohne Bedeutung waren und höchstens die nächste Generation betrafen. Weitere Versuche hätten eher zu negativen persönlichen Konsequenzen für den Initiator geführt. Die Schwierigkeiten waren also für ihn so groß, daß er verständlicherweise den Kraftaufwand und das persönliche Risiko scheute, solche Streichungen vorzunehmen. Von seinen ursprünglichen Zielen war nach zehn Jahren kaum etwas realisiert.

Dies ist typisch für viele andere Fälle, wo in gutgemeinter Absicht ein öffentliches Amt angetreten wurde. Nur bei besonders günstiger Konstellation dürfte eine Rationalisierung der Organisation gelingen. Dabei gibt es in kleinen Gemeinden weit mehr Chancen als in großen, weil hier eine stärkere Kontrolle durch die Bürger möglich, die Zwangskonstellation also günstiger ist. Ein interessanter Vergleich ergibt sich, wenn man die Entwicklung der Zahl der Beschäftigten in allen Gewerbebetrieben der öffentlichen Hand im Gebiet der alten Bundesrepublik Deutschland gegenüberstellt. Schon 1960 machte die

Zahl der im Staatsdienst Beschäftigten in den alten deutschen Bundesländern 16,8 Prozent der für das gesamte produzierende Gewerbe nachgewiesenen Beschäftigten aus. Die Gewerbebetriebe haben das Bruttoinlandsprodukt seit 1960 um das Dreifache gesteigert, aber gleichzeitig 13 Prozent des Personals abgebaut. Dabei übernahmen sie noch von der öffentlichen Hand veranlaßte zusätzliche Staatsaufgaben, so daß die Verwaltung verstärkt werden mußte.

	1960	1965	1970	1980	1990	1993
Produzierendes Gewerbe	12,5	13,16	13,0	11,72	11,31	10,78
Index 1960 = 100	100	105	104	94	90	86
Staat	2,10	2,63	2,98	3,93	4,31	4,33
Index 1960 = 100	100	125	142	187	205	206
Verhältniszahl *	16,8	20,0	22,9	33,5	38,1	40,2
* Erwerbstätige beim Staat pro 100 Erwerbstätigen im Produzierenden Gewerbe						

Quelle: Statistisches Bundesamt, Hauptbericht 1993,
Volkswirtschaftliche Gesamtrechnungen, Fachserie 18

Beschäftigte in Gewerbebetrieben und beim Staat im Gebiet der alten Bundesländer (in Millionen)

Die volkswirtschaftliche Verwaltung hat die Zahl der Beschäftigten in derselben Zeit mehr als verdoppelt. Ständige Hinweise der Rechnungshöfe und des Bundes der Steuerzahler bewirkten nahezu nichts beziehungsweise haben höchstens noch Schlimmeres verhindert. Es dürfte sicher sein, daß bei einem echten Rentabilitätsdruck die Produktivität beim Staat genauso zu steigern gewesen wäre wie in der Industrie. Wäre dies gelungen, so hätte der Staat heute rund 2,5 Millionen Beschäftigte weniger. Bei einer durchschnittlichen Belastung von 80 000 DM pro Beschäftigtem einschließlich der Soziallasten ist dies alleine eine Mehrbelastung von 200 Milliarden DM. Rechnet man darüber hinaus auch noch die gesamten sonstigen Kosten der Verwaltung hinzu, so ergibt sich sicher ein Anteil von rund 300 Milliarden DM, der von den Gewerbebetrieben zusätzlich im internationalen Wettbewerb erwirtschaftet werden muß. Nicht berücksichtigt sind die dadurch in der Wirtschaft verursachten Kosten und die Arbeitsplätze, die in der Europäischen Union geschaffen wurden. Diese europäischen Dienststellen haben die nationalen Verwaltungen keineswegs entlastet. In den Ämtern der einzelnen Länder hätten solche Arbeitsplätze normalerweise zu einem Personalabbau führen müssen. Auch diese Überlegungen und Zahlen geben ein weiteres starkes Indiz dafür, daß bei richtiger volkswirtschaftlicher Struktur das Einsparungspotential der öffentlichen Hand bei weit über 50 Prozent liegen dürfte.

Weit gefährlicher als die hohen volkswirtschaftlichen Kosten ist, daß eine zu große Verwaltung im Laufe der Zeit eine immer größere wertvernichtende Administration aufbaut und damit die produktiven Bereiche in ihrer Entwicklung stört, bremst und schließlich erstickt. Nicht nur die Verwaltung befaßt sich immer mehr mit Details und Nebensächlichem, sie zwingt auch die operativen Bereiche zunehmend zu Tätigkeiten, die keine Wertschöpfung bringen.

Ein konstruiertes Beispiel, das an sehr früh gewonnene Erkenntnisse in einem Wirtschaftsbetrieb anlehnt, mag die Zusammenhänge erläutern:

> In einer Behörde werden zwei neue Abteilungen gegründet. Der eine Abteilungsleiter denkt sehr wirtschaftlich. Er erstellt eine kurze Richtlinie auf zwei Seiten, die den Mitarbeitern die grobe Richtung vorgibt, und sagt, wie sie sich im wesentlichen zu verhalten haben. Jeder neue Mitarbeiter ist schnell informiert und kann aufgrund der kurzen Darstellung der Abteilungsziele leichter beurteilen, wie er den Einzelfall einzuordnen hat. Schwierige Sonderfälle werden im Gespräch geklärt, und falls ein solcher Fall häufig vorkommt, wird die Richtlinie noch kurz ergänzt. Der Abteilungsleiter hat das Ziel, daß seine Mitarbeiter dem Bürger viel Zeit widmen können und so wenig innere Administration wie möglich stattfindet. Er lebt allerdings mit der Unsicherheit, daß ihm bei in seinem Amt auftretenden Problemen gegebenenfalls vorgehalten wird, keine schriftlichen Arbeitsanweisungen erstellt zu haben.
>
> Der zweite Abteilungsleiter erarbeitet zunächst einmal Arbeitsplatzbeschreibungen für seine 20 Mitarbeiter, um sich gegen alle Eventualitäten abzusichern. Diese sind sehr ausführlich und um-

fassen im Schnitt je Mitarbeiter 14 Seiten. Da die Ausarbeitung sehr viel Zeit in Anspruch nimmt und darüber hinaus alle Arbeitsplatzbeschreibungen diskutiert werden müssen, denn viele Sonderfälle passen nicht in das Schema, geht rund ein Viertel der Zeit in den ersten sechs Monaten für diese Bearbeitung verloren. Der Abteilungsleiter bemüht sich, weitere fünf Mitarbeiter zu erhalten, damit die Wünsche der Bürger noch entsprechend bearbeitet werden können. Nachdem das Werk von knapp 300 Seiten erstellt ist, muß es auf dem laufenden gehalten, ständig überarbeitet und angepaßt werden, und so bemüht er sich, einen weiteren Mitarbeiter einzustellen, der für organisatorische Fragen zuständig ist. Da es nach Abschluß der Arbeiten zu einer Unterauslastung der Mitarbeiter kommt, bleibt für diese fünf Mitarbeiter mehr Zeit, Kontakte zu den anderen Mitarbeitern zu pflegen. Sie setzen nicht nur ihre eigene Arbeitskraft von sechs Halbtagen ein, sondern blockieren auch mit sechs Halbtagen die anderen Mitarbeiter.

Der Organisator denkt sich nun aus, wie er die Details besser regeln kann. Er entwirft eine Möbelordnung, eine Fahrzeugordnung, eine Verhaltensordnung, eine Umbauordnung usw. Schließlich hat das Handbuch mehr als 500 Seiten. Die 26 Mitarbeiter der Abteilung müssen sich damit befassen und die wesentlichen Inhalte kennen. Das beansprucht wiederum ein Drittel ihrer Arbeitszeit. Die Effizienz sinkt. Acht neue Mitarbeiter werden angefordert, da die Bürger sich über eine schleppende Bearbeitung beklagen. Da die vorgesetzte Behörde sich sperrt, neue Mitarbeiter zu genehmigen, wird alle Kreativität darauf verwendet, das Ziel zu erreichen. Man stellt einen der vorhandenen Mitarbeiter ab, der die Entscheidungsträger bearbeitet. Da sich Bürger an oberster Stelle beklagen, werden schließlich vier Mitarbeiter genehmigt. Die Mitarbeiter der Behörde beginnen sich nun nach außen zu orientieren, entwerfen Fragebögen, lassen diese von Bürger ausfüllen, und so übertragen sie die innere Administration auch auf die Wirtschaft und die Bürger. Die Bearbeitung der Fragebogen erfordert wieder zusätzliche Arbeitskräfte. Wird die Entscheidung des Amtes immer langsamer, werden die Beamten immer demotivierter, die Bürger immer häufiger verärgert und Belege oder Genehmigungen werden immer mehr benötigt, um sein Ziel zu erreichen, so ergibt sich ein weiterer wertvernichtender Beschäftigungseffekt. Es kommt zu vielen Telefonaten, Briefen, Besprechungen etc. durch die Betroffenen, um die Angelegenheit weiterzutreiben. Sowohl die Behörde als auch der Bürger werden mit einem Vielfachen der üblichen Zeit belastet; trotz übergroßen Zahl an Beschäftigten liegt die Produktivität auf einem sehr tiefen Niveau. So kann sich die Abteilung bis zu einem Vielfachen der Mitarbeiterzahl weiterentwickeln, ohne daß die Effizienz steigt. Solange keine Vergleichsgrößen die Unwirtschaftlichkeit zwischen den Ämtern aufdecken, fehlen die notwendigen Erkenntnisse, und es gibt kaum Anlässe zur Restrukturierung.

Die innere Administration kann im Extremfall gegen 100 Prozent gehen, das heißt, eine Organisation beschäftigt sich praktisch nur noch mit sich selbst, mit Reibungskonflikten, Reklamationen, Korrekturen, formalen Bestätigungen und Abwehrmaßnahmen; das Ziel selbst gerät in Vergessenheit. Natürlich besteht auch in der Industrie die Neigung, immer neue Stäbe für Kostenrechnung, Planung, Werbung, Recht, Marktforschung, Marketing, Controlling etc. zu schaffen, aber der Renditedruck sorgt immer wieder für eine notwendige Straffung. Betriebe, die ihre Stäbe zu sehr ausweiten, werden vom Konkurs bedroht oder gehen in Konkurs.

Aus der wirtschaftlichen Praxis ergibt sich die Erkenntnis, daß eine Verwaltung schon deshalb möglichst klein sein sollte, damit sie gezwungen ist, sich auf Wichtiges zu konzentrieren und die Bearbeitung von Nebensächlichem zu unterlassen. Die wertvernichtende beziehungsweise nutzensenkende Administration mindert den Gesamtnutzen einer Volkswirtschaft. Ihre Beseitigung ist die Voraussetzung dafür, daß eine effiziente Verwaltung entstehen kann.

Die Steuerungsinstrumente zur Wirtschaftlichkeit funktionieren nicht

Führt wirtschaftliche Not nicht zu persönlichem Druck, weil sich daraus keine Konsequenzen für den einzelnen ableiten, oder wird die Verantwortung auf große Gremien verteilt, so daß Fehlentscheidungen für den einzelnen nicht zu persönlichen Konsequenzen führen, so wirken selbst die besten Steuerungsinstrumente nur sehr begrenzt. Gibt es aber nicht einmal wirtschaftliche Ziele und Steuerungsinstrumente, so fehlt auch noch jede Orientierung. Die Kameralistik schafft zwar Ordnung in den Finanzen, sie sagt aber nichts über die Wirtschaftlichkeit von Investitionen und Prozessen aus. Sie sagt beispielsweise nichts darüber aus, wo und wofür die Kosten anfallen. Nur in Ausnahmefällen von erheblicher finanzieller Bedeutung sind beispielsweise in Deutschland Kosten-Nutzen-Analysen vorgeschrieben. Selbst wenn bei einzelnen Führungskräften der persönliche Wunsch nach wirtschaftlicher Führung vorliegt, fehlt das Handwerkszeug, um die vorteilhaften Alternativen zu erkennen. Wirtschaftliche Gefahren werden erst gar nicht deutlich oder es gelingt, schwer beweisbare Erkenntnisse, die nur durch unbequeme Strukturänderungen beseitigt werden können, leicht wegzudiskutieren. Der Finanzwissenschaftler Rürup schätzt die durch die Budgetierungspraxis verursachten Mehrausgaben allein beim Haushalt der deutschen Bundesregierung auf fast 100 Milliarden DM.[12] Für Bund, Länder und Gemeinden dürften sie mehr als das Doppelte betragen. Die Ablauforganisation in ihrer heutigen Form treibt die Mitarbeiter der öffentlichen Hand dazu, die Budgets voll auszuschöpfen und höhere als benötigt anzufordern.

Das wichtigste Steuerungsinstrument für alle Wirtschaftsbetriebe ist die Ausrichtung an der Wirtschaftlichkeit mit Hilfe von Bilanzen, Gewinn- und Verlustrechnungen sowie Investitionsrechnungen. Zeigen Abteilungen Verluste, so werden sie umstrukturiert oder gar geschlossen. Investitionen, für die sich keine angemessene Verzinsung errechnen läßt, unterbleiben. Investitionsentscheidungen werden durch die oben erwähnten Rechnungen versachlicht und wesentlich erleichtert. Funktionieren diese Instrumente nicht oder werden sie von der Führung nicht angemessen beachtet, so kommt es stets zu einer unwirtschaftlichen Entwicklung und zur Krise.

Die öffentliche Hand kennt nur in Ausnahmefällen Kosten-Nutzen-Analysen und generell keine Kosten- und Investitionsrechnungen. Daher können zum Beispiel Investitionsentscheidungen nicht nach Rentabilitätsgesichtspunkten getroffen werden, und es kommt zwangsläufig zu sehr unwirtschaftlichen Bestell- und Entscheidungsabläufen. In einigen Bundesländern gibt es staatliche Notariate. Von den freien Dienstleistungsbetrieben dieser Art verlangt die Steuerbehörde die Erstellung von Bilanzen sowie Gewinn- und Verlustrechnungen, die staatlichen Notariate werden jedoch kameralistisch gesteuert. Der nachfolgende Fall ist typisch für viele Probleme:

> Ein größeres Notariat beantragte ein Faxgerät; der schnelle Kapitalrückfluß hätte leicht nachgewiesen werden können. Die Kontaktpartner in der gewerblichen Wirtschaft verfügten längst über solche Geräte. Da es jedoch keine Investitionsrechnung gab, konnte die vorgesetzte Behörde den wirtschaftlichen Nutzen für das Notariat nicht rechnerisch erkennen. Viele Schreiben, Besprechungen und sogar Reisen führten schließlich zur Genehmigung. Der Aufwand betrug ein Vielfaches der Investition. Ein solch unwirtschaftliches Verhalten, verbunden mit Frust und Ärger für die Betroffenen ist mit der Kameralistik kaum zu verhindern. Eine Investitionsrechnung hätte sofort eine klare Aussage über die Wirtschaftlichkeit der Anforderung ermöglicht, und die wertvernichtende Administration wäre vermieden worden.

Selbst Industrie- und Handelskammern, die durch das mit erfahrenen Industriellen besetzte Präsidium gesteuert werden, verbürokratisieren nicht selten, weil neben dem fehlenden Existenzdruck aufgrund der Zwangsbeitragspflicht der Gewerbetreibenden die Steuerungsinstrumente zur wirtschaftlichen Ausrichtung fehlen.

> Da eine Stadt ihren Personalbestand nicht weiter erhöhen wollte, sollte auf Wunsch des Gemeinderates bei der Kammer eine neue Stelle eingerichtet werden. Die Personalkosten übernahmen Stadt und Land. Daß damit keineswegs alle anfallenden Kosten gedeckt waren, wurde früher bei ähnlichen Situationen nie diskutiert, denn in der Industrie- und Handelskammer ist die kameralistische Buchhaltung durch das Gesetz vorgeschrieben. Erst als neben der Kameralistik eine Kostenrechnung eingeführt wurde, zeigte sich den Mitarbeitern der Kammer eine Selbstverständlichkeit, nämlich daß damit nur etwa 70 Prozent der Kosten gedeckt waren. Bei den Mitarbeitern setzte ein Umdenkprozeß ein – Kosten wurden weit kritischer betrachtet, und erzielte Gebühren ließen sich nun am Aufwand messen.

Eine zu starre Orientierung an kameralistischen Haushaltsgrundsätzen führt häufig zu absurden wirtschaftlichen Situationen:

> Ein Denkmalschützer, mit dem Gespräche über den Umbau eines Objekts stattfanden, teilte dem Bauherrn mit, daß er in den letzten drei Monaten des Jahres nicht mehr telefonieren könne, da das Budget erschöpft sei. Die dadurch entstandenen Schwierigkeiten für beide Seiten übertrafen die Einsparungen um ein Vielfaches.
>
> Einige Ämter erhielten in den 60er und 70er Jahren regelmäßig im Herbst von der vorgesetzten Behörde die Anweisung, daß nicht mehr kopiert werden darf, weil das Budget erschöpft war. Der Bürger zahlte zur damaligen Zeit für jede Kopie 1,– DM, obwohl die entsprechenden Gewerbebetriebe für diese Leistung nur die Hälfte verlangten und dabei Gewinne erwirtschafteten.

Daß diese Einschränkung wirtschaftlich völlig unsinnig war, spielte bei der Entscheidung keine Rolle. Eine Kostenrechnung hätte die Unsinnigkeit der Handlung sofort erkennen lassen. Es wurde auch nicht bedacht, welchen sinnlosen Ärger, Zeit- und Fahraufwand die betreffenden Bürger hinnehmen mußten.

Überkomplexität als Strukturproblem

> In einem Unternehmen wurde nach einem Führungswechsel zwar ein Führungshandbuch als eine Art Gesetz für die Gesellschaft erstellt, aber die verschiedenen Vorstände gaben im Laufe der Zeit, wenn irgendein Vorfall dazu Anlaß gab, immer neue Richtlinien in Aktenvermerken heraus. Entdeckte man einen Diebstahl, so ordneten sie an, was alles zu kontrollieren war und wer die Aufgaben zu übernehmen hatte. Man übersah, daß der Aufwand höher lag als der durchschnittliche Verlust. Aufgrund falscher Reisekostenabrechnungen bestimmte die Führung, daß mehr Nachweise erfüllt werden mußten. Kam es zu einer personellen Fehlbesetzung, so ordnete sie im ganzen Haus mehr Personalbeurteilungsgespräche mit hohem Aufwand an etc. Das Unternehmenshandbuch wurde ständig modifiziert und anders interpretiert,

so daß schließlich nur noch schwer zu erkennen war, was man wirklich wollte. Der rote Faden ging verloren. Die Beschäftigung mit sich selbst beziehungsweise innere Administration und die Größe der Verwaltung wuchsen. Unsicherheit machte sich breit, und die Krisenerscheinungen ließen nicht lange auf sich warten. Kein Mitarbeiter war mit der Entwicklung glücklich – die Motivation sankt erheblich. Die Krise ließ nur einige Jahr auf sich warten.

Die Gründe für eine große Verwaltung liegen oft in der gewachsenen Überkomplexität. Diese entsteht durch komplizierte Vorschriften, Richtlinien, Arbeitsteilungen, organisatorische Abläufe etc. Sie wird für ein Unternehmen zu einer tödlichen Gefahr, wie zahlreiche Untersuchungen belegen. Sie führt zu Arbeitsüberlastung, ständig wachsenden Personalanforderungen, Demotivation und Resignation. Deshalb versuchen gut geführte Unternehmen ständig, Vorschriften zu straffen oder zu beseitigen, die Organisation so einfach wie möglich zu gestalten etc. *Die Erfahrungen in der Industrie beweisen, daß der Abbau von Komplexität die Qualität, Zuverlässigkeit, Schnelligkeit und Wirtschaftlichkeit steigert. Nicht selten gab es Quantensprünge, bei denen man den Kostenaufwand um 75 Prozent reduzierte.* – Was aber macht der demokratische Staat? Er schafft mit zunehmendem Alter eine wachsende Komplexität durch immer neue Gesetze, Verordnungen und sonstige Vorschriften, mit denen sich die Bürger auseinanderzusetzen haben. Bei vielen Neuregelungen wuchert sehr schnell eine üppige Fachliteratur mit Empfehlungen, Warnungen und Beurteilungen, die die Betroffenen beschäftigt und nicht selten verunsichert. Dabei überlagern sich zu allem Überfluß noch die Regelungen der Gemeinden, der Länder, des Bundes und neuerdings der Europäischen Union, und nicht selten gibt es Widersprüche. Selbst die Vielzahl gutgemeinter Subventionen überblicken nur noch Spezialisten. Da man in den meisten Fällen die Gesetze gar nicht mehr kennt, ist selbst bei grundanständiger Einstellung eines Bürgers die Gefahr gegeben, daß er mit ihnen in Konflikt gerät. Vom gewollten Ziel der Einzelfallgerechtigkeit entfernt man sich nicht selten weiter als vorher. Dagegen steigt die psychische und physische Belastung für jeden einzelnen.

▶ In einem Staat mit zu vielen Gesetzen, selbst für unwichtige Tatbestände und Sonderfälle, sowie häufigen Gesetzesänderungen sinkt nicht nur tendenziell die Rechtssicherheit und die Lebensqualität, auch die Kreativität wird abgelenkt, und Frust und Hektik nehmen zu.

Allein die deutschen Gesetze und Verordnungen des Bundes umfaßten nach Auskunft des Juristischen Informationssystems für die BRD (Juris) Anfang 1995 163 000 Vorschriften in einzelnen Paragraphen oder Artikeln. (Im Vergleich dazu waren 1970 bei Juris erst 29 400 und 1975 circa 51 600 gültige Einzelvorschriften gespeichert.) Dazu kommen nochmals circa 40 000 Einzelvorschriften im Steuer-, Arbeits- und Sozialrecht. Schließlich sind darin noch nicht die Vorschriften der Länder enthalten. Für Thüringen allein gibt es davon zum Beispiel 17 000. Trotz berechtigter Kritik hält diese unglückliche Expansion weiter an. Die hemmende Reglementierung nimmt folglich noch zu. Innerhalb weniger Jahre wurden allein die Förderprogramme für den Aufbau Ostdeutschlands so stark ausgeweitet, daß der DIHT sie auf 500 bis 700 schätzt. In Europa gibt es einen Subventionsdschungel von über 20 000 Förderprogrammen. Hier finden sich nur noch spezialisierte Berater einigermaßen zurecht. Deutschland praktiziert mehr als 150 verschiedene Sozialleistungen. Es kann nur vermutet werden, wieviele Menschen in einer Volkswirtschaft sich dadurch mit unproduktiven Tätigkeiten beschäftigen. Kann damit noch gezielt gefördert und das gesetzte Ziel erreicht werden? Keiner überblickt mehr die Zusammenhänge; die Arbeit wird komplizierter; die Verhandlungen ziehen sich in die Länge, und die Ungerechtigkeit nimmt eher zu. Ein weiteres typisches Beispiel ist das deutsche Steuerrecht: Datev[13] hat zum Beispiel circa 65 Gesetze und Durchführungsverordnungen, circa 24 000 Verwaltungsanweisungen beziehungsweise Richtlinien und 37 000 Urteile höchster Gerichte wie Bundesfinanzhof, Reichsfinanzhof, Bundesverwaltungsgericht oder Bundesverfassungsgericht dokumentiert (Stand: Juni 1995). Außerdem gibt es weitere 21 000 erstinstanzliche Urteile und circa 38 000 Zusammenfassungen von Fachbeiträgen. Diese Dokumentation ist nicht einmal vollständig und erfaßt viele Regelungen der Länder und Gemeinden nicht. Das Baurecht kennt weit über 3 000 Normen und Regelungen. Die Gesamtzahl der DIN-Normen hat bereits 22 000 überschritten. Nicht selten behindern unsinnige Vorschriften die Entwicklung neuer Produkte.

Wer ist angesichts dieser Gesetzesvielfalt noch in der Lage, allein nur die ihn betreffenden Vorschriften zu übersehen und zu beachten? Die Folge dieser Überkomplexität ist, daß zum Beispiel ein solches Vielsteuersystem die innere Logik verliert, immer unsystematischer wird, mehr und mehr veraltet und an Gerechtigkeit einbüßt. Selbst Spezialisten kennen sich nur noch in engen Teilbereichen aus. Wer versteht heute noch seine vom Berater ausgearbeitete Steuererklärung und die zahlreichen komplizierten Steuerformulare, die er jährlich unterschreibt? Schon wird von Steuerchaos gesprochen. Werden hierdurch nicht demokratische Grundrechte verletzt? Ist es ein Wunder, wenn die Bürger sich überlastet fühlen und Behörden immer langsamer werden, weil auch die zuständigen Mitarbeiter im öffentlichen Dienst den Regelungswust kaum noch übersehen und Angst haben, daß ihnen Fehler unterlaufen? Jeder verfolgt das Ziel der Absicherung. Demotivation, Resignation, innere Kündigung, Suche nach anderen Lebensinhalten, höherer Krankenstand und große volkswirtschaftliche Schäden sind die Folge. Ein Beamter erklärte die Folgen der Fehlorientierung in staatlichen Organisationen wie folgt:

Wer viel arbeitet, macht viele Fehler.
Wer wenig arbeitet, macht wenig Fehler.
Wer nichts arbeitet, macht keine Fehler.
Wer keine Fehler macht, wird befördert!

Die Rechtsprechung interpretiert jeden Einzelfall, und wenn sich die Grundauffassung der obersten Gerichte dabei auch noch oft verschärft, abschwächt oder grundlegend verändert, ergeben sich kaum noch verläßliche Grundlagen für wirtschaftliche Transaktionen. Die Bremswirkung ist erheblich. Im besten Fall müssen nur Beratungskosten und Zeitverluste hingenommen werden, oder man entwickelt unwirtschaftliche Konstellationen, um die rechtliche Unsicherheit besser abzufangen. Im ungünstigsten Fall unterbleiben chancenreiche Engagements, weil die Risiken unkalkulierbar sind. Nur wer sich von trick- und kenntnisreichen Spezialisten durch das Dickicht der Vorschriften führen lassen kann, zieht oftmals große Vorteile aus der Situation, während alle anderen verlieren. So kommt nur an staatliche Subventionen, wer das komplizierte Regelwerk kennt. Mittel- und

Kleinbetriebe scheuen den Beratungsaufwand, während Großbetriebe Fachleute einsetzen. Diese Unsicherheiten sind vor allem schon lange im deutschen Steuerrecht gegeben, aber sie entstehen nun zunehmend auch in einer Reihe von anderen Gebieten. Die Dienstleistungsbranche expandiert, der unproduktive Aufwand steigt jedoch parallel dazu erheblich an, viel Zeit für wichtige Aufgaben geht verloren.

Es gibt Gesetze, deren Umsetzung zu neuen industriellen Tätigkeiten führt, die für den Menschen von Nutzen also werterhöhend sind. Ein Beispiel dafür sind die Umweltschutzgesetze. Maßnahmen zum Schutz der Umwelt führen grundsätzlich zu einem größeren Nutzen für die Menschen, vor allem für diejenigen, die in der Zukunft leben. Hier ist es volkswirtschaftlich sinnvoll, den zusätzlichen Aufwand hinzunehmen, weil er wertsteigernd wirkt. Es handelt sich somit um eine wertschöpfende Administration. Aber man muß beachten, wie komplex und aufwendig solche zunächst belastenden Prozesse organisiert werden, und berücksichtigen, wie sie im Übergang die Wettbewerbsfähigkeit schmälern. Ist es notwendig, daß die Europäische Union, die einzelnen Staaten, die Länder in den Staaten, die Städte und die Gemeinden jeweils Gesetze oder Verordnungen erlassen? Muß diese Parallelität der Bearbeitung eines Themas nicht zwangsläufig zu einer unüberschaubaren Komplexität, zu Abgrenzungsproblemen und Widerständen führen? Diese Gesetze und Verordnungen dürfen die Wirtschaft nicht überfordern, da sie sonst eher die Gesamtheit schädigen. Die Anforderungen müssen stufenweise gesteigert werden, um den wirtschaftlichen Anpassungsprozeß zu erleichtern. Auch hier kann der Ablauf der Organisation bei der Vorgehensweise wertschöpfend oder wertvernichtend sein. Die Situation ist vergleichbar mit einem Unternehmen, das im Augenblick belastende Entwicklungskosten in Kauf nimmt, um die Zukunft abzusichern. Das Unternehmen muß sich überlegen, in welcher Höhe es diese Entwicklungskosten akzeptiert, um die Gegenwart nicht zu gefährden.

Welche Verwaltungsvorgänge durch neue Gesetze ausgelöst werden, mag folgendes Beispiel zeigen:

> Nach Inkrafttreten der Datenschutzgesetze wurden in einem größeren mittleren Unternehmen folgende Maßnahmen eingeleitet: Mitarbeiter wurden beauftragt, das Gesetz zu studieren und

die notwendigen organisatorischen Maßnahmen einzuleiten. Man arbeitete ein 20-Seiten-Konzept aus, das auf acht Veranstaltungen vorgetragen wurde, an denen insgesamt 340 Mitarbeiter teilnahmen, die auf das Datengeheimnis verpflichtet wurden. Das 20-Seiten-Konzept verteilte man an 26 Stellen, eine gekürzte Fassung von drei Seiten ging an weitere 60 Stellen, und schließlich wurde ein Beitrag in der Werkszeitung gedruckt. Es wurde ein Datenschutzbeauftragter ernannt. Man entwickelte einheitliche Erhebungsbögen mit Ausfüllanweisungen für personenbezogene Dateien. Vorgeschrieben wurden:

– die Zugangskontrolle zur Datenverarbeitungsanlage
– die Abgangskontrolle von Datenträgern
– die Speicherkontrolle
– die Benutzerkontrolle
– die Zugriffskontrolle
– die Übermittlungskontrolle
– die Eingabekontrolle
– die Auftragskontrolle
– die Transportkontrolle
– die Organisationskontrolle

Die wenigen Stichworte zeigen bereits den Umfang der Bearbeitung, der in einem mittleren Unternehmen notwendig wird. In diesem Betrieb wurde innerhalb von vier Jahren kein einziger Fall eines Auskunftsbegehrens bekannt. Solche administrativen Arbeiten nehmen die Mitarbeitern eher mit Widerwillen auf, sie wirken demotivierend. Ist der Vorteil des Datenschutzes wirklich so groß, daß es sich lohnt, dafür die Wettbewerbsfähigkeit der Wirtschaft zu schmälern? Haben die Schöpfer des Gesetzes wirklich beachtet, welche innere Administration in der Industrie zu treiben ist und wie sie die Mitarbeiter und Führung von ihrer eigentlichen Aufgabe ablenken, nämlich die Wettbewerbsfähigkeit zu erhalten und die Arbeitsplätze zu sichern?

Das Optimum der Führung für eine jede wirtschaftliche Organisation liegt in einer sehr begrenzten, schriftlich festgelegten Ordnung. Es ist nachgewiesen, daß Spitzenunternehmen mit großer Dynamik und Kreativität bewußt ein gewisses Maß an Unordnung hinnehmen, sich jedoch bei Grundwerten konsequent und unnachgiebig verhalten. Solche Grundwerte liegen in den Volkswirtschaften in den wichtigsten Gesetzen.

Wie weit in Volkswirtschaften die wertvernichtende Administration durch eine schwerfällige Ablauforganisation jede unternehmerische Tätigkeit blockieren kann, konnte der Verfasser bei einer Verhandlung Anfang der 70er Jahre als Vertriebsdirektor eines Großkonzerns bei seiner Arbeit im sozialistischen Jugoslawien erleben.

Das Unternehmen lieferte an eine Gesellschaft in Zagreb Automobillacke. In Europa setzten sich damals mehr und mehr die ersten Farbmischsysteme durch. Diese hatten für den Kunden den Vorteil, daß er nicht das große Lager für fast 5 000 Farbtöne unterhalten mußte, sondern mit festgelegten Rezepten aus Standard-Mischfarben jeden Farbton herstellen konnte. Die Investition für einen solchen Mischapparat war mit wenigen tausend DM lächerlich gering im Vergleich zu den Vorteilen. Im Westen setzte sich das System dann bei den Großhändlern im Inland und den Importeuren im Ausland sehr schnell durch. Auch die Fachleute in Jugoslawien begeisterten sich sofort, da man aufgrund der Devisenknappheit ohnehin nicht in der Lage war, ein größeres Lager zu unterhalten. So mußten die meisten Kunden damit zufrieden sein, daß sie überhaupt die gewünschte Menge Autolack erhielten, auch wenn die Farbe nicht paßte. Trotz der Begeisterung bei den Managern kamen wir mit den Bemühungen um den Verkauf mehrerer Anlagen nicht vorwärts. Nach mehr als zwei Jahren lag die Bestellung aus Jugoslawien immer noch nicht vor. Bei einem weiteren Besuch stellte sich schließlich heraus, daß dieser unbedeutende Entscheidungsprozeß viele Stufen zu durchlaufen hatte: Nicht das Management allein bestimmte, sondern große Gremien, in denen Mitarbeiter aller Ebenen vertreten waren. Darüber hinaus mußte zusätzlich ein Behördenweg durchlaufen werden. Der Verfasser machte die jugoslawischen Geschäftsfreunde darauf aufmerksam, daß der Aufwand, der für diese Investition betrieben wurde, trotz des sehr niedrigen Lohn- und Gehaltsniveaus ein Vielfaches der gesamten Investition ausmachte. Die resignierte Antwort lautete: „Das ist so."

Da viele Entscheidungsprozesse so umständlich waren, mußte sich die Produktivität entscheidend reduzieren, und selbst die so gering bezahlten Löhne waren noch zu hoch, um die Wirtschaft wettbewerbsfähig zu machen. In einer Wettbewerbssituation wäre diese Schwerfälligkeit aufgrund der komplexen Entscheidungsabläufe mit dem Verlust der Marktposition verbunden. Hier verlor die Volkswirtschaft mit intelligenten und fleißigen Menschen ihre Wettbewerbsfähigkeit aufgrund der gelähmten Produktivität und Kreativität.

Wir staunten bei unseren zahlreichen Besuchen immer wieder über die Hindernisse für das Management und konnten uns damals noch nicht vorstellen, daß auch unsere Arbeit eines Tages zunehmend durch Vorschriften erschwert werden würde.

> Aus übertriebenem Streben nach Sicherheit und Mitbestimmung werden Entscheidungsabläufe über eine hohe Regelungsdichte und schwerfällige Organisation so kompliziert, aufwendig und zeitverzögernd, daß dadurch in der Summe aller Vorgänge großer volkswirtschaftlicher Schaden angerichtet wird.

Kreativität und Leistungskultur verfallen

Die langfristig schlimmsten Folgen einer Fehlstruktur und insbesondere des wachsenden Administrationsprozesses in einer Volkswirtschaft liegen nicht allein bei den Kosten, die sich leicht zu einem wesentlichen Faktor in der Unternehmenskalkulation entwickeln, sondern vor allem bei den verheerenden Auswirkungen auf die Motivation und Kreativität.

> Über lange Zeit andauernde Demotivation läßt die Werte und die Leistungskultur verfallen, Reibungskonflikte belasten den Einzelnen und lenken von wertschöpfender Tätigkeit ab, und der Schwellenwert für Fairness und Anstand sinkt.

Gleichzeitig steigt die Streit- und Korruptionsbereitschaft, und Vorbilder verlieren an Bedeutung. Spätere Korrekturversuche haben nur geringe Chancen, das zu korrigieren, was über mehrere Jahrzehnte entstanden ist.

Wenn das Leistungsprinzip eine zunehmend geringere Rolle spielt, werden ständig absolut mehr Mitarbeiter benötigt, um den gleichen Arbeitsaufwand zu bewältigen. Dabei wächst normalerweise auch noch die Unzufriedenheit. Die Pro-Kopf-Leistung sinkt ständig weiter. Sie dient als Indikator dafür, daß zuviel Personal eingesetzt ist. Trotzdem erlahmt der kreative Prozeß, weil die kreativen Kräfte durch die innere Administration verschlissen werden oder sich selbst administrativ ausrichten und nur noch in dieser Hinsicht kreativ sind. Eine Geschäftsführung wird diesen Prozeß nur dann beenden können, wenn es ihr gelingt, eine Leistungskultur aufzubauen und hart zu bleiben gegenüber den Forderungen, den Personalabbau zu stoppen. Andererseits muß sie jedoch aufgrund einer vertieften Kenntnis der Zusammenhänge erkennen, wo eine Forderung nach Personal berechtigt ist. Eine starke Personalreduzierung in der Verwaltung erzwingt automatisch den Rückgang der Administration und eine Konzentration auf die wesentlichen Arbeiten. *Die ganze praktische Erkenntnis und Weisheit eines langjährig erfolgreichen Unternehmers zeigt sich in dem Ausspruch: „Es klappt immer am besten, wenn man einige Leute zu wenig hat."*

> Ein Traditionsunternehmen, das mehr als 100 Jahre alt war, hatte mit hohen Wirtschaftlichkeitsproblemen zu kämpfen, obwohl die Produkte weltweit einen hervorragenden Ruf genossen. Der Vergleich drohte, und schließlich mußten die Eigentümer das Unternehmen verkaufen. Die Gründe für die Probleme lagen in der hohen Komplexität, die wiederum eine überaus große Verwaltung bewirkte, und in einer mangelnden Leistungskultur, die vor allem darauf zurückzuführen war, daß man seit Jahrzehnten Unkorrektheiten und Betrug von vermeintlich wichtigen Mitarbeitern duldete. Diese offensichtliche Ungerechtigkeit demotivierte die leistungswilligen Mitarbeiter, die zum Teil das Unternehmen verließen oder resignierten beziehungsweise einen wenig engagierten Dienst nach Vorschrift leisteten. Das harte Durchgreifen und das Wiederherstellen von Recht und Ordnung durch die neue Führung wurde von den meisten Mitarbeitern als wohltuend und gerecht empfunden. Es war eine Voraussetzung dafür, daß sich wieder eine Leistungskultur bildete.

Natürlich kann der Staat leistungsunwillige Bürger nicht ausgrenzen oder ungerecht behandeln. Aber er kann Leistungsbereitschaft fördern und damit indirekt nicht leistungsbereite Menschen auffordern und motivieren, damit auch sie freiwillig ihren Beitrag erbringen. Betonung der Leistungsziele sowie eine ehrende Herausstellung, Prämien etc. prägen die Leistungskulturen von Spitzenunternehmen. Welcher Spitzensteuerzahler wurde schon einmal wegen seines hohen Beitrags zur Finanzierung der Volkswirtschaft geehrt oder mit einem Orden ausgezeichnet? Welche Ehrungen wurden wichtigen Erfindern, Managern oder Unternehmern zuteil, die mit ihren Ideen oder Taten viele Arbeitsplätze aufbauten oder absicherten? Wieviel eher hat ein Mitarbeiter des öffentlichen Dienstes die Chance, geehrt zu werden? In der Rangordnung nach dem Bonner Protokoll beziehungsweise dem Protokoll auf Landesebene sind auch noch Abgeordnete der Landtage, Landräte, Gemeinderäte oder Beamte je nach Besoldungsgruppen zu finden. Unternehmer, auch wenn sie noch so viel für die Volkswirtschaft geleistet haben, sind dagegen nicht erwähnt. Die Leistungsträger einer Volkswirtschaft sind schließlich entscheidend dafür, daß die Wirtschaft mehr oder weniger gut funktioniert. Ihre Motivation lohnt sich, denn ohne ihren Beitrag lassen sich auch die sozialen volkswirtschaftlichen Ziele kaum erreichen!

Die Innovationskraft sinkt

Wie wichtig neue und verbesserte Produkte bei einem hohen Kostenniveau sind, beweisen erfolgreiche Unternehmen, die mit den neuen Produkten immer wieder ein neues Wachstum auslösen und ihre Differenzierungsposition gegenüber dem Wettbewerb stärken. Spitzenfirmen erreichen damit stets aufs neue einen revolvierenden Vorsprung vor dem Wettbewerb. Auf der anderen Seite zeigen – wie Untersuchungen belegen – Unternehmen, die über längere Zeit keine Neuentwicklungen auf den Markt bringen können, eine Stagnation und einen Rückgang. Schwache Unternehmen haben fast immer über lange Zeit versäumt, ihre Produkte kundenorientiert weiter zu verbessern und anzupassen. Es wurden zu wenig neue Produkte entwickelt, die halfen, die Wettbewerbsfähigkeit zu steigern. Überadministration lähmte die Kreativität und lenkte von der Kundenorientierung ab. Das Verhängnisvolle und Täuschende an einer solchen Situation ist aber, daß das Unternehmen auch ohne Innovationen noch zehn bis 20 Jahre weiterwachsen kann, so daß man sich in trügerischer Sicherheit wiegt (Phase 2). Verliert man jedoch weitere Marktanteile, und geht schließlich der Umsatz zurück (Phase 3), so ist eine Korrektur nur schwer möglich. Verliert eine zunehmende Zahl von Betrieben in der Volkswirtschaft ihre Fähigkeit zur Innovation, sind die Zukunftstechnologien unterproportional schwach vertreten, so fällt diese langfristig weiter zurück.

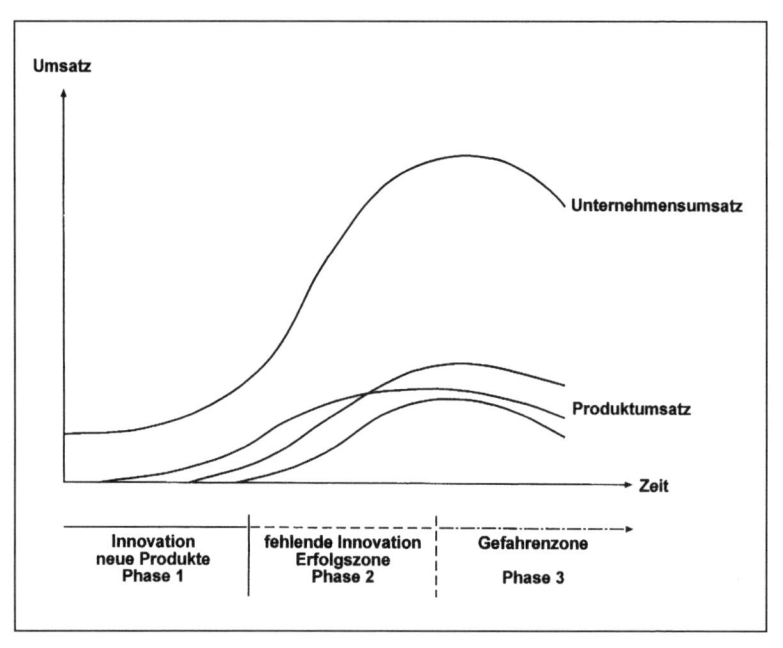

Bedeutung der Innovation für die Unternehmensentwicklung

In den sozialistischen Staaten ist die Kreativität der Bürger nicht auf Innovationen gerichtet. Sie sind vielmehr mit so vielen Vorgängen der wertvernichtenden Administration und Eingriffen ins Detail von oben belastet, daß die Kreativität im Hinblick auf neue Produkte erstickt wird.

Die Gruppe, der der Verfasser vorsteht, besaß einige Betriebe im östlichen Teil Deutschlands. Diese wurden unmittelbar nach Gründung der DDR in der zweiten Hälfte der 40er Jahre verstaatlicht. Als die Grenzen sich 1990 öffneten, besuchte der damalige Aufsichtsratsvorsitzende ein Werk, das er als junger Mann mitgestaltete. Es hatte seine Struktur kaum geändert. Die Produkte und Konstruktionen entsprachen nahezu noch dem, was vor fast 50 Jahren hinterlassen worden war. Man lebte während der rund 40 Jahre weitgehend von der Substanz und erbrachte kaum kreative Leistungen. Nach der Öffnung der Märkte war es trotz aller Hilfe nicht möglich, in angemessener Zeit und mit angemessenem Aufwand das völlig veraltete Programm so zu verändern, daß eine Chance bestanden hätte, verlorenes Terrain zurückzuerobern. Die Erfahrung zeigte, daß durch eine Übernahme dieses Werkes selbst eine zehnmal so große Gruppe in ihrer Existenz gefährdet worden wäre. Das Unternehmen wurde später geschlossen.

Die intelligenten und kreativen Mitarbeiter des Werkes hatten durch einen falsch orientierten Leistungsdruck, geprägt durch die wertvernichtende Administration und Einflußnahme bis ins Detail, letztlich nicht das Entscheidende getan, um das Unternehmen wettbewerbsfähig zu halten. Ihre Kreativität wurde während vieler Jahrzehnte umgelenkt, und damit trugen sie – ohne es zu wollen – zum wirtschaftlichen Untergang des Unternehmens bei.

Der tertiäre Sektor als Alarmsignal

Eine ständig steigende Überadministration schafft anfangs zusätzliche Arbeitsplätze, so daß der Eindruck entsteht, solche Maßnahmen seien beschäftigungspolitisch günstig. So resultieren daraus neue Arbeitsplätze bei Wirtschaftsjuristen, Steuerberatern, Lobbyisten, Verbänden und Fachleuten verschiedenster Art. In Brüssel erwartet man beispielsweise, daß den Beamten bald ebenso viele Lobbyisten gegenüberstehen, und eine erste Schule für die Ausbildung von Lobbyisten ist bereits entstanden. Verbände werden gegründet und ausgebaut, damit die eigenen Interessen bei der Bildung immer weiterer Vorschriften berücksichtigt werden. Schließlich erstellt man Ratgeber und sonstige Bücher, deren Studium viel Zeit erfordert. Die Industriebetriebe stehen trotz drohender Wirtschaftlichkeitsprobleme vor dem Zwang, die Stabsabteilungen auszubauen. Viele dieser Arbeitsplätze und Mitarbeiter sind nicht mit der Kerntätigkeit der wirtschaftlichen Leistungssteigerung beschäftigt, sondern mit Arbeiten, die zum großen Teil keinen Nutzen zur Steigerung der Lebensqualität der Bürger bringen, die die Kreativität ablenken und die Konzentration auf die Kerntätigkeit sogar stören. Die Volkswirtschaft beginnt sich mehr und mehr nach innen zu beschäftigen. Der tertiäre Sektor wächst, aber er wächst nicht wertschöpfend, sondern wertmindernd in Form von innerer Administration.

Natürlich ist die wertvernichtende Administration in marktwirtschaftlich organisierten Volkswirtschaften weitaus geringer als in zentralistischen Volkswirtschaften oder in Entwicklungsländern. Darauf beruht letztlich auch ihre höhere Leistungsfähigkeit. Trotzdem hat jede Demokratie mit zunehmendem Alter, ähnlich wie jedes alternde Unternehmen, je nach Mentalität eines Volkes einen mehr oder weniger starken automatischen Trend zu allumfassenden Vorschriften und perfektionierter Steuerung der Abläufe durch Gesetze. Immer wieder, wenn sich im Einzelfall eine Fehlentwicklung zeigt, versucht man, Regelungen zu entwerfen, um diese zukünftig zu verhindern. Daß damit die Komplexität wächst, wird übersehen. In anderen Fällen, insbesondere wenn es um soziale Komponenten geht, wird aus menschlichen Erwägungen der Schutz zu einseitig gewährt, ohne die Folgen für die Leistungskultur und die langfristigen Konsequenzen zu beachten, die letztlich diesen sozialen Schutz wieder vermindern.

Den Trend zu immer detaillierteren Regelungen und einer steigenden Zahl von Veränderungen zeigt für Deutschland unter anderem auch der vom Bundesminister der Justiz herausgegebene Fundstellennachweis des Bundesrechts, der alle verkündeten Vorschriften einschließlich der dazu ergangenen Änderungen aufführt. Beim Stand vom 1.1.1966 wurden diese auf eng bedruckten 128 Seiten angeführt. Seit 1968 wird dieser Fundstellennachweis in zwei Teilen A und B herausgegeben. Der Teil A enthält die im Bundesgesetzblatt sowie die im Bundesanzeiger verkündeten Vorschriften und Änderungen. Der Teil B führt die Veröffentlichungen in den Amtsblättern der Ministerien und im Bekanntmachungsteil des Bundesanzeigers auf. Mit Stand vom 31.12.1994 hatte allein der Teil A ein Volumen von 509 eng bedruckten Seiten – ein Beweis für den Trend zur allumfassenden Regelung der öffentlichen Hand. – Leidet bei solch einer Quantität nicht die Qualität? Wer überschaut diesen Wust an Vorschriften noch?

Wer auf mehr als 30 Jahre Tätigkeit in der Unternehmensführung zurückblickt, mußte erleben, wie der Staat, insbesondere in den letzten 20 Jahren, immer weiter reglementierte und zunehmend die Führungskräfte beanspruchte. Dieser Trend ist in vielen Volkswirtschaften ungebrochen. Verhandlungen, die früher Stunden dauerten, ziehen sich heute nicht selten über Tage und Wochen hin, weil Fragen zum Steuer-, Wettbewerbs-, Arbeits-, Umwelt-, Sozial-, Außenwirtschafts- oder Baurecht etc. zu klären sind. Oft wird vertagt, weil vorher Spezialisten gefragt werden müssen. Nicht selten scheitern die Verhandlungen nach Wochen und Monaten daran, daß die Komplexität der Gesetze keine sichere Entscheidung zuläßt. Wenn früher der Unternehmer oft ohne Hinzuziehung solcher Fachleute entschied, so benötigt er heute normalerweise eine Vielzahl. Der wertschöpfende Prozeß wird unproduktiv verlängert. Die Komplexität ist so stark gewachsen, daß aufwendige Gestaltungen notwendig werden, um das Ziel zu erreichen. Darüber hinaus ist die Wahrscheinlichkeit heute wesentlich größer, daß die Arbeit wegen der auch dann noch bestehenden Unsicherheit umsonst war. Das schwächt natürlich die Leistungskraft einer Wirtschaft. Kann das volkswirtschaftlich sinnvoll sein? Wenn man auf die letzten 30 Jahre zurückblickt, so ist der Aufwand heute nicht selten zehnmal größer, aber weit schwieriger wiegt, daß die langfristigen unternehmerischen Aufgaben zur Absicherung der Arbeitsplätze und des Unternehmens mehr und mehr in den Hintergrund gedrängt werden. Der Aufschwung und Wohlstand der deutschen Wirtschaft wäre nie erreicht worden, wenn man von Anfang an die heutige Struktur gehabt hätte.

Es ist somit zwangsläufig, daß der tertiäre Sektor schneller wächst als viele andere Bereiche. Man nimmt mit dem zunehmenden verfügbaren Einkommen mehr Gaststätten, Hotels oder Ärzte in Anspruch; die Industrie lagert bei Rentabilitätsdruck eigene Dienstleistungen aus, wie die Gebäudereinigung, Werbung oder Datenverarbeitung. Die notwendige stärkere Beratung durch Anwälte, Steuerberater, Architekten, Finanzberater, Unternehmensberater etc. ist jedoch in erster Linie eine Folge der volkswirtschaftlichen Komplexität, und diese verursacht auch viele streitige Auseinandersetzungen. Ganze Dienstleistungsbereiche entstehen als Folge komplexer Vorschriften, um dem betroffenen Bürger Entlastung anzubieten. Wenn also der tertiäre Sektor wächst, was immer als typisch für die Wohlstandsgesellschaft angesehen wird, so ist dies in hohem Maße eine Folge der wachsenden inneren Administration. Expandierende Regelungen bis ins Detail schaffen Arbeitsplätze in den Behörden. Je detaillierter die Regelungen werden, um so größer wird der Zwang der Wirtschaft und der betroffenen Bürger, sich zu wehren oder zu schützen. Die Verbände werden ausgebaut und Lobbyisten eingesetzt, da man eine Interessenvertretung bei den Behörden benötigt. Im Management braucht man neue Arbeitskräfte, die den Kontakt mit Beratern, Verbandsmitarbeitern und Behörden pflegen. Diese Mitarbeiter befassen sich mit Arbeiten, die nicht unmittelbar zur Wertschöpfungskette gehören, unnötigen Streß bringen, die Lebensqualität und damit letztlich die Leistungs- und Wettbewerbsfähigkeit einer Volkswirtschaft senken.

Vergleicht man die Entwicklung der Zahl der Arbeitsplätze in Westdeutschland in beratenden Berufen, die insbesondere helfen, die Vielzahl der unüberschaubaren Vorschriften bei unternehmerischen Entscheidungen zu berücksichtigen und den Gestaltungsspielraum zum Vorteil des Unternehmens zu nutzen, so zeigt sich erwartungsgemäß allein seit 1976 ein Index von 210 Prozent. Der Index der im Management tätigen Unternehmer, Organisatoren und Bereichsleiter stieg im Vergleich dazu nur um 19 Prozent, aber er fiel nicht ab wie die Gesamtzahl der Beschäftigten in den Gewerbebetrieben. – Warum gelang es der Wirtschaft trotz hoher Investitionen in die Datenverarbeitung, trotz „Lean Management", trotz Konzentrationsprozessen etc. nicht, hier weitaus stärkere Rationalisierungserfolge zu erzielen? – Einen Eindruck der Belastungen durch die ständig steigende Überwälzung von Bürokratie auf die Unternehmen gibt eine Studie des Bonner Instituts für Mittelstandsforschung: Danach werden jährlich Kosten von mehr als 58 Milliarden DM in der Wirtschaft verursacht.[14] Der Aufwand an Zeit und Geld, der im Privatbereich entsteht, dürfte diesen Betrag noch übersteigen.

Der Einsatz von Beratern beschäftigt auch das Management. Ein Jurist, der Industriebetriebe berät, verbringt zum Beispiel viel Zeit mit Gesprächen und Telefonaten mit den mittleren und oberen Managern.

	1976	1978	1980	1982	1985	1987	1989	1991
Unternehmensberater, Organisatoren	18	25	19	28	41	46	57	57
Wirtschaftsprüfer, Steuerberater	63	64	72	71	86	91	114	124
Rechtsvertreter, Rechtsberater	40	43	46	47	59	58	66	80
Gesamt	121	132	137	146	186	195	237	261
Index	100	109	113	121	154	161	196	216
Unternehmer, Geschäftsführer, Geschäftsbereichsleiter	560	514	513	651	569	588	687	668
Index	100	92	92	116	102	105	123	119

Quelle: Erwerbstätige nach Berufsordnungen, -gruppen, -abschnitten, -bereichen und Vollzeit-/Teilzeiterwerbstätigkeit 1976 bis 1991, Ergebnisse des Mikrozensus

Vergleich der Entwicklung unternehmerisch tätiger Mitarbeiter mit den Helfern im administrativen Dickicht in den alten Bundesländern (in Tausend)

Zwar benötigt er dafür Vorbereitungszeit, aber auch die Führungskräfte verlieren Zeit als Gesprächspartner und für die Umsetzung. Wenn trotz aller Rationalisierungsbemühungen die Zahl der Spitzenkräfte in 15 Jahren um 19 Prozent gestiegen ist, so ist dies eine Folge der gewachsenen Komplexität und der wertvernichtenden Administration. Sicherlich gab und gibt es auch in der Verwaltung aufgrund der modernen Techniken sehr hohe Rationalisierungsmöglichkeiten, die einen deutlichen Personalabbau ermöglichen. Wenn man aber nur unterstellt, daß das Personal hätte konstant gehalten werden können, so wären rund 150 000 Berater weniger aktiv. Darüber hinaus beschäftigt die Industrie selbst für solche Tätigkeiten fest angestellte Mitarbeiter, und andere sind durch die Zusammenarbeit mit den Beratern zur wertvernichtenden Administration gezwungen. Man kann also mindestens noch einmal von derselben Zahl fest angestellter Mitarbeiter ausgehen. Unterstellt man schließlich die üblichen Tagessätze für Berater von 2 000 bis 5 000 DM und geht man von einem Mittelwert von 3 000 DM und 200 Arbeitstagen aus, so ist allein

Die Signale nachlassender struktureller Wettbewerbsfähigkeit die westdeutsche Wirtschaft aufgrund der wertvernichtenden Administration noch einmal mit circa 180 Milliarden DM für die Berater und das eigene Management belastet.

Schließlich ist zu bedenken, daß das produzierende Gewerbe nicht nur einen hohen Anteil von Dienstleistungen selbst erstellt, sondern daß man weiten Teilen des tertiären Sektors die Basis entzieht, wenn die gewerbliche Wirtschaft immer weiter schrumpft. Den Banken und Versicherungen würde ein großer, wenn nicht der größte Teil ihres Geschäfts fehlen. Werbeagenturen, Softwarehäuser, Beratungsfirmen, Gebäudereiniger und Leasinggesellschaften müßten ohne die Industrie schließen, in der die originäre Wertschöpfung stattfindet. Vor diesem Hintergrund relativiert sich die positive Einstellung zum Wandel der Industrie- zur Dienstleistungsgesellschaft. Nicht jede Expansion der Dienstleistungen ist ein Merkmal einer gesund wachsenden Volkswirtschaft: Die Struktur spielt eine entscheidende Rolle für die Beurteilung.

4 Die Qualität der Führung entscheidet langfristig über Erfolg oder Mißerfolg

Die Führung prägt die Kultur, die Kultur prägt die Bürger

Die Qualität der Mitarbeiter ist langfristig bei weitem nicht allein dafür entscheidend, was diese leisten, sondern primär sind es die Organisation, die Leistungskultur und die Kontinuität. Die betriebliche Praxis und Untersuchungen beweisen, daß Manager mit mittelmäßigen Voraussetzungen durch sie zu hohen Leistungen motiviert werden. Eine administrierte Kultur hingegen treibt selbst Spitzenkräfte durch einen Leidensweg zur „inneren Kündigung" und zu schlechter Leistung. Auch der große Leistungsunterschied von ähnlich intelligenten Menschen in marktwirtschaftlichen beziehungsweise zwangswirtschaftlichen Systemen liefert deutliche Beweise. Die Erfolgsfaktoren bestimmt letztlich die obere Führung, soweit diese freie Hand zur Konzipierung und Umsetzung hat. Das Strategic Planning Institute, Cambridge, kommt in seiner umfassenden Untersuchung[15] zu dem Ergebnis, daß sich durch die Charakteristika des bearbeiteten Marktes die eigene Position und die der Wettbewerber etwa 80 Prozent des Erfolgs oder Mißerfolgs erklären. Das Geschick und Glück des Managements macht nur etwa 20 Prozent des Erfolgs aus. Die Ursache liegt in der remanenten Wirkung von in der Vergangenheit erarbeiteten Erfolgspositionen. Geneen[16] ist aufgrund seiner langen Berufspraxis der Meinung, „daß die Führungsqualität des Generaldirektors bis zu 80 oder 90 Prozent zum Erfolg der Firma beiträgt".

Diese beiden Aussagen widersprechen sich nur scheinbar. Nach der Erfahrung bestimmt in erster Linie der betrachtete Zeitraum, ob der

Unternehmensleitung mehr Einfluß auf den Erfolg zuzumessen ist. In der relativ kurzfristigen Betrachtung bis zu etwa drei und manchmal sogar bis zu mehr als zehn Jahren dominieren je nach Unternehmensgröße die erarbeitete Position und die Bedingungen des Marktes. Man lebt also von den Leistungen der Vergangenheit. Damit können vor allem sehr große, gut positionierte Unternehmen die Schwäche einer Unternehmensführung über längere Zeit verdecken, und strukturell gewachsene Probleme sind äußerst schwer zu beseitigen. Für ganze Volkswirtschaften dürfte die Dominanz der früher erarbeiteten Positionen manchmal 50 Jahre betragen und die positive Nachwirkung noch weit länger zu spüren sein. Man kann also viele Jahrzehnte von einer guten Substanz leben. Je längerfristiger man die Ergebnisse betrachtet, um so deutlicher tritt die unmittelbare Leistung der Führung in den Vordergrund. Die Qualität der wirtschaftspolitischen Führung entscheidet über ihre Weichenstellung langfristig über die Wettbewerbsfähigkeit, wenn die Organisation ihr die Chance gibt, das Konzept auch umzusetzen. Wer die wirtschaftlichen Wirkungen der Erfolgsfaktoren kennt, kann in vielen Ländern sehen, warum die Politik die Potentiale nicht ausschöpft und zu einer schwierigen wirtschaftlichen Entwicklung geführt hat.

Wenn die Führung nicht die entsprechenden Voraussetzungen durch Rahmenbedingungen und Impulse schafft, ist es verständlich, daß alle Menschen entsprechend menschlichen Mechanismen reagieren. Unter schlechten Bedingungen kommt es stets zum Leistungsabfall, zur inneren Kündigung, zur Konzentration auf Maßnahmen des Widerstands und zum Rückzug in den privaten Bereich. Diese Entwicklung hat sich drastisch in ganzen sozialistischen Volkswirtschaften gezeigt. Die Ergebnisse sind bekannt. Aber auch im kleinen sind solche Folgen ständig zu sehen, sowohl in Unternehmen als auch in Behörden. Die gewerbliche Wirtschaft wird glücklicherweise durch den Verlust von Wettbewerbspositionen und durch den Rentabilitätsverfall mittel- oder langfristig zu einer Korrektur gezwungen.

▶ Fast alle Menschen richten sich rational auf die organisatorischen und konzeptionellen Grundlagen ein, die von der Führung vorgegeben werden. Ihr Verhalten ist die logische Konsequenz aus den vorgegebenen Rahmenbedingungen.

Ein neuer Mitarbeiter in einer Behörde ist voller Tatendrang. Er entdeckt, daß man einiges rationalisieren kann, schreibt einen Bericht, der Einsparungen von mehreren hunderttausend Mark ermöglicht. Er fühlt sich glücklich, eine solche Einsparungsmöglichkeit entdeckt zu haben, und erwartet dadurch Vorteile für seine berufliche Entwicklung. Der Vorgesetzte fürchtet Auseinandersetzungen mit Kollegen, wenn das Konzept umgesetzt wird, und empfiehlt, den Vorschlag nicht weiter zu verfolgen, zumal solche Einsparungen keine hohe Priorität genießen. Der Mitarbeiter riskiert somit schon kurz nach Amtsantritt seine Karriere. Es kommt nicht zu dem vorteilhaften Bereinigungsprozeß; die Bemühungen verlaufen im Sande. Der Mitarbeiter hat gelernt, daß er persönlich nur Schaden durch solche Vorschläge nimmt. Er stellt schon bald alle Anstrengungen in dieser Richtung ein. Zehn Jahre später hat er seine ursprüngliche Dynamik völlig verloren; er bearbeitet nur das Notwendigste, hat gelernt, über die berufliche Belastung zu stöhnen, mehr Mitarbeiter anzufordern, und pflegt ansonsten während und außerhalb der Arbeitszeit persönliche Kontakte, weil diese sein Weiterkommen stützen. Die Zeit, in der er im Außendienst ist, verbringt er weitgehend zu Hause. Mit seinem beruflichen Fortkommen kann er zufrieden sein, auch wenn ihn das Ergebnis seiner Arbeit nicht befriedigt.

Die Ursache für das Verhalten aller Beteiligten liegt primär in einem unwirtschaftlichen Führungskonzept und folglich in einer fehlenden Leistungskultur, die nur von der Spitze der Politik, und in engen Grenzen von der obersten Behördenleitung, geprägt werden kann.

Wenn trotz aller Mitbestimmung an den Universitäten die Klagen und Beschuldigungen immer umfassender werden, muß man sich fragen, ob das System keine Fehlentwicklungen zeigt. Die Politik klagt über den mangelnden Reformwillen der Universitäten, die Wirtschaft über die fehlenden Vorschläge zur Bewältigung der drängenden Probleme, die Hochschullehrer klagen über die hohe Zahl der Studierenden und deren mangelhafte Vorbildung, die finanzielle, räumliche und personelle Ausstattung, und die Studierenden schließlich über fehlendes Engagement der Professoren und Mängel in der Lehre. Wenn die Städte und Gemeinden gegen die Länder und die Länder gegen den

Bund klagen, so ist dies ein besonderes Zeichen für unnötig hohen Kräfteverschleiß. Diese Reibungskonflikte im Übermaß sind typisch.

Nur die obersten Führungen jeder wirtschaftlichen Einheit, in der Volkswirtschaft die Regierungen und Parlamente, haben die Möglichkeit, die notwendigen Voraussetzungen durch Struktur-, Ablauforganisation, Konzeption und wirtschaftlich sinnvolle Ziele, also die richtigen Rahmenbedingungen für Erfolg oder Mißerfolg, für eine Leistungskultur zu schaffen. Alle anderen Instanzen stehen unter diesem Einfluß und können sich ihm nur begrenzt entziehen.

Eine Selbstmordkultur zerstört die wirtschaftliche Basis

Langfristig ist das Management zu mehr als 80 Prozent für Erfolg oder Mißerfolg verantwortlich. Je höher der Manager angesiedelt ist, um so mehr kann er dazu beitragen. Es ist erstaunlich, wie hochintelligente, rational orientierte Unternehmensführer trotzdem nicht selten ein Chaos anrichten. Gerade weil sie sehr rational geprägt sind, beachten sie oft die psychologischen Folgen ihrer Entscheidungen nicht. Sie zerstören langsam die Leistungskultur und aktivieren immer mehr Widerstand. Der Mangel an Loyalität zur Gemeinschaft und Führung lähmt die Leistungskraft. Der Wettbewerb wird kaum noch beachtet, die internen Probleme, vor allem durch Reibungskonflikte, erhalten ein Übergewicht. Jeder kämpft gegen jeden und unterläuft möglichst alle Regelungen. Eine Teufelsspirale entwickelt sich bis hin zur Selbstmordkultur, die letztlich die eigenen Arbeitsplätze vernichtet. Die Selbstmordkultur ist dadurch gekennzeichnet, daß der größte Teil der Mitarbeiter und der Bürger Interessen verfolgt, die für die Gemeinschaft von Nachteil sind. Immer mehr bemühen sich zum Beispiel mit Hilfe des Staates auf Kosten anderer zu leben, oder man mißachtet Gesetze. Nur mit größter Härte läßt sich dann die wirtschaftliche Katastrophe verhindern. *Mit dem Verfall der Leistungskultur kommt es zunehmend zu Reibungskonflikten und in der Folge zu immer mehr Regelungen beziehungsweise Vorschriften. Die unproduktive Belastung steigt, die Effizienz der Investitionen nimmt ab, weil es an kreativen Verbesserungen fehlt und das Management mit zu wenig*

Engagement stärker fehlorientiert arbeitet. Wenn die notwendigen organisatorischen Voraussetzungen gegeben sind, so ist erfolgreiches Wirtschaften eben zu weit mehr als 50 Prozent abhängig von der psychischen Sensibilität der Führung.

Die im nachfolgenden Beispiel geschilderten Probleme und die damit verbundenen verheerenden Folgen lassen sich nicht selten in Unternehmen beobachten:

> Vor vielen Jahren kam es in der Tochtergesellschaft eines Weltkonzerns nahezu zu einer Katastrophe. Ein hochintelligenter Manager aus dem Mutterhaus wurde dort eingesetzt. Dieser versuchte, seine Position sehr schnell durch große Härte zu festigen. Dabei verletzte er fast alle führenden Mitarbeiter, die die gute Entwicklung des Unternehmens getragen hatten. Andere wählte er zu seinen Vertrauten und setzte sie als „Spürhunde" ein. Es kam zu Streitereien und einer ständigen Diskussion unter den Führungskräften. Man fühlte sich ungerecht behandelt und befaßte sich nicht mehr mit den zu bewältigenden Aufgaben, sondern primär mit der Frage, wer bevorzugt oder verletzt worden war, wie man sich verhalten oder revanchieren sollte und welche Probleme für die eigene Position entstehen würden. Es kam zu einer starken Konzentration der Aufmerksamkeit nach innen; der Kunde spielte nicht mehr die primäre Rolle.

Diese Kultur bringt letztlich immer mehr Probleme für die Existenz des Unternehmens und damit für die Arbeitsplätze mit sich. Bei allen Entscheidungen, die in der Wirtschaft und in der Politik zu treffen sind, erweisen sich die Auswirkungen auf die Psychologie der Menschen und die damit verbundenen Folgen für die Leistungsfähigkeit als Faktoren von erheblicher Bedeutung. Diese Einschätzung erfordert viel Erfahrung und ist mit großen Risiken verbunden. Wer meint, sich darüber hinwegsetzen zu können, verantwortet langfristige Mißerfolge und Strukturveränderungen, die sich kaum noch korrigieren lassen. Arbeitet ein Manager aufgrund seiner Funktion mit großem Abstand von der Kundschaft, so kommt es ganz besonders darauf an, daß er den durchführenden Entscheidungsebenen viel Freiraum gewährt, aber doch ein Gefühl dafür entwickelt, ob seine Mitarbeiter die Geschäftspolitik richtig umsetzen. Zu starke Eingriffe in Details in dem Glauben, besser zu organisieren und gerechter zu arbeiten, haben in Unternehmen meistens zu Problemen geführt. Dies ist im Konzern „Volkswirtschaft" nicht anders: Die politische Führung bestimmt durch motivierendes Handeln und gesetzliche Rahmenbedingungen das Verhalten ihrer Behörden und prägt damit die volkswirtschaftliche Kultur. Nur der zeitliche Verzögerungseffekt ist viel größer und die Korrektur weitaus schwieriger und nahezu unmöglich, wenn sich die volkswirtschaftliche Kultur bereits verändert hat. Ausgetragene Streitigkeiten, offene Verweigerungen und „innere Kündigungen" prägen je nach Freiheitsgrad maßgebend das System, lähmen aber in allen Fällen die Leistungsfähigkeit. Wenn sich beispielsweise immer mehr Bürger auf Kosten der Gemeinschaft oder auf eigene Kosten in die private Sphäre zurückziehen, weil sich das Arbeiten nicht mehr lohnt und die Bereitschaft, unternehmerisch tätig zu werden abnimmt, so sind dies starke Signale für eine gefährliche Entwicklung. Je mehr die Zwangskonstellation zur Demotivation von Leistungsträgern und zu Widerständen, Verweigerungen, „innere Kündigungen" führt, um so mehr fühlt sich die öffentliche Hand zu Eingriffen veranlaßt. Ein Teufelskreis beginnt. Der wirtschaftliche Mißerfolg sozialistischer Systeme basierte auf solchen Selbstmordkulturen.

Jede Leistungskultur muß durch eine weitgehende Interessenharmonie gestützt werden.

▶ Über lange Zeit immer wieder gemachte psychologische Fehler der Führung, die zu ständiger Interessenkollision mit einer breiten Schicht von Mitarbeitern im Unternehmen beziehungsweise Bürgern im Staat führen, steigern den Widerstand bis zur Selbstmordkultur und verändern langfristig die Mentalität auf kaum noch korrigierbare Weise.

Die Folge ist, daß das Wirtschaftssystem von einer zunehmenden Zahl von Bürgern in Frage gestellt wird. Auf einer leistungsfeindlichen Kultur kann kein System auf Dauer erfolgreich arbeiten.

Die Verlockung, ins Detail einzugreifen

Noch bis vor wenigen Jahrzehnten nahmen sich sehr viele Spitzenmanager das Recht heraus, in Einzelfällen ins Detail einzugreifen. Erst die Lehre von der Delegation von Verantwortung an die Mitarbeiter veränderte langsam dieses Führungsverhalten. Es erfordert von einem Spitzenmanager viel Managementwissen, Disziplin und eine starke Persönlichkeit, nicht der Verlockung zu erliegen, alle Einzelheiten zu regeln und zu kontrollieren, sondern nur so viel Administration aufzubauen, daß er einerseits den für die Struktursteuerung notwendigen Überblick über den geschäftlichen Verlauf und die strategische Ausrichtung gewinnt, aber andererseits Fehlentwicklungen früh genug erkennt. Das Geschick, die Einzelprobleme auf den Kern zurückzuführen, setzt die Fähigkeit zur Abstraktion voraus. Weiterhin hat der qualifizierte Manager gelernt, einfache Rahmenbedingungen zu schaffen und Ziele zu setzen, die jeder versteht, während er sich auf die entscheidenden Impulse konzentriert.

Nach der Umstrukturierung war die Unternehmensgruppe des Verfassers durch eine klare Ausrichtung auf die Ziele und einen freiheitlichen Rahmen für das Management sehr schnell gewachsen und erzielte bis 1991 eine ständig zunehmende Ertragskraft, die zur Spitze der deutschen Industrie gehörte. 1992 gab es dann einige Probleme. Durch Versagen und Betrügereien in Tochtergesellschaften waren vom Stammwerk gewaltige Verluste zu übernehmen. Es wurde die Frage diskutiert, ob man dies nicht mit mehr Überwachung und Eingriffen hätte verhindern können. Die Führung entschied sich jedoch nur für eine geringfügige Steigerung der Kontrolle, weil man der festen Überzeugung war, daß die intensivste Kontrolle kaum Betrügereien verhindert, die diskutierten Maßnahmen dagegen erhebliche Kosten verursachen, die Leistungskultur zerstören würden und der langfristige Schaden weit größer als der Nutzen wäre. – Die Ergebnisse gaben dem Verfasser recht: 1993 und 1994 verdoppelte sich jeweils die Rendite und wurde erneut so stark, daß die Gruppe mit ihrem Renditeniveau wieder in die Spitze der Industriebetriebe vorrückte.

Im Zuge einer schnellen Wachstumsphase werden Unternehmen immer verzweigter und komplexer. Nach dem alten Organisationsprinzip war der Vorgesetzte noch relativ stark als Berater in Tagesdetails involviert. Dies erlaubte maximal eine Kontrollspanne von sechs Unterstellungen. Mit zunehmender Größe muß ein Unternehmen also mehrere Stufen sowie Hierarchien einbauen. Damit wird die Organisation immer tiefer: Entscheidungsschwerfälligkeit, steigende Fehlerhäufigkeit, Demotivation etc. sind die Folge. Deshalb werden seit einigen Jahren flache und breite Organisationen propagiert. Das Schlagwort lautet „lean". Aber auch hier müssen Voraussetzungen gegeben sein, damit die Gefahren nicht eskalieren und solche Organisationen funktionieren: Es ist stärker zu delegieren, und die Führungsspitze hat mit einfachen und verständlichen Rahmenbedingungen, Zielsetzungen und Impulsen sowie modernen Informations- und Kommunikationstechniken die Organisation auszurichten und zu stützen.

Ein Vorstand, der mit einer breiten Organisation erfolgreich arbeitet, greift nicht mehr in das Tagesgeschehen ein und führt kaum noch Sitzungen, sondern setzt Ziele und nimmt als Beobachter, Coach und durch Moderation, Vorträge und strategische Vorgaben Einfluß auf die Umsetzung der Konzeptionen. Nur dann läßt sich die breite Organisation bewältigen. Vor allem aber verhindert er, daß Stabsabteilungen in die Arbeit der Linienmitarbeiter eingreifen. Nur so entwickelt sich eine Leistungskultur mit hoher Motivation und Arbeitsfreude. Dadurch erreicht die Führung letztlich, daß die gesamte Organisation bei hoher Motivation die Ziele zunehmend konsequenter verfolgt. Die Erfolge so geführter Unternehmen beweisen die Richtigkeit dieser Vorgehensweise.

Je höher die Ebene im Unternehmen ist, desto mehr muß sich der Manager als Beobachter, Coach und Referent betätigen, aber versuchen, so wenig wie möglich in das Tagesgeschehen einzugreifen. Auch die Stäbe, deren Neigung groß ist, Eingriffe vorzunehmen, dürfen nur sehr klein sein. Ihre Marktnähe reicht nicht aus, um die Entscheidungssicherheit der direkt im Markt arbeitenden Mitarbeiter zu erreichen. Wieviel weiter entfernt sind Politiker und Behördenvertreter? – Vom ehemaligen rumänischen Präsidenten Ceausescu ist beispielsweise bekannt, daß er bei Betriebsbesichtigungen ohne die

Kenntnis der technischen Notwendigkeiten über Standorte von einzelnen Maschinen entschied. Selbst wenn damit eine völlige Unwirtschaftlichkeit des Betriebs entstand, mußte dies entsprechend seinen Anordnungen vollzogen werden.

Natürlich ist solch ein Verhalten nur in einer Diktatur denkbar, aber auch in einer demokratisch organisierten Volkswirtschaft besteht die Gefahr, daß die Bundes- oder Landesregierungen sowie die Führungen der Städte ständig aufgrund neuer Gesetze und Verordnungen Regelungen im Detail vorschreiben, damit ebenfalls Entscheidungen übernehmen beziehungsweise rückdelegieren, das Verhältnis zu den Unternehmen sowie zum Bürger belasten und Streß und unnütze Beschäftigung verursachen. Es kommt zur Verärgerung über die ständige Bevormundung und zu einer für die Volkswirtschaft fehlgelenkten Kreativität. Die Folge ist, daß die wirtschaftliche Leistungsfähigkeit langfristig sinkt.

Die Regierung eines Landes sollte knappe und verständliche Ziele propagieren und die Volkswirtschaft auf diese einschwören, aber eigene und behördliche Eingriffe so weit wie möglich verhindern, da sie mit zu großem Abstand vom Tagesgeschehen ihrer Bürger arbeitet und entscheidet. Mit weniger erreicht man viel mehr! Eine wichtige Basis der vorzugebenden Ziele sollten die wirtschaftlichen Erfolgsfaktoren sein. Eine Volkswirtschaft leistet um so mehr, je besser deren Förderung gelingt. Die wesentliche Erfahrung lautet also: *Die Führung großer Organisationen, insbesondere ganzer Volkswirtschaften, sollte sich darauf beschränken, als Coach zu arbeiten, Rahmenbedingungen zu schaffen, unter denen sich Leistung entfalten kann, Ziele zu setzen, auf die sich die Organisation ausrichten kann, und ständig Impulse zu geben, damit die Erfolgsfaktoren zur Entfaltung gebracht werden.*

Managementqualität im Wandel

Viele Menschen fühlen sich auch ohne eine entsprechende Vorbildung „kompetent", über die wirtschaftlichen Zusammenhänge zu urteilen, und es gibt auch immer wieder hervorragende Unternehmer, die mit

Fingerspitzengefühl und hohem Einsatz große Leistungen erbringen. Trotzdem vermitteln Vorbildung und langjährige Erfahrung eine höhere Erfolgswahrscheinlichkeit. Weiterhin sind wenig erfolgversprechende Argumentationen, wenn sie geschickt vorgetragen werden, nur sehr schwer von erfolgversprechenden zu unterscheiden. Auch dabei hilft ein vertieftes Wissen. Die Unternehmen versuchen durch immer bessere Testmethoden[17] schon vor der Besetzung der Positionen die geeigneten Bewerber ausfindig zu machen. Trotzdem ist die Validität, das heißt der tatsächliche Erfolg solcher Methoden auch in günstigen Fällen nur weniger als 50 Prozent. In der Wirtschaft trennt sich aber die Spreu vom Weizen aufgrund der Signale schon nach wenigen Jahren, während die konkrete Veränderung der Zahlen nicht selten mehr als fünf Jahre dauert. In der Volkswirtschaft sind die Veränderung jedoch schwerer meßbar, zu viele Entscheidungen vermischen sich, und die Fristen laufen weit länger. Meist leidet erst die nächste oder eine weit spätere Regierung unter früheren Fehlern beziehungsweise profitiert von den glücklichen Entscheidungen früherer Amtsinhaber. Wer ordnet solche positiven und negativen Entscheidungen dann noch den Fehlentwicklungen zu? – Die fundierte Kenntnis der wirtschaftlichen und technischen Zusammenhänge und ihre Umsetzung beziehungsweise praktische Anwendung durch Politiker und Wirtschaftler werden im Zuge der Globalisierung immer bedeutender für die Wettbewerbskraft.

Sinkt die Qualität der Manager?

Zu allen Zeiten gab es gute und schlechte Manager. In letzter Zeit wird häufig die Frage aufgeworfen, ob unser Management im Vergleich zu früher schlechter geworden ist. Deutsche Unternehmen sind beispielsweise für die Zukunftsindustrien wie Biotechnik, Informationstechnik etc. zu schlecht positioniert, um erfolgreich zu werden. Weiterhin sind sie im Wachstumsmarkt Asien zu wenig präsent. Auch Untersuchungen kommen zu einem vernichtenden Ergebnis:[18] „47 Prozent der Firmen geben sieben Prozent und mehr vom Umsatz für Forschung und Entwicklung aus. Doch ein Drittel dieser forschungsintensiven Unternehmen weist eine geringe Rate an neuen Produkten aus. Daraus schließen die Berater, daß dort knappe Mittel ineffizient verpulvert werden." Kein Mensch, auch kein Manager, kann sich den Umfeldeinflüssen ganz entziehen. Wenn das breite Feld der Manager eines Landes in der Qualität zurückfällt, muß es andere Gründe geben.

Welchen Beitrag leisten unsere Universitäten und Technischen Hochschulen zur Qualität des Managements? – Aus der Sicht eines theoriegeprägten Praktikers kann ich sagen, daß die höchste Ausbildungsstufe, insbesondere in der Betriebswirtschaft, an unseren deutschen Universitäten den Studenten zwar nach wie vor ein hohes Maß an systematischem Denken beibringt, aber die stärkere Anwendungsbezogenheit, die es in der Verbindung zwischen Theorie und Praxis in Amerika und auch in Japan schon lange gibt, wurden bis heute noch nicht erreicht. Man frage die Manager, welche Literatur der letzten zehn oder 20 Jahre ihnen für ihre praktische Tätigkeit geholfen hat. Es ist fast ausschließlich ausländische Literatur. Von ihr erhielten sie wichtige Impulse für Verbesserungen. Dieses Ergebnis ist zwangsläufig, wenn man den vom Staat vorgeschriebenen Werdegang für unsere Hochschullehrer sieht. – Ist das nicht ein Signal für starke Verbesserungsansätze? – Hier liegt sicherlich ein Schwachpunkt, über den man nachdenken muß, wenn das Studium eine Vorbereitung auf die praktische Tätigkeit sein soll. Glücklicherweise haben die Business Schools, Fachhochschulen und Berufsakademien einen Teil dieser Lücken geschlossen. Ein Lehrprogramm der Hochschulen mit theoretisch systematischen Schwerpunkten, kombiniert mit der Umsetzung in praktischen Fällen, würde die Wirtschaft sehr begrüßen. Auch ein stärkerer Wettbewerb durch private Universitäten wäre hilfreich.

Es ist sicher keine Frage, daß sich auch die heutigen Leistungskräfte nach wie vor mit großem Einsatz für die Belange ihrer Unternehmen einsetzen. Das angebotene Wissen ist schon auf fast jedem Spezialgebiet so groß, daß man es kaum noch übersehen kann. Spezialisten sind aber zum Beispiel für das obere Management in einem Produktbetrieb nicht ideal. Wie oft schon mußte man in der Wirtschaft feststellen, daß der reine Kaufmann oder der reine Techniker in der Gesamtverantwortung versagte und dem Unternehmen hohe Verluste einbrachte, weil er falsche Entscheidungen traf. In der Gesamtverantwortung sollten Manager sowohl kaufmännische als auch technische Kenntnisse mitbringen, also möglichst ein Doppelstudium absolviert haben, um die Erfolgswahrscheinlichkeit zu erhöhen. Aber sowohl privat als auch geschäftlich wird ein zunehmender Zeitanteil für administrative Zwecke beansprucht; fast alle Entscheidungen sind in einer weitaus komplexeren Umwelt zu treffen. Darüber hinaus ist der negative Einfluß fehlgelenkter Kreativität infolge Administration und der volkswirtschaftlichen Kultur zu sehen, die nicht unbedingt mehr den Leistungsträger schätzt und letztlich auch auf das Management ausstrahlt. Davon ist die jüngere Generation mehr betroffen als die ältere. Die Motivation sinkt tendenziell, denn Leistung wird in ständig abnehmendem Maße anerkannt. Zu guter letzt zeigt die angestiegene wertvernichtende Administration sowie die Einengung durch Vorschriften mehr und mehr ihre bremsende und mentalitätsverändernde Kraft. Die verfügbare Zeit für kreative Arbeit wird knapper und die Kreativität anders ausgerichtet. Wenn der Rentabilitäts- und in der Folge der Termin- und Entscheidungsdruck zu stark steigen, neigen alle Manager mehr und mehr zu operativem, das heißt zu kurzfristigem, Denken. *Aus Unternehmern werden zunehmend Verwalter,*[19] *die mehr die Substanz erhalten, als daß sie Kräfte in den Aufbau neuer Substanz lenken. Das Verhalten der öffentlichen Hand zeigt zunehmend Wirkung. Die Zahl der Unternehmerpersönlichkeiten sinkt trotz vieler Gründungsinitiativen der Regierungen. Die Überlegungen führen also zu dem Schluß: Das bereits hohe Aus- und Weiterbildungsniveau wurde ständig verbessert,*[20] *aber – geprägt durch die Umwelt beziehungsweise Einflüsse der öffentlichen Hand, Parteien und Organisationen – sind die Entscheidungen unnötig kompliziert geworden, das Management ist in höherem Maße administrativ beansprucht, folglich weniger motiviert, risikobereit und mehr auf Absicherung bedacht.*

Sind Beamte schlechter als Manager?

Die Staatsverdrossenheit vieler ist auch ein Ausdruck dafür, daß man Politikern und Behörden nichts mehr zutraut. Bei Kontakten mit den Behörden ärgert sich der Bürger weitaus öfter als bei Kontakten mit der Wirtschaft darüber, daß zu langsam gearbeitet, er unhöflich abgefertigt wird. Der einzelne fühlt sich gegenüber den Behörden ohnmächtig, während das Unternehmen im Wettbewerb bei schlechter Leistung aufgrund von Kundenverlusten letztlich seine Wettbewerbsfähigkeit und Existenz riskiert. Jeder Bürger macht in seinem Leben eine Vielzahl solcher Erfahrungen. Wer hat nicht schon monatelang auf die Bearbeitung eines simplen Verwaltungsvorgangs gewartet? Für viele bedeutet der Behördengang einen Gang nach Canossa und eine Minderung der Lebensqualität. Leicht kommen Zweifel an der Qualität der Beamten und staatlichen Angestellten auf. Aber sind die Mitarbeiter in den Behörden wirklich schlechter als in der Industrie? Die Antwort lautet eindeutig „nein".

Die Erfahrung in der Industrie zeigt, daß in gut geführten Unternehmen aus mittelmäßigen Mitarbeitern gute und bei demotivierten Organisationen und wenig leistungsorientierten Kulturen auch mit Spitzenmitarbeitern keine entsprechenden Leistungen erzielt werden. Die Möglichkeit, stolz auf den eigenen Arbeitgeber zu sein, das räumliche Umfeld, die Organisation, die Delegation und damit letztlich die Ziele der Führung sind entscheidend für die Leistungsfähigkeit. Dadurch entstehen mehr oder weniger leistungsorientierte Kulturen. Sind die Voraussetzungen nicht vorhanden, so zeigen sich übermäßig viele Reibungskonflikte und Demotivationen, die letztlich die Arbeits- und Lebensqualität der Mitarbeiter mindern. Auch dann wenn es keinen Leistungsdruck gibt, kommt es zunehmend zu Streß und Auseinandersetzungen. Der ständige Frust über lange Zeit sowie das Wissen über die Unabänderlichkeit führen schließlich unnötigerweise zu neurotischen Krankheiten. Die Kräfte konzentrieren sich mehr nach innen, aber nicht auf die Erledigung der ursprünglich vorgesehenen Aufgaben. Der Kunde oder Bürger rückt in den Hintergrund. In Unternehmen ist die Grundlage für das langfristige Scheitern gelegt, in einer Behörde die Grundlage für Frust und schlechte Bedienung der Bürger.

Nach der Aussage eines Ministers sei es erstaunlich gewesen, welche Einsatzbereitschaft und Kreativität viele Beamte beim Aufbau der Verwaltung in den Neuen Bundesländern gezeigt haben. Hier gab es aufgrund fehlender Verwaltungsvorschriften weit mehr Handlungsfreiheit, als dies in einer eingefahrenen Verwaltung möglich ist, und mehr Chancen, sich zu profilieren. Wenn darüber hinaus noch Leistung und Einsparungen durch Prämien, Belobigungen und Aufstieg belohnt würden, ließe sich ein riesiges Motivationspotential, auch zum Vorteil fast aller Beschäftigten der öffentlichen Hand, wecken. Ein automatischer Aufstieg aufgrund von Dienstjahren hat jedoch eher einen gegenteiligen Effekt.

> Die Erkenntnisse aus der Wirtschaft besagen, daß letztlich die Qualität der Führung, die von ihr vorgegebenen Ziele, Struktur- und Ablauforganisationen, das notwendige Maß an Delegation etc. darüber entscheiden, wie Mitarbeiter sich entfalten, wie sie sich engagieren, wie motiviert sie sind. Mitarbeiterqualität ist in hohem Maße das Ergebnis einer mehr oder weniger guten Konzeption der obersten Entscheidungsebene.

Voraussetzungen in der Politik

In der Demokratie setzt die politische Staatsführung die Ziele, prägt die volkswirtschaftliche Kultur, und entscheidet unter anderem über das Maß an Administration. Die von ihr gesetzten Rahmenbedingungen sind ausschlaggebend für Struktur- und Ablauforganisation, die Konzeption und den Führungsstil in den Behörden sowie für den langfristigen Erfolg eines Landes.

Die Voraussetzungen für die Übernahme eines politischen Amtes orientieren sich an anderen Kriterien als denen, die in der Wirtschaft gelten. Politiker unterliegen weitgehend anderen Zwängen als Führungskräfte in der Wirtschaft. Der Druck zeigt eine andere Orientierung, bei der Wirtschaftlichkeitsbetrachtungen nicht die Bedeutung zukommt, die ihnen langfristig zusteht. *Politiker befinden sich insofern in einer schwierigen Situation, als sie durch das System weit mehr als Manager zum kurzfristigen Handeln gezwungen werden, unter anderem durch die Vielzahl von Wahlen im Bund, in den Ländern und Gemeinden. Was aber heute bequem ist, gefährdet nicht selten die Zukunft. Deshalb ist es wahrscheinlich, daß die Bemühungen um Korrekturen zur Sicherung der langfristigen Zukunft immer wieder im Sande verlaufen.* Hoher zeitlicher Einsatz, außerordentliche Streßbeständigkeit, Redegewandtheit und Geschicklichkeit in der Kommunikation, Überzeugungskraft und Durchsetzungsvermögen sind nur einige der Anforderungen an den Amtsinhaber. Schließlich wird oft erwartet, daß er auf nahezu allen Gebieten einen Überblick besitzt.

Dies ist eine Überforderung und bei dem Umfang des Wissensangebots nicht mehr zu erfüllen. Die erfolgreichen Länder besetzen ihre Spitzenpositionen meistens auch mit hervorragenden Persönlichkeiten und praktizieren einen regen Personalaustausch zwischen der Wirtschaft und der Politik sowie den Behörden. Nicht selten haben jedoch selbst Minister in Bund und Ländern von der Ausbildung und vom Werdegang kaum Voraussetzungen für die Übernahme eines konkreten Amtes. In der Großindustrie, bei den Großbanken und den großen Handelsunternehmen müssen Manager auf dem Weg zur Spitze viele Stufen durchlaufen und sich bewähren, während Minister oft Ressorts übernehmen oder zu anderen Ministerien wechseln, ohne daß sie darauf durch eine entsprechend lange Ausbildung vorbereitet worden wären.

Die Wirkungen von wirtschaftlich positiven Beschlüssen und Fehlentscheidungen lassen sich in kleinen, mittleren und großen Unternehmen relativ schnell ersehen, während sie in größeren Volkswirtschaften normalerweise nicht erkennbar und wenn, dann kaum noch zuzuordnen sind, selbst wenn viele Milliarden Mark unwiederbringlich verlorengingen. Trotzdem sind auch schon in den mittleren und größeren Unternehmen die Zusammenhänge in der Praxis so komplex, daß Manager über zehn bis 20 Jahre trainiert werden, bis man glaubt, daß sie in einer höheren Führungsposition nun über Hunderttausende oder sogar über Millionen Mark relativ zielsicher entscheiden oder die Entscheidungen der Mitarbeiter beurteilen können. Dies ist der Grund, warum ein Manager normalerweise vor dem 35. Lebensjahr selbst die zweite Ebene nicht erreicht und ein Vierzigjähriger im Vorstand eines größeren Unternehmens bereits zur jungen Generation gehört.

Nun wird oft gesagt, daß Politiker in der Position eines Ministers keine Fachkenntnisse benötigen. Sie sollen nur die Schwerpunkte der Politik festlegen. Die fachliche Beurteilung und Entscheidungsvorbereitung findet in den darunter stehenden Behörden statt. Aber ein Minister beeinflußt doch diesen Prozeß in hohem Maße aufgrund seiner Vorstellungen und Erfahrungen. Er kann auch gar nicht alle Entscheidungen allein den Fachleuten überlassen. Er muß sich zum Beispiel bei Diskussionen oder Interviews eine eigene Meinung bilden und diese vertreten. Deshalb sollte er sowohl auf seinem Fachgebiet als auch in bezug auf die wirtschaftlichen Zusammenhänge über den notwendigen Wissensstand verfügen. – Gibt es nicht genug Beweise dafür, daß Länder, die über viele Jahrzehnte ihre politischen Spitzenpositionen aus ideologischen Gründen ohne Rücksicht auf die Qualifikation der Amtsinhaber besetzten, ständig große wirtschaftliche Schwierigkeiten haben? Das ist eine zwangsläufige Folge, wie man auch in den Unternehmen erkennen kann.

Auch der Vorstandsvorsitzende eines großen Unternehmens darf sich nicht mehr mit Details befassen und delegiert die Vorbereitungen an seine Stäbe. Er legt nur die großen Linien fest, trifft wenige Grundsatzentscheidungen und schafft ein Umfeld durch Moderation und Coachen, in dem sich die Mitarbeiter entfalten können. Auch seine Entscheidungen werden von qualifizierten Stabsstellen vorbereitet. Trotzdem korreliert die fachliche Qualifikation des Topmanagers durch die Art seiner Ausbildung in hohem Maße mit dem Erfolg des Unternehmens[21] und er erreicht nach aller Erfahrung eine weit höhere Erfolgswahrscheinlichkeit, wenn er die Sachzusammenhänge durch eine fachbezogene Ausbildung in kaufmännischer und technischer Hinsicht und aus langjähriger Erfahrung kennt. Nur dadurch kann er das richtige Gefühl entwickeln, um aus den Vorschlägen seiner Stabsmitarbeiter die essentiellen Schwerpunkte zu selektieren, und die Folgen von Entscheidungen der Sparten und Bereiche weit sicherer zu übersehen. Selbst dann ist man vor personellen Fehlbesetzungen nicht ganz gefeit. Am schlechtesten schneiden Manager ab, die ohne eine technisch naturwissenschaftliche oder wirtschaftliche Ausbildung arbeiten. Wenn man in der Industrie aufgrund der schnelleren Nachweismöglichkeit von Erfolgen und Mißerfolgen klar erkannte, daß führende Konzernmanager die Weichen wesentlich erfolgreicher stellen, wenn sie auf eine lange Erfahrung zurückgreifen können, warum soll dies für die Steuerung der noch komplexeren volkswirtschaftlichen Zusammenhänge nicht gelten?

In der Industrie zeigt sich die Wahrheit normalerweise im Laufe einiger Jahre, wenn ein Manager aufgrund seines guten Auftretens und seiner Redegewandtheit in eine hohe Position gelangt, aber das Vertrauen sich als falsch erweist:

Ein Manager tritt die Stelle eines Vorstandsvorsitzenden in einem größeren Unternehmen an. Er beeindruckt durch sein sicheres Auftreten, geschicktes Reden, Streßstabilität, Durchsetzungsvermögen und seine gute Erscheinung. Auch sein bisheriger beruflicher Werdegang verlief erfolgreich, wenn auch die neue Aufgabe weitaus komplexere Anforderungen stellt. Der Aufsichtsrat ist überzeugt, die richtige Entscheidung getroffen zu haben. Schon nach einigen Jahren zeigen sich jedoch eine Fülle von negativen Symptomen: Fehlinvestitionen, Marktanteilsverluste und schließlich, durch seinen überzogen ausgeübten Druck auf die Mitarbeiter, eine starke Demotivation der Mannschaft. Der Ertragseinbruch läßt nicht lange auf sich warten, und der Aufsichtsrat entschließt sich zu einem Wechsel in der Führung. Hätte nicht ein so geschickter Redner mit gutem Auftreten in der Politik Karriere gemacht, auch wenn er sich völlig unwirtschaftlich verhält?

Wer kann gegebenenfalls die Verluste, die in der Volkswirtschaft sofort in die Milliarden gehen, messen? Nun wird man antworten: Wirtschaftlichkeit ist nicht unser Ziel. – Man darf sich aber dann auch nicht beklagen, wenn die Volkswirtschaft aus dem Gleichgewicht gerät. *Wirtschaftliche Erfolge oder Mißerfolge sind in der Politik wegen fehlender objektiver Maßstäbe und langer Zeitverzögerung schwerer als im Gewerbe nachweisbar. Um so wichtiger ist es, die hohen politischen Ämter mit den besten und fachlich erfahrenen Persönlichkeiten zu besetzen.*

> ▶ Auf Grund der Erfahrungen in Wirtschaftsbetrieben kann man schließen, daß die Gefahr von wirtschaftlichen Fehlentscheidungen und -entwicklungen um so größer wird, je geringer die wirtschaftliche Qualifikation in den Regierungen, Ministerialapparaten und Parlamenten ist.

Managementmethoden und -untersuchungen weisen den Weg zur Leistungsstärke

Managementmethoden machen Organisationen leistungsfähiger

Der Wettbewerbsdruck zwingt die Unternehmen, ständig nach höherer Leistungsfähigkeit zu streben. Wer die ständig steigenden Anforderungen nicht erfüllt, riskiert seine Existenz. Deshalb sind die führenden Köpfe in den Wirtschaftsunternehmen im allgemeinen sehr aufgeschlossen für Vorschläge, mit denen sich Stärken erreichen und ausbauen lassen. Eine Fülle von Managementmethoden, mit denen man Unternehmen rationalisiert, neu ausrichtet und leistungsfähiger macht, hat im Laufe der letzten Jahrzehnte unser Wissen erheblich bereichert. Auch wenn nicht alle vorgeschlagenen Wege effizient sind, viele der Vorschläge auf altbekannten Erfahrungen aufbauen, und fast immer nur Teilaspekte berührt werden, so sind sie doch in der Summe sehr wichtig und führen, wenn man sie konsequent zu einer Gesamtpolitik integriert, zu Hochleistungsunternehmen. Hier seien nur einige Stichworte genannt, die jeweils ganze Lehren beinhalten, zum Beispiel Segmentierung, Diversifikation, Zero Base Budgeting, Strategische Geschäftseinheiten, Quality Circles, Portfolio, Intrapreneuring, Corporate Culture, die kontinuierlichen Verbesserungsprozesse durch „Kaizen" (das heißt, durch „schöpferische Unruhe" zu Höchstleistungen zu gelangen), der Wettbewerb durch Zeitraffung (Zeitwettbewerb), die Leistungssteigerung durch Unternehmenskulturen, das Lean Management, die Konzentration auf Kernkompetenzen, das Target-Costing, die Prozeßkostenrechnung und die völlige Erneuerung und das Überdenken der Organisation durch Business-Reengineering.

Die modernen Managementmethoden wie das Kompetenz-Management wollen die Unternehmen gerade dadurch leistungsfähiger machen, daß sie sich auf die Kernkompetenzen, Kernprozesse oder den Wertsteigerungsprozeß konzentrieren und jede unnötige Administration beseitigen: Sie empfehlen, Stabsstellen abzubauen oder zu reduzieren, Diskussionen zu straffen, zügig zu entscheiden und umzusetzen, Abläufe und Vorschriften entfallen zu lassen oder mindestens zu vereinfachen und nur noch das zu erhalten, was man für den Wertschöpfungsprozeß des Geschäftsbetriebs benötigt. Dabei liegt die Erkenntnis zugrunde, daß auch Unternehmen im Laufe der Jahrzehnte ihres Bestehens tendenziell dazu neigen, immer mehr zu regeln. In Krisenzeiten, in denen es manchmal um die Existenz geht, wird zwar vieles wieder über Bord geworfen, aber eine tatsächliche Konzentration auf das Wesentliche gelingt nur dann, wenn man von der Frage ausgeht: Wie würde man dieses Geschäft organisieren, wenn es heute neu zu gründen wäre?

Der öffentliche Dienst kennt kaum Existenzdruck, da hier letztlich eine monopolistische Stellung gegenüber dem Bürger vorliegt. Bund, Länder und Gemeinden haben in weiten Grenzen die Möglichkeit, den Preis für ihre Leistungen, sprich die Steuer und die Gebühren, falls notwendig zu erhöhen, so daß Bereinigungsprozesse praktisch nicht oder erst viel zu spät stattfinden. In solchen Bereichen ist das Einsparungspotential erfahrungsgemäß entsprechend groß, da über viele Jahrzehnte ein vergleichbarer Rationalisierungsdruck fehlte. Die Industrie hat sich mit hohem Engagement um eine Verbesserung ihrer Unternehmen durch Einsatz der genannten Managementtechniken bemüht. Der Druck der Existenzgefahr hat dazu geführt, daß die Leistungen in vielen Fällen erheblich gesteigert werden konnten. Ähnliche Vorgehensweisen wären auch für die öffentliche Hand von großem Vorteil. *Bei einer Ablehnung wirtschaftlicher Steuerungskriterien für die öffentliche Hand durch viele Politiker, bei der heutigen Organisation und dem auf Unwirtschaftlichkeit gerichteten Druck verhindert jedenfalls die monopolistische Stellung die notwendigen Bereinigungsprozesse.* Dies schließt nicht aus, daß allgemeine, schwierige Krisen zeitweise eine wirtschaftlich orientierte Zwangskonstellation schaffen oder daß es Zeiten gibt, in denen sich politische Persönlichkeiten intensiv darum bemühen, Änderungen zu erreichen, aber die fundamentalen Kräfte der Demokratie drängen zu unwirtschaftlichen Verhaltensweisen. Die Ergebnisse werden stets sehr unbefriedigend bleiben, zumal gute Resultate eine nachhaltige Arbeit über Jahrzehnte auf Basis gleichgerichteter Konzeptionen voraussetzen.

Erfolgsfaktoren verbessern Erlöse und Gewinnsituation

Durch zahlreiche Untersuchungen kennen wir mehr als 50 Erfolgsfaktoren der Industrie, die zur Spitzenleistung führen. Mit der Konzentration auf diese Faktoren erhöht eine Führung die Erfolgswahrscheinlichkeit eines Gewerbeunternehmens. Dazu zählen insbesondere das Qualitätsimage, das sich bei den Verbrauchern gebildet hat, der technische Vorsprung, die Synergien, der Marktanteil, die Produktivität, der Bekanntheitsgrad, die Neuartigkeit der Produkte, die Schnelligkeit der Entwicklung und der Lieferung, das Marketing etc. Alles das sichert die Wettbewerbsposition. Der Einfluß der einzelnen Faktoren ist je nach Branche unterschiedlich. Er verändert sich darüber hinaus im Zeitablauf, und die Faktoren ergänzen sich mehr oder weniger. Die höchsten Erfolgsvoraussetzungen besitzt der Monopolist, da er einzigartige Produkte herstellt und somit keine Konkurrenz kennt. Solche Situationen sind nicht erwünscht und gibt es heute in der Praxis eigentlich nur noch dann, wenn der Staat keinen Wettbewerb erlaubt, also normalerweise nur noch bei Staatsbetrieben. Welche Nachteile auch staatlich geschützte Monopolisten langfristig für die Volkswirtschaft bedeuten, wurde in vielen Ländern erst nach schmerzlichen Erfahrungen erkannt, obwohl man die Probleme hätte voraussehen können. Der fehlende Wettbewerbsdruck und die nicht vorhandene Existenzgefahr führen, wie auch Beispiele von renditeverwöhnten Firmen zeigen, zu Nachlässigkeit, geringerer Kundenorientierung und hohen Kosten. In der freien Wirtschaft geraten solche Unternehmen in die Problemzone; Staatsfirmen werden jedoch auf Kosten der Wettbewerbsfähigkeit der eigenen Wirtschaft auch bei hohen Verlusten normalerweise am Leben gehalten.

Am leichtesten ist einzusehen, daß neuartige Produkte zu einer starken Marktposition führen. Innovationsfähigkeit wird mit hoher Rendite und sicheren Arbeitsplätzen belohnt. Solche Neuheiten haben normalerweise eine Vielzahl bisher nicht gekannter Eigenschaften, die die Bedürfnisse der Kunden besser befriedigen. Dieser Vorsprung übt Existenzdruck auf den Wettbewerb aus. Er geht mehr oder weniger schnell verloren, da die Konkurrenten alles daran setzen, die Produkte zu imitieren, um im Wettbewerbskampf aufzuholen. Nicht umsonst versuchen Unternehmen, ihre Forschungs- und Entwicklungsmannschaft zu stärken, um möglichst viele neue und verbesserte Produkte nachzuschieben. Damit erreichen sie einen sich immer wieder erneuernden (revolvierenden) Vorsprung.

Einer der wichtigsten Erfolgsfaktoren ist beispielsweise ein hohes Qualitätsimage: Dies setzt nicht nur gute Produkte voraus, sondern auch eine geschickte Kommunikation, einen guten Service etc. Bei neuen Produkten, deren Eigenschaften den Kunden nicht ausreichend bekannt ist, spielt die Schulung in Seminaren eine wichtige Rolle, wenn man ein starkes Image prägen will. Solche Aktivitäten dürfen also nicht durch staatliche Entscheidungen, zum Beispiel durch Steuern, erschwert werden.

In welchem Maße ein hohes Qualitätsimage die Unternehmensposition absichern kann, zeigt unter anderem der Textilbereich, der aufgrund der Billigstangebote aus Niedriglohnländern unter einem schwierigen Preiswettbewerb leidet. Trotz dieser Situation erzielen Firmen mit großen Marken wie Yves Saint-Laurent, Cartier, Joop und andere höchste Preise. Solche Marken mit einem hohen Qualitätsimage gibt es in vielen Bereichen unserer Wirtschaft. *Die hohe Leistung einer Industrie trägt letztlich auch dazu bei, daß auf Dauer allein das Herkunftsland einen Markencharakter bekommt, weil das Vertrauen in die Produzenten dieses Landes sehr groß ist, wie über lange Zeit zum Beispiel „Made in Germany".* Wie beim Image von Firmen- und Produktmarken, bewegt sich das Image solcher Ursprungsbezeichnungen der Länder im Laufe der Jahrzehnte nach oben oder unten: Während „Made in Great Britain" fiel, stieg „Made in Germany" auf; während „Made in Germany" fällt, steigt „Made in Japan".

Betriebswirtschaftliche Studien beweisen, daß die Zeit in einigen Branchen ein weiterer sehr wichtiger Erfolgsfaktor ist. Sie zählt in zweierlei Hinsicht:

1. *Der zeitliche Vorsprung führt nicht nur dazu, daß Unternehmen schneller wachsen und bessere Preise erzielen, sondern auch dazu, daß sie ihre Wettbewerber verdrängen.* Dies spielt insbesondere in Betriebszweigen eine Rolle, die aufgrund ihrer Einzelfertigungen beziehungsweise aufgrund spezieller Fertigungsserien sehr viel Vorlaufzeit benötigen. Diese Situation treffen wir in großen Teilen des Maschinenbaus an. Die zeitlichen Verzögerungen, zum Bei-

spiel aufgrund des deutschen Außenwirtschaftsrechts, haben die weltwirtschaftliche Krise für diese Unternehmen nochmals verstärkt, da die durch Genehmigungsverfahren erzwungenen langen Lieferfristen viele Kunden auf ausländische Wettbewerber ausweichen ließen. Einige Fälle kriminellen Verhaltens in der Industrie haben dazu geführt, daß ein Gesetz die Wettbewerbsfähigkeit einer ganzen Branche wesentlich senkte. Das Problem liegt vor allem darin, daß wichtige Wettbewerbsländer ähnliche Gesetze und damit verbundene zeitliche Verzögerungen gar nicht kennen. *Kreativität ist erforderlich, um schnelle Abläufe zu finden. Das Prinzip läuft darauf hinaus, alles auf die eigentlichen wertschöpfenden Prozesse zu konzentrieren, Nebenprozesse wegzulassen oder zu verkürzen.* Aber selbst wenn es der Industrie gelingt, zu sehr kurzen Durchlaufzeiten zu kommen, so können staatliche Genehmigungsverfahren beziehungsweise sonstige Hindernisse die Erfolge mehr als kompensieren.

2. Ein weiterer sehr wichtiger Punkt für die Erfolge einer Industrie ist die Schnelligkeit der Entwicklung. *Anhand vieler Untersuchungen wurde nachgewiesen, daß derjenige, der als erster mit einer neuen Entwicklung am Markt ist, auch die höchste Wahrscheinlichkeit hat, Marktführer zu werden. Der Marktführer erzielt aber nicht nur den höchsten Umsatz, sondern auch die besten Preise und hat die höchste Renditewahrscheinlichkeit. Dies sind ideale Voraussetzungen für sichere und gut bezahlte Arbeitsplätze.* Aber nicht selten greift der Staat bei vielen Gelegenheiten ein und verzögert eine Entwicklung durch zahlreiche Genehmigungsverfahren. Auch Verbände oder Organisationen bekämpfen oft das Entstehen zukünftiger Arbeitsplätze. Bei ausreichend langer Verzögerung kann es dazu kommen, daß Unternehmen trotz des ursprünglichen Know-how-Vorsprungs und hoher Aufwendungen so spät in den Markt hereinkommen, daß es relativ aussichtslos wird, diesen überhaupt noch erfolgreich zu bearbeiten. Die Arbeitsplätze sind damit für immer verloren oder entstehen in einem Land mit günstigerem Umfeld. Selbst wenn es gelingt, trotz der administrativen Hindernisse doch noch, wenn auch verspätet, in den Markt einzutreten, so entstehen nur noch unsichere Arbeitsplätze, wie betriebswirtschaftliche Studien belegen: Später in den Markt

eintretende Hersteller haben kaum eine Chance, noch eine führende Position zu erreichen. Diese ist aber eine der wichtigsten Rentabilitätsvoraussetzungen.

> Je mehr Erfolgsfaktoren eine Industrie aufgrund besserer oder neuerer Produkte oder eines besseren Marketings besitzt, um so höher sind die durchschnittlichen Erlöse, die diese Industrie im Vergleich zu ausländischen Anbietern erzielt, und um so sicherer sind die Arbeitsplätze.

Aufgrund der höheren Erlöse kann man sich auch höhere Löhne und Kosten erlauben, wie die später beschriebene Erfolgsformel zeigt. Gerade hochintelligente Produkte erfordern ein ausgefeiltes Marketing mit Kundenschulungen, zu denen auch die Bewirtungen gehören, die der Staat immer wieder erschwert. Für die Kontaktpflege der Politiker werden Banketts und sonstige Bewirtungen als sehr wichtig erachtet und mit großem Aufwand betrieben. Warum sollten für die geschäftlichen Verbindungen andere Grundlagen gelten? Nimmt aufgrund negativer Einflüsse die Zahl der Erfolgsfaktoren im Laufe der Zeit ab, weil der Wettbewerb die Produkte, den Service etc. kreativ nachahmt und die eigene Kreativität durch Administration gemindert oder sogar blockiert ist, dann sinken auch die Erlöse im Laufe von Jahren und Jahrzehnten in Richtung auf das Wettbewerbsniveau, und das Image „Made in ..." paßt sich mit einer Zeitverzögerung von vielen Jahrzehnte an. Höhere Löhne lassen sich immer schwieriger verkraften, Teilbereiche der Industrie geraten in die Verlustzone; sie werden nach und nach geschlossen. Überholt der ausländische Wettbewerb sogar das inländische Unternehmen, nicht zuletzt aufgrund eines kreativeren Umfeldes, so muß man zu niedrigeren Erlösen anbieten, um noch wettbewerbsfähig zu bleiben. Da unter der mangelnden Kreativität auch die Produktivität leidet, kann man seine Produkte schließlich nur noch auf der Basis niedrigerer Löhnen und Gehälter als im Ausland im Markt verkaufen. An einem sinkenden Lebensstandard und Arbeitslosigkeit geht kein Weg vorbei.

Der Prozeß des Abschwungs verläuft in großen Volkswirtschaften über Jahrzehnte. Er beschleunigt sich sehr langsam. Zeigt er einmal seine volle Dynamik, so sind erneut viele Jahrzehnte höchster Anstrengung und Opfer notwendig, um die alte Position wieder zu erreichen. Wer aus der Wohlstandssituation kommt, zeigt weniger Opferbereitschaft, und in der Demokratie sind die Opfer darüber hinaus kaum im Konsens zu erreichen. Hat sich auch die Kultur negativ gewandelt, so ist zu bezweifeln, daß sich verlorene Positionen jemals wieder zurückgewinnen lassen. Um so wichtiger sind schon frühe kleinere Einschnitte, um krisenhafte Entwicklungen erst gar nicht zuzulassen. Gelingt dies aber nicht, so pendelt sich der Lebensstandard zwangsläufig auf einem relativ niedrigeren Niveau ein.

Warum werden die umfangreichen Erkenntnisse über die erfolgreiche Steuerung von Unternehmen nicht auch genutzt, um Volkswirtschaften zu Spitzenleistungen zu führen? Wie in großen und kleinen betrieblichen Organisationen würde sich – allerdings mit größerer zeitlicher Verzögerung – das Wettbewerbsniveau, der Lebensstandard und die Lebensqualität im Vergleich zu weniger gut ausgerichteten Volkswirtschaften deutlich erhöhen.

5 Leistungskultur und Kreativität

In den Betrieben hat man längst erkannt, daß die Leistungsfähigkeit auf Dauer bis zur Wettbewerbsunfähigkeit sinkt, wenn die Führung die Mitarbeiter demotiviert und sie dann Verdrossenheit auf das Management beziehungsweise das Unternehmen zeigen. Solche Mitarbeiter wechseln den Arbeitgeber oder ziehen sich nach einer „inneren Kündigung" mehr und mehr in die Privatsphäre zurück. Sie zeigen nur noch ein Scheinengagement, mit dem sie ihre Leistung gegenüber der Führung „optisch" dokumentieren. Ihre Kreativität sinkt aber eher auf den Nullpunkt. Solche Entwicklungen sind letztlich unsozial, weil der Beitrag der Arbeit zur Lebensqualität der Mitarbeiter wegen der langen Zeit, die Werktätige am Arbeitsplatz verbringen, erheblich ist. Die richtige Motivation hilft dagegen sowohl den Mitarbeitern als auch dem Unternehmen.

Eine über lange Zeit gelungene Motivation, kombiniert mit einer allgemein verstandenen Strategie, also mit gemeinsamen Zielen, die, nicht zuletzt durch ein Vertrauen in die Führung, zu einer Interessenharmonie führen, erzeugt letztlich eine Unternehmenskultur beziehungsweise Leistungskultur, die dem Unternehmen zu dauerhaften Wettbewerbsvorteilen verhilft. Sie erzeugt lernfähige Organisationen, die ihren Wissenstand ständig erneuern, senkt den zerstörerischen Gruppenegoismus und die Reibungskonflikte, steigert je nach den Zielen die Kreativität, führt damit zu neuen Produkten, rationelleren Produktions- und Marketingmethoden, besseren organisatorischen Abläufen etc. Die Erfolge motivieren wiederum die Mitarbeiter, die stolz darauf sind, für dieses erfolgreiche Unternehmen tätig zu sein.

Kreativität ist die Grundlage für eine langfristig positive Unternehmensentwicklung. Ohne Kreativität gibt es keine neuen Produkte, Verfahren und Organisationsformen. *Je höher eine Volkswirtschaft entwickelt ist, je höher das Lohn- und Gehaltsniveau liegt, desto mehr lebt ein Unternehmen, aber auch die ganze Volkswirtschaft davon, daß die Produktivität durch Ideenreichtum höher als beim Wettbewerb liegt und neue Produkte beziehungsweise Dienstleistungen, Organisationsformen und Verfahren geschaffen werden, die besser sind als bei billigen Anbietern.*

Unternehmenskultur und volkswirtschaftliche Kultur

Die Auswirkungen der Unternehmenskultur auf die wirtschaftliche Leistungskraft einer Organisation sind unabhängig von der Größe, gelten also auch für die ganze Volkswirtschaft. Solche Leistungskulturen waren die Triebkraft für das Wachstum des Wohlstands in der Bundesrepublik Deutschland und in Japan. Was können wir nun tun, um eine kreative Leistungskultur zu schaffen, die den Mitarbeitern mehr Sicherheit für ihre Arbeitsplätze, aber auch noch eine größere Arbeitsfreude, also letztlich mehr Lebensqualität vermittelt?

Volkswirtschaftliche Kulturen überlagern die Kulturen der einzelnen Unternehmen, die sich ihrem Umfeld nie ganz entziehen können, so wie es nicht gelingt, den Einfluß der Schule und der Umgebung auf den Werdegang der eigenen Kinder zu verhindern. Wenn dieses Umfeld innovationsfeindlich wirkt, fühlen sich kreative Menschen nicht anerkannt und sind nur noch schwer zu motivieren, einen hohen Arbeitseinsatz zu erbringen. In den allerseltensten Fällen resultiert nämlich die Entwicklung eines neuen Produkts oder eine Erfindung aus einer einmaligen, zündenden Idee. Normalerweise handelt es sich um einen mühevollen Prozeß, in dem sehr viel Arbeit steckt und der hohe Einsatzleistung und Motivation erfordert. Man tastet sich in kleinen Schritten an das Endziel heran.

Was machen wir nun in der Volkswirtschaft? – Ein Staat nimmt einen ähnlichen Einfluß auf die Unternehmen wie eine Obergesellschaft auf ihre Tochtergesellschaften. Auch wenn er, wie viele moderne Obergesellschaften, nicht direkt in das Geschäft eingreift, so beeinflußt er durch seine Anforderungen den Tagesablauf doch in zunehmendem Maße. Die Vielzahl der Gesetze muß verarbeitet werden, entsprechende Abläufe werden organisiert, die aufgrund der typischen Organisation des Staates fast immer hoch administriert sind. Es ist sicher, daß ein Staat die Kreativität der Unternehmen am ehesten erstickt, wenn er immer neue Gesetze schafft und damit das Management mit innerer Administration beschäftigt. Er absorbiert damit in zunehmendem Maße die geringe kreative Restzeit, die im Tagesgeschäft noch verbleibt. Warum ist das so?

Es ist keine Frage, daß die Demokratie noch immer das beste politische System ist, das je in der Praxis erprobt wurde, weil sie wirksam die Entwicklung einer nicht abwählbaren Regierung verhindert, die sich nicht selten zu Lasten der Bürger persönlich bereichert und unter Umständen ihre Macht mit Hilfe von Terror sichert. Die Notwendigkeit, Machtausübung durch Parlament und Bürger zu kontrollieren, und die Möglichkeit, spätestens bei der nächsten Wahl einen Wechsel an der Spitze zu erzwingen, zählt im staatlichen Bereich mehr als das Streben nach Kontinuität in der Führungsspitze. Ein Spitzenmanager kann vom Aufsichtsrat abgesetzt werden, wenn er gegen die Interessen des Unternehmens, seiner Mitarbeiter und Gesellschafter handelt. Ein Unternehmer, der Manager und Kapitaleigner zugleich ist, kann nicht „abgewählt" werden, doch der Marktmechanismus würde seiner Mißwirtschaft ein Ende setzen. Wer aber könnte einen machtbesessenen Diktator aus dem Amt jagen?

Auch eine demokratisch gewählte Regierung kann die Voraussetzungen für eine gesunde Wirtschaft schaffen. Wichtig ist nur, daß die Grundüberzeugung – Lebensqualität der Bürger als höchstes Ziel politischen Handelns – von jeder gewählten Regierung weitergetragen wird. Wir sehen aber in vielen Demokratien den Trend, daß das Vertrauen in die Regierenden sinkt, daß die Politik- und Parteienverdrossenheit um sich greift und der Demotivationsprozeß zu einem Verfall der Leistungskulturen führt oder bereits geführt hat. *So bedeutend wie die Motivation für die Leistungsfähigkeit der Unternehmen ist, so wichtig ist auf Dauer der Motivationsprozeß in der Volkswirtschaft für die gesamte industrielle Entwicklung und als Basis für den Wohlstand.*

▶ Ein Hochlohnland kann auf Dauer nur seinen Lebensstandard halten, wenn es den Kostennachteil durch kreative Leistungen mit höheren Erlösen oder intelligenteren Technologien ausgleicht, die zu Vorteilen im Produkt, in der Produktivität, im Service etc. führen.

In Deutschland beispielsweise zeigt sich, daß bei weitem nicht mehr so viele Patente angemeldet werden, wie das früher der Fall war. Das Land ist in wesentlichen Bereichen hinter den USA und Japan zurückgefallen. Die konsequente Prägung wichtiger Merkmale des Erfolgs in der volkswirtschaftlichen Kultur ist die Basis für die Entwicklung einer hohen Kreativität und Handlungsinitiative in der Wirtschaft. Der Staat selbst kann nur einen Beitrag erbringen, indem er die richtigen Rahmenbedingungen für Leistungskulturen und damit für kreative Leistungen schafft. Solche Rahmenbedingungen baut er aber weder durch spezielle Zuschüsse beziehungsweise Subventionen noch allein durch zentrale Forschungsinstitute auf, da staatliche und wissenschaftliche Organisationen nicht über die ständige Rückkoppelung zu den entstehenden Märkten verfügen und auch die organisatorischen Voraussetzungen für die notwendige Sensibilität und Flexibilität nicht besitzen. Weitaus günstiger ist es, wenn marktorientierte Unternehmen selbst über genug Anreiz verfügen. Besteht eine gute Chance zu Rentabilität und werden Hindernisse beseitigt, so steigt auch die Bereitschaft zu investieren. Aufgrund der Marknähe können sie dann schnell und flexibel reagieren.

Ohne Leistungskulturen kann sich keine hohe Kreativität und Innovationskraft entfalten. Damit ist ohne Leistungskultur keine Steigerung des Lebensstandards möglich.

Leistungskulturen erfordern viele Voraussetzungen

Die Bereitstellung qualifizierter und engagierter Mitarbeiter sowie deren Motivation hängt zunächst von der Auswahl und den unmittelbaren Impulsen der obersten Unternehmensführung oder der Politik ab. Im Laufe der Zeit führen diese Aktivitäten dann zu einer Kultur, die eine Eigendynamik entfaltet, Mitarbeiter beziehungsweise Bürger steuert und mitreißt, ohne daß das Management noch stärkere, direkte Impulse geben muß. *Die Basis ist eine starke Interessenharmonie aller mit den Zielen, über eigene Vorteile Leistungen für die Sache zu erbringen und eine Minimierung der Reibungsverluste, also des internen Energieverschleißes.* Es erfordert jedoch das

Verständnis der Zusammenhänge, um die Kultur auch weiter durch eine kontinuierliche Verhaltensweise zu stützen und sie nicht langfristig dem Verfall preiszugeben. Die Eigendynamik verliert sich vor allem dann, wenn durch Wechsel in der Spitze starke antagonistische Impulse auf die Organisation einwirken. *Kontinuität in der Führung bildet eine wesentliche Voraussetzung für die Ausbildung einer leistungsstarken Kultur.* Der häufige Wechsel der Vorstandsvorsitzenden bei der zusammengebrochenen AEG und die Kontinuität bei Siemens wurde oft in der Presse betont. Aber auch eine Entlohnung der Führungskräfte unabhängig von der Leistung oder der Versuch, durch starken Druck und Kontrollen die Ziele zu erreichen, zerstören auf Dauer jede Leistungskultur.

Die einmal gewonnene Eigendynamik reduziert die Komplexität der wirtschaftlichen Praxis, schafft das Umfeld für die Zielorientierung und erzwingt die Einstellung einer breiten Schicht von Menschen zu einem bestimmten Verhalten, das über die Verwirklichung der strategischen Ziele entscheidet. Sie vereinfacht die Führung, die Umsetzung von Strategien in das operative Geschäft, treibt zur Dynamik in Richtung der Ziele an, führt zu einer kreativen Unzufriedenheit und schafft Leistungskraft durch Konsens und Stabilität. Dadurch vermeidet sie auch Machtkämpfe unterschiedlicher strategischer Ausrichtung, versachlicht die Diskussion, vermindert also das Konfliktpotential.

Neben dem Grundkonsens in Richtung der Ziele sorgt eine Leistungskultur aber auch für ein gesundes Spannungsverhältnis, zum Beispiel zwischen den Forderungen des Vertriebs nach Lieferschnelligkeit und den Forderungen der Produktionsleitung nach wirtschaftlicher Fertigung. Das verhindert, daß ein Unternehmen erlahmt. *Die Diskussion konzentriert sich aber auf das Sachliche. Persönliche Auseinandersetzungen werden unterbunden.*

Ohne die anregenden Firmenkulturen, die kreativ die Ziele in die Tagesarbeit umsetzen, zum Beispiel mit dem Primat der Kundenorientierung, bleiben strategische Überlegungen relativ wertlos, weil diese dann nicht ins operative Geschäft einfließen. *Starke Kulturen fördern Engagement und Unternehmertum auf allen Ebenen* und entlasten damit die Geschäftsführung von Einzelentscheidungen. Das tägliche Verhalten der Mitarbeiter entscheidet letztlich über den Erfolg.

> Eine Leistungskultur mit ihren ständigen Impulsen in Richtung der Unternehmensziele ist die wesentliche Voraussetzung dafür, daß sich die Erfolgsfaktoren entfalten können.

In den amerikanischen Spitzenunternehmen wurden die Prämissen im Hinblick auf die Führung und die Organisation untersucht. *Es beginnt mit einer klaren Vision der Anerkennung von Leistung durch die Führung und mit dem Glauben und Vertrauen an die eigene Leistungsfähigkeit.* So sind langfristige Auswirkungen in der volkswirtschaftlichen Kultur zwangsläufig, wenn Leistungen im Sport, in der Kunst und Politik weit mehr gewürdigt werden als wirtschaftliche Leistungen. Skepsis, Angst und mangelndes Selbstvertrauen bilden eine schlechte Basis für Engagement, Identifikation und Kreativität. Wer sich mit seiner Aufgabe identifiziert, wen eine Idee packt, der gibt nicht auf, in ihm arbeitet es Tag und Nacht weiter. Dabei gibt es für diese Unternehmen einfache, eherne Grundsätze, auf denen sie basieren: *Diese wenigen Vorschriften sind strikt zu beachten, während die Unternehmensleitungen ansonsten so viel Freiheit lassen, daß es scheinbar zu chaotischen Zuständen kommt. Sie sind also hartnäckig in den Grundsätzen beziehungsweise Zielen und weich im Detail.*

Marktnahe, lernfähige Organisationen mit offener Kommunikation und wenig Administration ermöglichen eine große unternehmerische Entfaltung. In ihnen ändern die Manager so ziemlich alles mit Ausnahme der Grundüberzeugung. Sie schaffen es, auch ihre einfachen Mitarbeiter, die die Produkte herstellen, verkaufen oder warten, anzuspornen. *Einige wichtige, von der Unternehmensführung zu prägende Erfolgsmerkmale sind: fast völlige Freiheit, solange man die Vorgaben erfüllt, Ringen um klare Ziele, sachliche Probleme und Vermeidung persönlicher Angriffe, wenig Bürokratie, Betonung des Positiven, Wettbewerbe, Leistungsvergleiche, ehrende Herausstellung der „Sieger", Prämien und Belohnungssysteme, Beförderung nach Leistung und flexible Organisation, eine Atmosphäre der Glaubwürdigkeit und des gegenseitigen Respekts.* Alles dies fördert Arbeitsfreude und hohe Einsatzbereitschaft und befähigt zur Innovationskraft. Die erfolgreichen Firmen gehen von der Einstellung aus, daß das Bessere des Guten Feind sei. Für sie befindet sich die Welt in einem laufenden Wandel; einige Konstanten bleiben die Grundüberzeugung und die

Ziele. Dadurch erhalten sie ihre Lernfähigkeit. Sie handeln, verbessern ihre Tätigkeit, experimentieren, machen Fehler und erzielen mit höherer Wahrscheinlichkeit Erfolge. Durch die kreativitätsfördernden Unternehmenskulturen entsteht ein revolvierender Vorsprung, das heißt, die Firmen verbessern ihr Leistungsangebot für den Kunden stufenweise und schneller als der Wettbewerb.

Leistungskulturen werden meistens von einem Stolz auf die eigene Gemeinschaft, die Tätigkeit und die eigenen Ergebnisse begleitet. Typische Aussagen sind unter anderem: „Wir gehören zu den Spitzenfirmen", „Auf unsere Leistungen können wir stolz sein". Diese Einstellungen fördern zwar grundsätzlich die Motivation, beinhalten aber die Gefahr, daß sie im Laufe vieler Jahre zu Hochmut und zum Nachlassen der Anstrengungen führen. Auch Leistungskulturen sollten deshalb von der Führungsspitze ständige anspornende und die Gefahren aufzeigende Anregungen erhalten, um solche Fehlentwicklungen von vornherein zu verhindern. Motivierte Spitzenkräfte ringen laufend um bessere und neue Lösungen. Geht das eine nicht, experimentieren sie weiter. Erst diese Hartnäckigkeit führt zu Innovationen und Erfolg.

Bei der Bildung von Leistungskulturen wirken die Gesetzmäßigkeiten der Lernkurve. *Es erfordert viele Jahre, oft mehr als ein Jahrzehnt, bis dieses Gefüge von Normen und Einstellungen umfassend entsteht.* So lassen sich die Kulturen, insbesondere sehr alter Unternehmen, manchmal noch auf Ursachen zurückführen, die mehr als 50 Jahre zurückliegen. Solche gefestigten Strukturen zu ändern erfordert ein weitaus höheres Durchsetzungsvermögen und weitaus mehr Krafteinsatz der Führung als eine kontinuierlich laufende Unternehmenssituation. Dieser Kraftakt setzt deshalb im allgemeinen eine starke Konzentration der Macht auf eine Spitzenkraft voraus.

Damit wirkt die Kultur einer jeden großen Organisation als ein typisches, sehr wichtiges Erfolgspotential. Gibt die Führung bestimmte Ziele vor, setzt sie ständig durch Abweichungsanalyse definierte Prioritäten beziehungsweise findet sie für konkrete Aktivitäten besondere Beachtung und Förderung, so stellen sich die Mitarbeiter im Laufe der Zeit zunehmend darauf ein. Die Schwerpunkte der Aktivitäten werden dann auch ohne besondere Kontrolle weiter verfolgt.

Kulturen entfalten ihre volle Wirkung, wenn eine bestimmte Geisteshaltung nicht nur die Arbeit des Managements prägt, sondern bis zum unteren Ende der Hierarchie ausstrahlt. Neue Mitarbeiter werden so fast automatisch durch ihre Umgebung auf die Ziele des Unternehmens ausgerichtet. Sie überleben ihren Schöpfer in großen Gesellschaften oft um Jahrzehnte, wenn durch interne Beförderungen die Grundeinstellung in der Spitze erhalten bleibt.

Zusammenfassend läßt sich feststellen: *Leistungskulturen basieren auf günstigen Zwangskonstellationen und einer weitgehenden Interessenharmonie aller Beteiligten nicht zuletzt über den eigenen Vorteil. Die wenigen Grundwerte gelten als unumstößlich, ansonsten wird eine hohe Freiheit im Detail gewährt. Fehler werden in Grenzen, aber kaum in bezug auf die Grundüberlegungen toleriert und Leistungen herausgestellt. Diskussionen konzentrieren sich auf das Sachliche, die Mitarbeiter sind bezüglich der gemeinsamen Ziele sehr engagiert. Administration und Hierarchie beschränken sich auf ein Minimum.* Jeder Leser mag für sich beurteilen, wie stark oder wie wenig solche Merkmale für Leistungskulturen in den Behörden der marktwirtschaftlich orientierten Volkswirtschaften verankert sind und inwieweit sich unter den gegebenen organisatorischen Voraussetzungen überhaupt Leistungskulturen von Behördenleitern ausbilden lassen.

Wertvernichtende Administration und Zentralisierung gefährden Leistungskulturen

Der Vorstand eines größeren Mittelständlers bemühte sich über lange Zeit darum, mit neuen Produkten die Zukunft des Unternehmens besser abzusichern. Es wurde folglich ein hoher Aufwand für Forschung und Entwicklung betrieben. Aufgrund der schwierigen Ertragssituation bewarb man sich intensiv darum, staatliche Zuschüsse zu erhalten. Ein großer Teil der Kreativität konzentrierte sich auf die Entdeckung der möglichen Zuschußtöpfe sowie auf die dadurch notwendige Berichterstattung und Abwicklung der administrativen Verpflichtungen. Nicht die Anforderungen der Märkte, sondern die Möglichkeiten der Geldbeschaffung lenkten weitgehend die Entwicklungsarbeit. Die Erarbeitung von Unterlagen für die Forschungsgelder und die damit verbundenen Reisen, Telefonate und Sitzungen sowie Kostenkontrollen führten dazu, daß die Mitarbeiter in der Forschung einen großen Aufwand zu betreiben hatten. Viele Schritte mußten sorgfältig begründet und berechnet werden. Dies sind aber Prozesse, die die Leistung kreativer Entwickler stark beeinträchtigen, ihre Arbeitsweise verändern und sie vom Wesentlichen ablenken. Die Fachleute in den großen staatlichen Gremien waren wegen ihrer Marktferne nicht in der Lage, die Argumente zur wirtschaftlichen Erfolgswahrscheinlichkeit zu kontrollieren. Das Ergebnis der über mehr als ein Jahrzehnt laufenden hohen Investitionen in die Forschung und Entwicklung war kläglich.

Die Bedeutung von Leistungskulturen für die Kreativität haben viele Unternehmen lange Zeit völlig unterschätzt, und sie wird auch heute nicht selten übersehen, obwohl viel von der Motivation der Mitarbeiter die Rede ist. Erst der zunehmende Wettbewerbsdruck hat dazu geführt, daß dieser bedeutende Leistungsfaktor mehr in den Mittelpunkt der unternehmenspolitischen Betrachtung getreten ist.

Der Staat verabschiedet ein neues Gesetz und zentralisiert damit die Entscheidungsbefugnis. Je nachdem wie viele Bürger betroffen sind, beginnt sich ein mehr oder weniger großer Personenkreis inklusive der betroffenen Berater mit dem Gesetz zu befassen. Die Zeit wird anderen wirtschaftlichen Tätigkeiten entzogen. Da bei jedem neuen Gesetz viele Zweifelsfälle auftreten, werden Richtlinien, Ausführungsbestimmungen, Kommentare und Urteile erstellt, Aufsätze in Fachzeitschriften veröffentlicht, die ebenfalls als Lesestoff belasten und Zeit beanspruchen, sowie Schulungen notwendig. Allein die Schulungsmaßnahmen für die Einführung des sogenannten „Geldwäschegesetzes" in Deutschland erforderten in der Kreditwirtschaft dreistellige Millionenbeträge und einen mindestens ebenso hohen, wenn auch nicht bewertbaren Aufwand beim Bürger. Die Betroffenen sind aufgrund späterer Gesetzesänderungen, neuer Richtlinien, Interpretationen etc. zu einer ständigen Weiterbildung gezwungen. Die Folge der Komplexität ist, daß Rechtsunsicherheiten entstehen, die zu langen Diskussionen führen und wertvolle, produktiv einsetzbare Zeit binden. Soweit das Gesetz Einfluß auf die unternehmerischen Entscheidungen hat, müssen bei jeder anstehenden Entscheidung Fachleute befragt werden, denn trotz vieler Ergänzungen zum Gesetz sind nur diese noch in der Lage, die laufende Interpretation durch die Rechtsprechung zu überschauen.

Jedes neue Gesetz führt also in der Volkswirtschaft zu einer starken Belastung, wenn es umgesetzt werden soll. Vielfach wird der Rahmen so breit gesteckt, daß sich Personen und Firmen damit auseinandersetzen müssen, obwohl dadurch die Gesetzesziele kaum besser erreicht werden. Unterstellen wir einmal, daß ein neues Gesetz bei den Betroffenen zwischen 0,1 und fünf Prozent der Zeit beansprucht und der Durchschnitt bei etwa zwei Prozent liegt, dann erkennt man, daß die steigende Zahl der Gesetze die Bürger zunehmend belastet. Nun würden man aber ab einer bestimmten Zahl von Gesetzen keiner anderen Tätigkeit mehr nachgehen können, als sich mit ihnen und den dazugehörigen Kommentaren, Richtlinien und der sonstigen Literatur auseinanderzusetzen. Der normale Bürger kennt jedoch oftmals wichtige Inhalte bedeutender Gesetze nicht und kommt nur im Streitfalle mit ihnen in Kontakt. Je mehr er gezwungen wird, sich damit auseinanderzusetzen, um so größer wird der Streß und der zeitliche Druck – es bleibt immer weniger Zeit für persönliche Belange. So stellt vor allem das Steuerrecht wegen der ständigen Eingriffe durch die Vielzahl der steuerlichen Ansätze bei allen gut verdienenden und vermögenden Bürgern eine extreme Beeinträchtigung der Lebensqualität dar. Bei dieser Feststellung geht es dem Verfasser vor allem um die Komplexität und die sinnlose persönliche Arbeitsleistung, die zur Erfüllung der formalen Gesetzesvorschriften notwendig ist.

Die gewerbliche Wirtschaft muß sich mit den neuen Gesetzen auseinandersetzen. Sie läßt sich durch Berater auf dem laufenden halten oder stellt selbst Spezialisten ein. In jedem Fall muß sich das Management bei allen wichtigen Entscheidungen die Gesetzeslage diskutieren und beachten. Nimmt die Zahl der Vorschriften immer weiter zu, so wird der verfügbare Zeitanteil, der für die unternehmerische Tätigkeit bleibt, immer geringer, und gerade der kreative Prozeß leidet unter dem zunehmenden Zeitdruck und der Hektik.

Ein weiteres Beispiel aus der deutschen Volkswirtschaft soll die Auswirkungen einer geringfügigen steuerlichen Änderung in einer mittleren Unternehmensgruppe beleuchten:

Als im Jahre 1994 die neuen Anforderungen für die Anerkennung von Bewirtungskosten als Betriebsausgaben diskutiert wurden, beauftragte das Unternehmen einen Mitarbeiter mit der Klärung der neuen Gesetzeslage. Dieser informierte sich mittels vieler Telefonate und Gespräche beim Steuerberater und Wirtschaftsprüfer und löste bei diesem zunächst einmal ebenfalls Recherchearbeit aus. Nach sorgfältiger Vorbereitung wurde das Problem im Geschäftsführungskreis, einem Team von 14 Mitarbeitern, einige Male diskutiert. Ein erster Aktenvermerk wurde an mehrere hundert Mitarbeiter verteilt, die diese Richtlinien zu beachten hatten. Da es sich bei dem Unternehmen um ein vertriebsorientiertes Unternehmen handelt, das viele Kundenschulungen im In- und Ausland mit hohem Aufwand vornimmt, kam es zu der Überlegung, ob letztlich nicht die vertriebsorientierte Unternehmenspolitik mehr zurückgenommen werden muß, da die Vielzahl der Abwicklungen die Situation erschwert und sich das steuerliche Risiko erhöht. Dies konnte schließlich auch vom Staat nicht gewollt sein, da gerade eine marketingorientierte Industrie typisch für Hochlohnländer ist und wesentlich sicherere Arbeitsplätze schafft: das Marketing, und vor allem die Kommunikation, ist für die Imagebildung entscheidend. Die neue Rechtslage konterkarierte das staatliche Interesse der Absicherung von Arbeitsplätzen.

Im Führungskreis wurde die Frage diskutiert: Was können diese formalen Anforderungen bringen? – Das Finanzwesen hat bereits in der Vergangenheit im Unternehmensinteresse alle Rechnungen überprüft und besitzt bessere Kontrollmethoden als die Mitarbeiter des Finanzamtes, da es die Interna kennt und zeitnäher prüft. Lohnen die nicht erkennbaren verbleibenden Mißbräuche den Arbeitsaufwand? – Die formalen Anforderungen bringen letztlich mehr Administration als Zusatznutzen, da sie den verbleibenden Mißbrauch auch nicht verhindern können. Sollte man den Kreis der Mitarbeiter, die Kunden einladen dürfen, begrenzen? – Die größte Zahl der Kunden wurde bei Schulungen bewirtet. – Ist es in Gegenwart der Kunden nicht negativ für die mühsam aufgebaute Atmosphäre, wenn mit dem Kellner über formale Anforderungen gesprochen werden muß? – Wie viele zusätzliche Arbeitskräfte werden durch den zusätzlichen Aufwand der formalen Prüfung erforderlich? – Wie kann man die Anforderungen im Ausland erfüllen, wenn viele Gastwirte dort überhaupt nicht über ein Computersystem verfügen?

Die Ergebnisse wurden auf einer anstehenden größeren Managertagung vorgetragen und diskutiert. Viel Kopfschütteln begleitete die Diskussion und ähnliche Fragen wie im Geschäftsführungskreis traten auf. Die Frage entzündete sich vor allem daran: Was machen wir im Ausland? Allgemeines Verständnis fanden die Argumente: „Das ist nur nutzloser Aufwand, der nichts bringt", „In Gegenwart eines Gastes kann man darüber nicht diskutieren; statt die Rechnung mitzunehmen, sollte man am nächsten Tag mit dem Gastwirt telefonieren und sie entsprechend ausstellen lassen." Das bedrückende Ergebnis dieser Tagung war im wesentlichen: „Es ist ein Gesetz, das wir erfüllen müssen, auch wenn es noch so unsinnig ist." Es blieb der Eindruck, daß dadurch das Vertrauen in den Staat keineswegs gestärkt wird.

Auch im Verlauf der Monate beruhigten sich die Diskussionen nur wenig. Die formalen Anforderungen erwiesen sich als so hoch, daß auch in der Folgezeit fast 50 Prozent der Rechnungen nicht die steuerlichen Vorschriften erfüllten. Die Folge war, daß das Finanzwesen Rechnungen zurückgab, Trinkgelder wurden nicht erstattet etc. Als Beispiel sei der praktische Arbeitsaufwand an einer Rechnung von knapp 100 DM beschrieben, die die formellen Anforderungen nicht erfüllte. Der Vorgesetzte hatte die Rechnung auf Richtigkeit überprüft; sie ging zum Finanzwesen, das jedoch Mängel feststellte. Damit kam die Rechnung mit einem kurzen Aktenvermerk versehen wieder zurück an den betroffenen Mitarbeiter. Sein Sekretariat gab die Angelegenheit weiter. Der Mitarbeiter telefonierte mit dem Gastwirt und erreichte ihn auch beim zweiten Versuch. Man vereinbarte, daß die Rechnung zurückgeschickt werden und der Gastwirt eine neue Rechnung übersenden sollte. Nach mehr als einer Woche lag sie schließlich wieder im Hause vor und durchlief die gleichen Kontrollinstanzen. In einigen

Fällen fuhr man selbst zur Gaststätte, um die Angelegenheit zu klären. Bei einer Untersuchung des Gesamtaufwands ergab sich, daß in Einzelfällen die aufgewendeten Kosten allein im Unternehmen mehr als den Rechnungsbetrag ausmachten. Die Kosten beim Gastwirt waren dabei nicht beachtet. Die reisenden Mitarbeiter ärgerten sich über die „Sturköpfe" im Finanzwesen, die Finanzleute fühlten sich von den Vertriebsleuten ungerecht behandelt, da sie nur ihrer Pflicht nachkamen. Es entstanden völlig unnötige belastende Spannungsverhältnisse, die letztlich durch von außen verursachte administrierende Entscheidungen negativ auf die Leistungskultur einwirkten, vom Wesentlichen ablenkten und die Arbeits- und Lebensqualität beeinträchtigten.

Auch für die Schwierigkeit mit den ausländischen Bewirtungsbelegen fanden erste Mitarbeiter schnell kreative Lösungen: Sie ließen die Rechnungen von den Tochtergesellschaften oder den Importeuren bezahlen. Da die freien Importeure jedoch eine Gegenleistung erwarteten, regelte man dies durch Kostenübernahmen, wie zum Beispiel eine großzügigere Beteiligung an den Messen, Sonderrabatte und einiges mehr. Dies wurde gegenüber dem Management mit unterschiedlichen Marktnotwendigkeiten begründet. Es fiel nur dadurch auf, weil sich der Geschäftsführer einer Tochtergesellschaft meldete und ebenfalls den höheren Zuschuß einforderte, da er dies von seinem selbständigen Kollegen erfahren hatte. Im Inland wurden viele Schulungen bei Handwerkern und Baustellenmitarbeitern durchgeführt. Die Bewirtungen übernahm das Unternehmen. Plötzlich wunderten wir uns darüber, daß die Bewirtungskosten erheblich stiegen. Die Mitarbeiter argumentierten, daß es in den einfachen Kneipen, in die man bisher ging, um ein Getränk und ein einfaches Essen einzunehmen, nicht möglich sei, entsprechende Belege zu erhalten. Diese Gaststätten bewirten fast ausschließlich Privatgäste, so daß sie keine Registrierkassen benötigen.

Insgesamt führte diese steuerliche Vorschrift zusammen mit der Vielzahl anderer Eingriffe zu einer hohen inneren Beschäftigung, Senkung der Motivation und schon kurzfristig zu wirtschaftlichen Nachteilen für die Gesellschaft. Bringt eine solche Regelung nicht langfristig weit mehr Schaden als Nutzen? – Sie zeigt langfristig negative Einflüsse auf die Unternehmenskultur und auf die Mentalität. Die schwer meßbaren Folgen sind abzusehen, wenn man die wirtschaftlichen Erfolgsfaktoren kennt. Es ist sicher keine Frage, daß durch diese Maßnahme der ein oder andere Mißbrauch verhindert wird. Aber um welchen Preis?

In der oft gutgemeinten Absicht, mehr Einzelgerechtigkeit und Klarheit zu schaffen, werden immer neue Regelungen verabschiedet und mehr Entscheidungen zentralisiert. In zu vielen und zu großen Gremien wird diskutiert, engagiert gestritten, aber nicht zuletzt aufgrund der Größe dieser Gremien zu viel mit Kompromissen gearbeitet und damit zu wenig wirtschaftlich Sinnvolles entschieden. Dabei übersehen diejenigen, die die Spielregeln bestimmen, daß sie damit auf Dauer die Leistungsfähigkeit der Wirtschaft beeinträchtigen, vor allem, indem sie die Kreativität hemmen und dem Bürger Belastungen und Streß zumuten. *Ein leistungshemmender Staat schafft viele Gesetze, Vorschriften mit einer Vielzahl von kleinlichen Regelungen, komplizierte Entscheidungsabläufe sowie große Gremien, in denen viel diskutiert, schwerfällig und zu wenig sachbezogen entschieden und umgesetzt wird, er ändert seine Vorschriften häufig und er beeinflußt durch seine zentralen Regelungen zunehmend die Wirtschaftsentscheidungen. Er zentralisiert damit indirekt die Entscheidungen.* Nicht selten werden auf Grund der Unüberschaubarkeit der vielen Regelungen Maßnahmen ergriffen, deren Wirkung sich gegenseitig aufhebt. Auf der einen Seite will man mehr Arbeitsplätze und fördert mit einer Vielzahl von Aktivitäten den Umsatz und vor allem den Export. Auf der anderen Seite bremst man beispielsweise mit kleinlichen Reisekosten- und Bewirtungskostenregelungen die Motivation der Außenorganisation und setzt die Bereitschaft herab, strapaziöse Reisen auf sich zu nehmen. Oder, weil man zu viele junge Menschen zum Studium motiviert, wird als Behörde eine Zentralstelle für die Vergabe von Studienplätzen geschaffen, die den Mangel „gerecht" verwalten soll. Damit wird das Produkt „Studium" volkswirtschaftlich nicht nur teurer, es entsteht bei den angehenden Studenten auch noch viel Ärger, Frust und Arbeit. Durch die Zentralisierung von immer mehr Aufgaben beschäftigt die öffentliche Hand viele Mitarbeiter und baut gleichzeitig einen wertvernichtenden tertiären Sektor aus. Weiterhin steigert er so indirekt die leistungssenkenden, zermürbenden inneren Reibungskonflikte, die sich tückischerweise in einem steigenden Volumen an Prozessen und Streitereien äußern, wodurch die Wartezeiten bei den Gerichten immer länger werden. Dies sind typische Signale einer wertvernichtenden Zentralisierung. Ferner verursacht jede Zentralisierung höhere Kosten. Zu allem Überfluß wird dann auch noch die Lebensqualität und die Gesundheit der Bürger durch Streß und Ärger negativ beeinflußt. Das alles ist zwar nicht gewollt, aber letztlich das Ergebnis einer gutgemeinten, überzogenen Regelungsmanie und Mitbestimmung. *Auch die Kontrollinstanzen in der Wirtschaft stehen ständig vor der Frage, intensive Kontrollen und kleinliche Abrechnung zu betreiben. Sie erkannten aber schon lange, daß die negativen Einflüsse überwiegen. Deshalb ist zwischen den Vorteilen der Einzelfallgerechtigkeit und den damit verbundenen Nachteilen an neuer Ungerechtigkeit, Komplexität, Unüberschaubarkeit und Demotivation abzuwägen. Ein gewisses Maß an Großzügigkeit ist eine wichtige Basis für eine Leistungskultur.*

Die Zentralisierung geht von der Überlegung aus, daß eine höhere Stelle besser in der Lage ist, über bestimmte Sachverhalte zu entscheiden, den Tatbestand objektiver sieht, oder daß dieser von vornherein intensiver kontrolliert werden muß. Diese *Mißtrauensorganisation wird aber stets als demotivierende Bevormundung empfunden.* Sie führt zu zeitaufwendigen Verzögerungen. Je höher und damit „marktferner" die entscheidende Stelle steht, um so mehr besteht die Gefahr, daß die Entscheidung die praktischen Gegebenheiten nicht berücksichtigen kann. Die Fehler werden größer, und das Verständnis für die Kosten-/Leistungsrelationen sinkt. *Das Ergebnis sind Verärgerungen, zermürbende Reibungskonflikte, Frust, Demotivation und schließlich die „innere Kündigung".* Die Wettbewerbsfähigkeit schwächt sich dadurch im Laufe der Zeit immer mehr ab. *So bestätigen Untersuchungen, daß Konzerne mit starken Befugnissen der Zentralen nur mäßige Erfolge vorweisen. In der Industrie hat man daher schon lange über das Entscheidungsprinzip „Vertrauensorganisation" nachgedacht und Teile als eigenständige Unternehmen verselbständigt, Divisionen, Sparten oder Geschäftsfelder als selbständige Einheiten beziehungsweise Profit-Center gebildet.* Die Umstrukturierung der BBC im Rahmen der neuen ABB-Gruppe gelang vor allem dadurch, daß der gesamte Konzern ABB nach dem Zusammenschluß in circa 5 000 solcher Profit-Center untergliedert wurde,[22] was zu einem ungeheuren Motivationsschub und zu einer deutlichen Ergebnisverbesserung führte. Natürlich gab und gibt es auch Koordinationsprobleme, aber die Vorteile überwiegen.

Die direkt zurechenbaren Kosten für das Personal und den sonstigen Aufwand sind also nur ein Teilproblem. *Große Stäbe und Behörden haben die Neigung, Regelungen zu entwerfen, die immer mehr zu einer administrativen Verkrustung führen.* Damit beginnt erst das eigentliche und langfristig wirksame Problem. Die Orientierung der Mitarbeiter ändert sich: *Nicht mehr der Markt, die Entwicklung neuer Produkte und alles, was langfristig das Unternehmen absichert, spielt eine entscheidende Rolle, sondern wertvernichtende Vorgänge der inneren Administration, die die Kreativität beanspruchen beziehungsweise ablenken und damit die Weiterentwicklung des Unternehmens hemmen, blockieren immer mehr Zeit.* Die eigentliche unternehmerische Aufgabe wird durch den Druck staatlich induzierter Pflichten und den daraus entstehenden Bemühungen um eine Entlastung zurückgedrängt. Das Unternehmen verliert mehr und mehr Positionen und kommt schließlich immer tiefer in die Krise. Selbst wenn sich die Arbeit wegen des Kostendrucks auf die Rationalisierung konzentriert, fallen Unternehmen in diesem Umfeld nicht selten in der Produktivitätssteigerung zurück. Ein entscheidender Grund dafür ist in jeder Organisation, ob Unternehmen oder Volkswirtschaft, ein höherer Anteil nicht-wertschöpfender Arbeitsabläufe. Ein solcher Prozeß, der letztlich zum Ungleichgewicht führt, geht schleichend über Jahrzehnte vor sich und ist meistens schon weit fortgeschritten, wenn sich ein hohes Niveau von Arbeitsplatzverlusten in den Zahlen zeigt.

Die Vielzahl der Gesetze führt zu Unmut und damit zu einem Anschwellen der Zahl der Prozesse, also zu weniger Kooperation und Partnerschaft. Die Prozeßdauer nimmt zu, und man kommt zum Teil an einen an Rechtsverweigerung grenzenden Zustand. Auch in der öffentlichen Verwaltung ergeben sich unangemessene Bearbeitungszeiten. Dies schafft neue Ärgernisse und Ungerechtigkeiten. Mit der Vielzahl von Gesetzen und Vorschriften wurde folglich genau das Gegenteil von dem erreicht, was man erreichen wollte.

Leistungskulturen basieren auf einem guten Klima bei optimierter Administration und einer weitgehenden Interessenharmonie durch gemeinsame Ziele. Dabei kommt der offenen und ehrlichen Kommunikation eine ganz zentrale Bedeutung zu. Nur mit Leistungskulturen läßt sich langfristig eine starke Industrie mit sicheren Arbeitsplätzen aufbauen beziehungsweise ein hohes Leistungsniveau absichern. Gerade der Staat sollte verhindern, daß Leistungskulturen beeinträchtigt werden. Jedes interventionistische System ist am Ende daran erkrankt, daß ein staatlicher Eingriff dazu führt, daß die Bürger diesem Druck mit großer Kreativität ausweichen und immer weitere und kompliziertere Eingriffe erforderlich werden, um dem ursprünglichen Ziel näherzukommen. Letztlich endet diese staatliche Verwaltung in einer Verstrikkung von Vorschriften, die niemand mehr übersieht, die jedoch viel nutzlose Beschäftigung mit sich bringt. Was keiner mehr überblickt, steigert die Ungerechtigkeit und läßt sich schwer durchsetzen. Eine Volkswirtschaft, die mit diesem System leben muß, ist weder leistungsfähig, noch besitzt sie eine hohe Lebensqualität: Sie ist nicht leistungsfähig, weil die kreativen Kräfte als Gegenwehr zur inneren Administration eingesetzt werden, und sie zeigt wenig Lebensqualität, weil es zu vielen Spannungen und Auseinandersetzungen kommt, in denen sich die Menschen im administrativen Prozeß aufreiben. Zu verteilen gibt es im Laufe der Zeit immer weniger.

> Je härter der Druck des Staates wird, je mehr sich die Menschen durch Gesetze bedrängt fühlen, desto mehr geht die Interessenharmonie verloren, und um so stärker wird der aktive und passive Widerstand und der Versuch, durch Ausweichen, Korruption etc. diese Behinderung zu umgehen.

Dies ist bei den Steuergesetzen schon seit langem bekannt.[23] Wenn der Bürger zu sehr gefordert wird, so sucht er nach Lösungen, das Problem straflos zu umgehen. Dazu muß er sich mit großem gedanklichen Aufwand um die Problemlösung kümmern: viel lesen, sich beraten lassen, reisen etc. Der Staat benötigt immer neue Eingriffe, und der Bürger sucht immer neue Wege, dem als ungerecht empfundenen Druck auszuweichen, die Zwangskonstellation wirkt wertvernichtend. Die Kreativität ist nicht mehr wertschöpfend, sondern volkswirtschaftlich wertmindernd, negativ und verteidigend ausgerichtet. Gelingt ihm beispielsweise das Ausweichen wegen zu intensiver staatlicher Kontrollen nicht mehr, gibt es also eine starke Disharmonie der Interessen, so zieht er sich nach einer „inneren Kündigung" auf seinen verbleibenden privaten Freiheitsraum zurück, was langfristig zu katastrophalen Folgen für die wirtschaftliche Entwicklung führt. Wenn dann auch noch eine schnelle Folge von Gesetzen oder ein relativ schneller Wandel in der Rechtsprechung die Entscheidungsgrundlagen verändert, steigt die allgemeine Unsicherheit, und Diskussionen in unternehmerischen Entscheidungsprozessen werden dadurch noch verlängert, daß man die nicht absehbaren zukünftigen Konsequenzen der heutigen Entscheidung mit vielen Spezialisten abzuwägen versucht. Die Administration erhöht sich um ein Vielfaches; Entscheidungsfähigkeit und Kreativität nehmen ab – die Staatsverdrossenheit nimmt zu. Diese Situation blockiert die Managementleistung, senkt die Lebensqualität und schwächt langfristig die gesamte Wettbewerbsfähigkeit einer Volkswirtschaft. *Harter Druck des Staates sollte sich auf das wirklich Wichtige beschränken, wie zum Beispiel die Bekämpfung von Kriminalität.*

Die Leistungsfähigkeit einer Volkswirtschaft hängt auf lange Sicht vor allem davon ab, wie reibungslos die Abläufe in ihr sind, wie stark sich die Volkswirtschaft auf die wertschöpfenden Prozesse konzentrieren und die Erfolgsfaktoren zur Entfaltung bringen kann, daß also die kreative Prozesse nicht durch Zwänge des Staates in wertvernichtende kreative Prozesse umgelenkt werden. Das macht langfristig den Unterschied zwischen Hochleistungsvolkswirtschaften und erlahmenden Volkswirtschaften aus. *Administration, kleinliche Regelungen und demotivierender staatlicher Druck, die ein Klima der Interessendisharmonie in weiten Bevölkerungsschichten schaffen, bremsen die Leistungskultur.*

Ohne Leistungskulturen gibt es kaum Kreativität

Nun wird die Leistungsfähigkeit der Forschung und Entwicklung einer Industrie von der politischen Seite hauptsächlich als eine Frage des Aufwands gesehen. Sicher geht es nicht ohne Vorinvestitionen, aber weit wichtiger ist die Kultur, in der sich kreative Gedanken entfalten können, also die Umgebung, in der neue Ideen akzeptiert oder verworfen, gefördert oder unterdrückt werden. *Die Psychologie hat längst bewiesen, und die Unternehmen konnten erproben, daß optimale Leistungsfähigkeit und Kreativität nur in einem psychisch gesunden Klima zur Entfaltung kommen. Motivierender Druck sowie eine lockere und heitere Atmosphäre auf der Basis klarer Ziele sind eine wichtige Quelle für Kreativität.*

Mit den schwindenden Leistungskulturen wird somit auch die Innovationsfähigkeit abgewürgt, wenn zum Beispiel die Administration wächst, sei es durch die Geschäftsführung selbst oder aufgrund der Eingriffe einer Obergesellschaft. Je mehr Eingriffe eine Obergesellschaft vornimmt, um so mehr wird die Führung mit einer wertvernichtenden beziehungsweise inneren Administration beschäftigt, die vom Wesentlichen ablenkt, und um so ernster und verkrampfter wird die Stimmung.

So wendeten zum Beispiel die Geschäftsführer der Tochtergesellschaft eines amerikanischen Konzern in Deutschland mehr als die Hälfte ihrer Arbeitszeit dafür auf, umfangreiche statistische Berichte zu erstellen und in zahlreichen Meetings zu erläutern, wobei sie selbst die unwichtigsten Zahlen im Kopf haben mußten, um sie in den Besprechungen mit dem Landes-, Europa- und Zentralmanagement zu diskutieren. – Wo bleibt hier noch die Zeit für Kreativitätsentfaltung? – Ist es ein Wunder, daß das Unternehmen trotz zahlreicher Synergien aufgrund der Größe und der weltweiten Tätigkeit der Obergesellschaft bald seine starken Positionen im Markt verlor?

Kreative Menschen und dynamische Unternehmer, wie zum Beispiel Heinz Nixdorf, haben kein Verständnis für Administration. Ihnen ist Administration ein Greuel. Die Nutzung von „kreativen Chaoten", denen Erfolgsunternehmen in separaten Abteilungen oder Firmen einen großen Freiheitsraum einräumen, belegt eindeutig, wie gefährlich Administration als Kreativitätsbremse ist. *Kreative Menschen verkümmern in einem administrierten Umfeld,* wenn sie es nicht ändern können. In ständigen Diskussionen über die Maßnahmen zur Einhaltung der Vorschriften und Umgehungsmöglichkeiten vergeuden die Mitarbeiter wertvolle Zeit. Schließlich bauen Unternehmensleitungen gegen eine administrierende Obergesellschaft zur Abwehr eine Gegenadministration auf, und dies verursacht letztlich weitere hohe Kosten und beeinträchtigt die Leistungsfähigkeit langfristig immer mehr, vor allem, weil die Innovationsfähigkeit weiter sinkt. Die Organisation gerät in einen Teufelskreis. Das ganze Unternehmen wird schließlich gefährdet.

Vor allem wertvernichtende Administration, kleinliche Kontrollen, Korruption und starke Reibungskonflikte lähmen die kreative Fähigkeit. Zunehmende Administration führt zu aggressionsfördernden Bedingungen, steigender Korruption und lenkt die Kreativität um. Der Mitarbeiter fühlt sich durch eine übermächtige Verwaltung und kleinliche Kontrollen in seinem Freiheitsrahmen eingeengt und nicht genug beachtet; Spannungsfelder werden aufgebaut. Auch die Spannungsfelder zwischen Gewerkschaften und Unternehmen, die zu einer Verhärtung der Positionen führen, senken die kreative Leistung. Kooperationen könnten dagegen produktivitätsfördernd wirken. Die Erkenntnisse der Industrie besagen, daß die Investition in die Forschung und Entwicklung weit weniger wichtig ist als die Effizienz. Letztere erwächst aber aus der Motivation der Mitarbeiter, die am besten von einer Leistungskultur getragen wird.

Seit Jahrzehnten hat sich deshalb in der gut geführten Industrie die Erkenntnis durchgesetzt, sehr kleine Holdinggesellschaften aufzubauen, die schon von der personellen Struktur nicht mehr in der Lage sind, in die Details des operativen Geschäfts der Gesellschaft einzugreifen. Solche gut geführten Holdinggesellschaften überwachen lediglich die strategische Ausrichtung ihrer Tochtergesellschaften und versuchen jede Schwerfälligkeit zu vermeiden. Aus wirtschaftlicher Sicht ist die öffentliche Hand mit einer Holdinggesellschaft aller gewerblichen Betriebe vergleichbar. Die Untersuchungsergebnisse des kanadischen Fraser-Instituts[24] über 20 Jahre bestätigen die Erfahrungen in der Wirtschaft, daß Dynamik, Kreativität und Wachstum dann am größten sind, wenn die öffentliche Hand so klein wie möglich gehalten wird und wegen des großen Abstands zu den Märkten nur die groben Rahmenbedingungen prägt. Sie sollte so wenig wie möglich durch Gesetze in den Geschäftsverlauf eingreifen.

Die Zahl der Patente hat in der Bundesrepublik Deutschland im Laufe der Jahrzehnte ständig abgenommen. Immer wieder beklagen Politiker, daß aufgrund dieser Entwicklung vorhersehbar ist, daß die

Wettbewerbsfähigkeit und die Zahl der Arbeitsplätze in Zukunft sinken werden. Der Staat versucht, mittels erhöhter Forschungssubventionen Impulse zu geben. Die unternehmerischen Erfahrungen zeigen jedoch, daß selbst mit sehr hohem Aufwand die Mängel fehlender Motivation und Leistungkulturen sowie die Hindernisse kleinlicher Administrationen nicht zu kompensieren sind: Trotz hoher Investitionen bleibt die Kreativität auf niedrigem Niveau. Warum beklagt man sich, daß die Forschungs- und Entwicklungsergebnisse in weiten Teilen der deutschen Hochschulen nicht mehr das frühere Niveau erreichen? – Liegt nicht in den Administrationsblockaden und der ständig weiter ausgedehnten Mitbestimmung ein wesentlicher Grund?

> Im Unternehmen des Verfassers wurde in den 60er und 70er Jahren besonders viel für die Forschung und Entwicklung ausgegeben. Man sprach ständig von dem Ziel, neue Produkte zu schaffen, und investierte viel Zeit und Geld, erhielt hohe staatliche Subventionen, aber neue Produkte, die zu einem wirtschaftlichen Erfolg führten, resultierten nicht aus diesen Bemühungen. Erst als sich die Unternehmenskultur völlig veränderte, die Leistung belohnt wurde, ein Mitarbeiter, der neue Produkte oder Verfahren entwickelte, ein hohes Ansehen genoß und der Kunde in den Mittelpunkt der Betrachtung rückte, gelang es, mit unterdurchschnittlichem Aufwand für Forschung und Entwicklung eine Vielzahl neuer und verbesserter Produkte zu schaffen. Der Umsatz verfünffachte sich in zehn Jahren, viele neue Arbeitsplätze entstanden auf einer gesunden Renditebasis; die Sicherheit dieser Arbeitsplätze war folglich hoch.

Es ist deshalb auch zwangsläufig, daß es unter den Bedingungen des Sozialismus unverhältnismäßig wenige neue und verbesserte Produkte gab. Selbst da, wo mit sehr großem Aufwand Schwerpunkte gebildet wurden, gelang es nur unter großen Anstrengungen, mit freiheitlichen Systemen mitzuhalten. Es gab kaum echte Hochleistungskulturen. Lediglich durch Konzentration der Mittel auf Prestigeindustrien, wie die Raumfahrt und die Rüstung, wurden mit extrem hohem Einsatz Erfolge erzielt. In diesen Bereichen kamen auch Motivatoren wie Zielsetzungen, Feindbilder, Wettbewerb und Belohnung zur Anwendung. So war es typisch für viele Industriebetriebe, daß eine Fabrik unserer Gruppe in den Neuen Bundesländern immer noch fast ausschließlich die Produkte herstellte, die man schon 1945 produzierte, während vergleichbare Betriebe im Westen diese Programme bereits aufgegeben hatten und mit neuen Produkten die Märkte bedienten.

> Ohne Leistungskulturen kann sich keine ausreichende Kreativität entfalten beziehungsweise sie wird mit zunehmender Administration immer stärker erstickt.

Kranke Kulturen vernichten die Existenzbasis

Leistungskulturen sind langfristig die Grundlage aller Erfolge, wie die industriellen Erfahrungen zeigen. In größeren Unternehmen dauert es mindestens zehn Jahre und mehr, um eine gegebene Kultur grundlegend zu verändern. Alte Kulturen zeigen oft noch nach 30 Jahren ihre Merkmale, selbst wenn die Führung sich ununterbrochen um andere Verhaltensweisen bemüht hat. Sie werden durch eine über viele Jahrzehnte motivierende Zwangskonstellation, durch Informationen, Schulungen etc. in eine bestimmte Richtung geprägt; dies erfordert viel Zeit und laufende starke Impulse in der Änderungsphase. Auch in Volkswirtschaften prägen unterschiedliche Kulturen die Einsatz- und Leistungsbereitschaft, die Streitbereitschaft, das Verhältnis zum Staat, die Einstellung zu den Gesetzen etc. So gibt es beispielsweise große Unterschiede zwischen der Schweiz, Deutschland, Italien oder Brasilien. In Unternehmen ist es aufgrund der geringeren Komplexität wiederum viel leichter als in Volkswirtschaften, Kulturen zu verändern. In der Volkswirtschaft wandeln sich diese unter Umständen erst im Laufe von mehreren Generationen.

Der Erfolg oder Mißerfolg großer Organisationen wie Großunternehmen oder ganzer Volkswirtschaften wird zu mehr als 50 Prozent durch psychologische Faktoren bestimmt. *So wie der einzelne Mensch psychisch erkranken kann und seine Handlungsweisen in Folge von Psychosen bis zur Selbstzerstörung verändert, so können auch Kulturen von Unternehmen und Volkswirtschaften ihre Mentalität verändern und* bis zu einem selbstzerstörerischen Zustand kommen, der Arbeitsplätze vernichtet und schließlich zu einem immer weiter sinkenden Lebensstandard führt. Wenn in Organisationen ständig Entscheidungen getroffen werden, die die Mitarbeiter oder Bürger nicht einsehen, oder die sie überfordern, so wächst durch eine demotivierende Zwangskonstellation eine negative Kultur. Die Beachtung der Normen, die der Staat setzt, verliert an Bedeutung. *Das Ausweichen oder Unterlaufen der staatlichen Vorgaben wird zum Sport. Je länger diese Interessendisharmonie dauert, um so mehr vollzieht sich eine Mentalitätsänderung, die später kaum noch zu korrigieren ist.* Es entsteht eine Eigendynamik, die unter Umständen bis zum wirtschaftlichen Selbstmord führt.

Hierzu ein Beispiel:

Ein Maschinenbauunternehmen mit knapp 1 000 Mitarbeitern hat international einen hervorragenden Ruf. Es produziert teilweise Produkte, die von keinem Wettbewerber weltweit geliefert werden können. Der Export beträgt mehr als 50 Prozent. Alle unternehmenspolitischen Zeichen sprechen dafür, daß unter diesen Umständen hohe Renditen und sichere Arbeitsplätze eine Selbstverständlichkeit sein müssen. Aber das Unternehmen erzielt wenig Rendite, gerät in Schwierigkeiten und wird schließlich kurz vor dem Vergleich übernommen.

Die neuen Geschäftsführer haben viel unternehmerische Erfahrung. Sie erkennen, daß die hohe Administration und damit der hohe Personalstand eine wichtige Ursache der Probleme ist. Die Pro-Kopf-Leistung ist viel zu niedrig. Allein in einer großen Vertriebsabteilung arbeiten beispielsweise circa 100 Menschen, obwohl die Analyse ergibt, daß rund 40 Personen ausreichen, wenn man die Abläufe vereinfacht und Unwesentliches streicht. Die Pro-Kopf-Leistung des gesamten Unternehmens liegt etwa halb so hoch wie die Spitzenwerte in der Branche. Von 1 000 Mitarbeitern ließen sich bei gleichem Umsatz etwa 400 abbauen, wenn der Betrieb hochrationell arbeitet. Die dadurch verursachten Mehrkosten betragen fast ein Viertel des Umsatzes. Würde dieses Unternehmen den Betrag einsparen, wäre nicht nur der Verlust beseitigt, sondern es gehörte zu den Erfolgsfirmen in Deutschland, wie man es aufgrund der Programmstruktur auch erwarten sollte. Nach drei Jahren konnte immer noch nichts Entscheidendes verändert werden. Die über mehr als 50 Jahre von den letzten Geschäftsführungen geprägte Kultur war eine tödliche Gefahr. Das Unternehmen hatte über viele Jahrzehnte sichere Renditen erzielt. Zu lange Zeit gab es keinen Zwang, etwas zu verändern. Vergehen wurden nicht geahndet: So schädigte ein Niederlassungsleiter ständig das Unternehmen, ohne daß dies zu Konsequenzen führte. Das strahlte auf das Verhalten der anderen Mitarbeiter aus. Die Folge war, daß die Leistungskultur verlorenging. Jeder fragte sich: „Warum soll ich eigentlich hohe Leistungen erbringen?" Wer nicht kündigte, stand dem Unternehmen relativ gleichgültig gegenüber.

Die neue Geschäftsführung versuchte zwar, Personal abzubauen, aber da sich ein starker Widerstand gegen die geänderten Abläufe formierte, führte dies nur zu Lieferproblemen und Umsatzrückgang. Im Prinzip blieb es bei der alten Pro-Kopf-Leistung. Trotz aller Logik des Konzepts wehrten sich die Mitarbeiter, wichen aus, bauten Schwierigkeiten auf – neue Produktideen kamen erst gar nicht zustande. Das Unternehmen kam immer weiter in den Abwärtstrend und lebte von den Subventionen der Muttergesellschaft. Eine Selbstmordkultur zerstörte die Arbeitsplätze. Erst härteste Eingriffe, bei denen viele entscheidende Manager ihren Arbeitsplatz räumen mußten, brachten im Laufe von Jahren eine Trendwende.

In jeder Volkswirtschaft können sich ähnliche Zustände entwickeln. Eine volkswirtschaftliche Kultur mit hoher innerer Administration, mit einer um sich greifenden Korruption, kann verhindern, daß eine leistungsfähige Wirtschaft entsteht, oder eine gute industrielle Basis langfristig zerstören. Vor allem entfaltet sich keine wertschöpfende Kreativität. Diese richtet sich vielmehr auf Korruption, Steuerhinterziehung und Gestaltung des privaten Lebensbereichs und wirkt somit wertvernichtend. Wenn beispielsweise in Deutschland im Jahre 1994 etwa zwei Drittel der Bürger für Steuerhinterziehung am Kapitalvermögen Verständnis zeigen,[25] so muß der Staat die Ursachen erforschen und diese beseitigen. Wenn eine so breite Schicht eine deutliche Interessendisharmonie zu den Zielen des Staates aufweist, liegt die Ursache dann nicht beim Staat selbst, und besteht hier nicht großer Handlungsbedarf? Wenn es aufgrund gesetzlicher Regelungen zu einer schädlichen Fehllenkung des Kapitals kommt, weil offensichtlich sehr viele die Belastungen als zu hoch und so ungerecht empfinden, daß sie es wagen, sich außerhalb der Gesetze zu bewegen, so kann dies langfristig nicht ohne negative Folgen bleiben. Der Staat sollte zum Wohle der Bürger und nicht primär der Bürger zum Wohle des Staates da sein. Die Maßnahmen sollten dann neben einer Steuervereinfachung und Steuerermäßigung auch in entsprechenden Kosteneinsparungen bestehen. Die Steuervereinfachung ist nun schon seit Jahrzehnten in Deutschland in der Diskussion. Höchste Politiker haben immer wieder erklärt, daß sie ihre eigene Steuererklärung nicht verstehen, aber die Komplexität steigt in fast allen Demokratien ständig an – zum großen Frust der Bürger. Das kann langfristig nicht ohne Auswirkungen auf die Kultur bleiben.

Eine positive Leistungskultur erfordert ständig einen gewissen motivierenden Druck, um sie zu erhalten. Die Neigung zum Neid, zur Bequemlichkeit und dazu, das Erreichte zu genießen, arbeiten mehr oder weniger stark gegen die Leistungsorientierung. Insofern ist ohne einen gewissen Druck ein Automatismus vorhanden, eine Leistungskultur abzubauen. Dieser motivierende Druck sollte sich auf möglichst wenige Grundprinzipien konzentrieren, die von besonderer Bedeutung sind. Eine Verzettelung führt dazu, daß sich die motivierenden Kräfte verlieren. Die demokratischen Systeme haben es generell schwer, Leistungskulturen zu entwickeln. Die gewollte Meinungs- und Entscheidungsfreiheit erweist sich als Hindernis für eine klare Ausrichtung. Auch in Unternehmen gelingt es nach der Erfahrung nicht, eine starke Ausrichtung der gesamten Mannschaft auf einheitliche Leistungswerte zu entwickeln, wenn im obersten Führungsteam unterschiedliche Vorstellungen herrschen und sich der Druck nicht in eine bestimmte Richtung konzentriert.

Basis einer jeden Leistungskultur ist eine optimierte Zwangskonstellation sowie eine weitgehende Interessenharmonie zwischen den Zielen der Bürger und der Politik. Besteht ein zu starker Konflikt im Hinblick auf die Ziele, so arbeiten die Bürger verdeckt oder offen gegen die Organisation, gegebenenfalls bis zum eigenen starken Schaden.

Negative Kulturen sind schwer zu verändern

In einem traditionsreichen Unternehmen hatte der Aufsichtsratsvorsitzende über mehr als zwei Jahrzehnte darauf gedrängt, daß der Vorstand der Produktentwicklung im Unternehmen eine hohe Priorität einräumte. Es lagen viele Ideen und Entwicklungen vor, aber abgesehen von den genormten Produkten oder Einzelanfertigungen für Kunden aufgrund von Zeichnungen scheiterten die gesamten Bemühungen, und das Unternehmen kam schließlich in eine tiefe Krise. Wie erklärten sich diese Schwierigkeiten?

Die Unternehmenskultur trug zu den Mißerfolgen trotz der jahrzehntelangen Innovationsbemühungen des Unternehmens bei. Etwa um die Jahrhundertwende avancierte es zum Weltmarktführer auf seinem Gebiet. Die Kultur, die im frühen 20. Jahrhundert entstand und im Laufe einer eher monopolistischen Ära an Stärke gewonnen hatte, lebte, wenn auch in abgeschwächter Form, noch bis in die 70er Jahre fort. Sie nahm entscheidend Einfluß darauf, daß die Entwicklungen nicht so sehr in ständiger Rückkoppelung mit einer Reihe von Abnehmern entstanden, sondern daß das Unternehmen neue Ideen eher isoliert und unter Ausschluß der Kunden entwickelte und erst das fertige Produkt an den Markt herantrug. Die Mitarbeiter konzentrierten sich also mehr nach innen als auf die Kunden. Da der Vorstand diese Einstellung nicht veränderte oder verändern konnte, blieben die Erfolge aus. Die entwickelten Produkte wurden vom Kunden nicht akzeptiert, und die Entwickler verstanden die Kunden nicht. Erst nach einem fast kompletten Wechsel der beiden oberen Führungsebenen und langjährigen Schulungen gelang es, die Unternehmenskultur zu verändern.

Jeder, der einmal versucht hat, eine über lange Zeit entstandene negative Unternehmenskultur in einem Krisenunternehmen zu verändern, kann bestätigen, wie schwierig der Änderungsprozeß läuft. Nach Untersuchungen von Pümpin[26] und eigenen Erfahrungen kämpfen Unternehmen, die eine nicht mit der Unternehmenskultur übereinstimmende strategische Neuausrichtung vornehmen, mit erheblichen Durchsetzungsproblemen. Eine Änderung ist fast immer nur dadurch möglich, daß man viele Führungskräfte ersetzt und harte Einschnitte vornimmt. Wird zum Beispiel in der Volkswirtschaft bestehendes Recht nicht konsequent umgesetzt, machen die Parlamentarier vor, daß es nur wenig um die Sache, sondern vielmehr um persönliche Diffamierung bei der Debatte geht, und wird der Bürger in verschiedener Hinsicht überfordert, dann entstehen immer stärkere negative Kulturen, die über die Jahrzehnte zu einer weitgehend anderen Mentalität führen.

Hat sich einmal eine volkswirtschaftliche Kultur gebildet, in der sich der einzelne eher dazu gedrängt sieht, seine Kreativität zur Entfaltung von Korruption, Steuerhinterziehung, Gestaltung des privaten Lebensbereichs etc. als für wirtschaftliche Ziele einzusetzen, so ist diese Kultur nur mit größtem Aufwand und auch nur langfristig zu verändern.

> Eine einmal gebildete Kultur, die die Trieb- und Bremskräfte für die Weiterentwicklung entfaltet, hat eine hohe Stabilität.

So wurden die „preußischen Tugenden" über viele Jahrzehnte geprägt, und die konfuzianische Lehre beeinflußt heute zum Vorteil für die wirtschaftliche Entwicklung in hohem Maße das Verhalten der Menschen in einigen Ländern des asiatischen Raums. Je länger die Fehlorientierung andauert, um so stärker hat sich die Mentalität verändert und um so schwieriger gestaltet sich der erneute Änderungsprozeß. Das erklärt auch, warum das Bemühen vieler Regierungen um Leistungssteigerungen der Wirtschaft so wenig erfolgreich verläuft. Harte Eingriffe für eine Korrektur sind aber in einer Demokratie kaum durchsetzbar. Hat das derzeitige demokratische System überhaupt die Chance, zu sanieren und die negative Entwicklung der Mentalität umzukehren?

6 Administration verdirbt das Management

Freiraum des Managements für Kreativität

Schon ohne staatliche Eingriffe stellt eine Managementaufgabe hohe zeitliche Anforderungen, wenn sie als echte Verpflichtung übernommen wurde. Die Mintzberg-Untersuchung kommt zu dem Ergebnis, „daß Manager einem unerbittlichen Arbeitstempo unterworfen sind, daß ihre Aktivitäten kurzfristig, höchst unterschiedlich und diskontinuierlich sind ... ".[27] Das normale Tagesgeschäft lastet je nach Unternehmen trotz hoher Delegation zwischen acht und vierzehn Stunden aus: Gespräche mit Mitarbeitern und Kunden sowie Telefonate dienen der Information, es sind Pläne, Konzeptionen und Aktenvermerke zu lesen, Sitzungen zu leiten, Reden zu halten etc. Nur durch die Verarbeitung einer Vielzahl von Informationen läßt sich der Überblick über das laufende Geschäft behalten. Je komplexer ein Unternehmen ist, um so mehr Informationen müssen aufgenommen werden. Natürlich lassen sich die Schwerpunkte verschieben, aber vieles ist bei verantwortungsvoller Führung nicht mehr delegierbar. Obwohl die Gedanken um die Zukunft, um die Verbesserung der Organisation eigentlich die wichtigsten für die oberste Führungsebene sind, werden sie am ehesten zurückgestellt, da sie keine kurzfristige Dringlichkeit haben wie beispielsweise Maßnahmen aufgrund von Kunden- oder Mitarbeiterverlusten, aufgrund eines Versagens in einzelnen Abteilungen oder Tochtergesellschaften, durch den Kampf um größere Aufträge, durch Wettbewerbseinbrüche, bei dringenden Kreditverhandlungen, Überwachung von Planungen und Soll/Ist-Vergleichen usw.

Um die notwendige Wissensgrundlage zu haben, muß sich jeder Manager laufend informieren und fortbilden. Dazu dienen Branchen-

und Fachzeitschriften, Fachbücher, aber auch wichtige allgemeine Wirtschaftstageszeitungen. Ist der Manager pflichtbewußt, nutzt er dazu die Feierabende, das Wochenende oder den Urlaub. Auch die ständig neuen Managementbücher, die wichtige Anregungen für die Verbesserung von Organisationen geben, verlangen große Aufmerksamkeit. Ihre Umsetzung erfordert ein Umlernen und Umdenken, das eine intensive Auseinandersetzung mit dem Thema voraussetzt. Hier sei nur noch einmal auf die zahlreichen Methoden verwiesen, die das Management in den letzten zehn Jahren beschäftigt haben.[28]

Die neuesten Erkenntnisse ständig im eigenen Unternehmen ein- und umzusetzen und die Widerstände zu überwinden erfordert neben der Tagesarbeit viel Zeit und Kraft. Damit belastet man zwar die Gegenwart, sichert aber die Zukunft besser ab. *Der unerbittliche Druck des Tagesgeschäfts zwingt dazu, die kurzfristigen Aufgaben intensiv zu beachten. Die Neigung ist natürlich groß, Zukunftsprojekte zurückzustellen, da man sich damit viel Mühe ersparen kann. Dadurch besteht die Gefahr, daß das strategische, also das langfristige Denken, das für ein Hochlohnland besonders wichtig ist, zu kurz kommt.* Wer sich aber nicht mit den langfristigen Erfolgsfaktoren befaßt, riskiert, daß sein Unternehmen zurückfällt und dieser Rückstand, wie bei einer längeren Pause beim Marathonlauf, kaum noch aufgeholt werden kann.

Die Rückdelegation lenkt vom Wesentlichen ab

Die hohe Belastung des Managements mit Tagesaufgaben ist die Ausgangssituation in einer immer komplexeren Umwelt. Der zunehmende internationale Wettbewerb und die ständig steigenden Kosten, insbesondere in den Hochlohnländern, erhöhen die Belastung kontinuierlich. Das Unternehmen verzeiht kaum noch Fehler, weil sich die Rendite über immer längere Perioden auf niedrigem Niveau bewegt und die Reserven bereits weitgehend ausgeschöpft wurden. Fehler führen zunehmend zu existentiellen Problemen der Organisation. Der Zwang zur einseitigen Orientierung auf die kurzfristig wirksame Kostensenkung führt in Krisenzeiten wiederum zur Vernachlässigung anderer wichtiger Zukunftsaufgaben. Diese starke Belastung ist auch ein Grund dafür, warum Unternehmer und Manager heute immer weniger in den Parlamenten vertreten sind, was sicher nicht von Vorteil für eine ausgewogene Beurteilung wirtschaftlicher Maßnahmen ist.

Und nun kommt der Staat mit seinen zahlreichen Gesetzen, Verordnungen, Richtlinien, Urteilen etc. zu den unterschiedlichsten Gebieten wie Steuern, Umwelt, Soziales, Insider, Ad-hoc-Publizität, „Geldwäsche", Steuern, Wettbewerb, Außenwirtschaft, den formalen Anforderungen an die Aktiengesellschaften usw. und nimmt die oberste Führung direkt in die Haftung. In einer Reihe von Fällen ist nach dem Gesetz keine Delegation möglich. Da bereits sehr viele Aufgaben mit Blick auf die Prioritäten an die Stabsabteilungen und in die Linien delegiert wurden, obwohl dies schon die Abläufe kompliziert und die Administration erhöht, muß ein pflichtbewußter Manager persönlich mehr Zeit einsetzen, wenn der Staat ihn zu neuen Aufgaben per Gesetz, Verordnung oder Rechtsprechung verpflichtet.

So führen Gesetze und Rechtsprechung immer mehr zum Zwang der Rückdelegation auf die oberste Führungsebene. Die Führung, die eigentlich ganz andere Aufgaben erfüllen müßte, damit ihre Unternehmen sich gut entwickeln, kann die Summe der Gesetze noch weniger überblicken als die Spezialisten. Der Staat zieht sie jedoch für immer mehr Tatbestände in die direkte Verantwortung. *Die psychische Belastung steigt, nicht nur durch die immer schwierigere Wettbewerbssituation, sondern vor allem auch durch die Übernahmen von nicht zu beeinflussenden Risiken sowie die ständige Auseinandersetzung mit Fragen, die wenig oder gar nichts zur Leistungsfähigkeit des Unternehmens beitragen. Auf der anderen Seite lernt die Führung aber durch Managementtheorien, wie beispielsweise Business-Reengineering oder Lean-Management, daß sich ein Unternehmen auf die Kernprozesse zu konzentrieren hat, wenn es wettbewerbsfähig bleiben will. Der Staat erzwingt das Gegenteil.*

Nach dem Außenwirtschaftsrecht und dem Kriegswaffenkontrollgesetz müssen beispielsweise Aufträge bei den betroffenen Unternehmen ständig daraufhin überprüft werden, ob die Mitarbeiter kritische Bestellungen aus den von diesen Gesetzen betroffenen Ländern angenommen haben, ob sie dafür eine Genehmigung eingeholt haben etc. Die Gesetze wurden eingeführt, nachdem einige wenige Unternehmen sich kriminell verhalten hatten. Nun sind weit mehr Industriezweige mit Produkten betroffen, die nichts mit der Kriegswirtschaft zu tun haben. Selbst Hersteller von beispielsweise medizintechnischen Produkten haben Ausfuhrbeauftragte zu benennen, die sich auf Grund der ständigen Änderungen permanent über die komplexen Vorschriften informieren und schulen lassen müssen. Hinzu kommt, daß die Lieferwege oft kaum zu kontrollieren sind. Da der Kunde drängt und Aufträge verlorengehen, antichambrieren zahlreiche Mitarbeiter ständig bei den Genehmigungsbehörden. Diese bemühen sich, zu helfen. Trotzdem kommt es zu erheblichen Zeitverzögerungen. Untersuchungen zum Thema „Zeitmanagement" zeigen, daß dies nicht nur Rendite, sondern auch Kunden kostet, und daß durch diese Vorgänge letztlich immer mehr Arbeitsplätze unwiederbringlich verlorengehen.

Nach den Umweltgesetzen, zum Beispiel dem Bundesimmissionsschutzgesetz, ist die oberste Führung persönlich verpflichtet, sich ständig zu informieren, wo eventuelle Verstöße vorkommen. Sie müßte sich gesprächsweise mit Fachleuten und Rechtsanwälten über die mittlerweile sehr komplexen Gesetze informieren, um die Risiken zu kennen. Die Mitarbeiter müssen ständig auf die Probleme aufmerksam gemacht werden, und bei permanenten Rundgängen im Betrieb sind kritische Vorgänge zu beobachten. Unternehmensführungen unterschreiben laufend eine Vielzahl von Steuererklärungen, obwohl sie die Berechnungen als Nichtfachleute nicht beurteilen können. Dies sind nur einige Beispiele.

Für hochadministrierte Länder gilt:

Würden die Spitzenmanager gewissenhaft allen von den Gesetzen auferlegten Pflichten nachkommen, so bliebe mit Sicherheit nicht einmal mehr genug Zeit für die Tagesarbeit, ganz zu schweigen von der Impulsgebung für die kreativen Prozesse, die die zukünftige Position des Unternehmens und der Arbeitsplätze absichern beziehungsweise neue Arbeitsplätze schaffen sollen.

Aus Unternehmern werden Verwalter

Der Spitzenmanager muß sich also laufend in Besprechungen, Telefonaten und Schriftsätzen über die diversen gesetzlichen Anforderungen beraten lassen und Kontakte zu Behörden pflegen, wenn er der

Überwachungspflicht nachkommen und sich persönlich absichern will. Diese Zwänge verändern letztlich auch seine Risikobereitschaft. Genau das, was von einem Unternehmer erwartet wird und was seine treibende Kraft ausmacht, geht im Laufe der Zeit verloren. *Die Folge einer ständigen Strafbedrohung ist, daß Unternehmer immer weniger Risiken eingehen und mehr verwalten.* Eine ähnliche Entwicklung haben wir auch schon bei der Verteilung von Subventionen aufgezeigt.

▶ Die Administration lenkt immer vom Wesentlichen ab, verlängert und verteuert den Wertschöpfungsprozeß, und die Kreativität geht vor allem in den größeren und großen Unternehmen stets in eine nicht-unternehmerische Richtung.

Komplizierte Regelwerke sind entstanden, die die Arbeitszeit der Führung beanspruchen, die Unbeweglichkeit fördern und die Risikofreudigkeit senken. Diese Zeit geht aufgrund der drängenden Prioritäten des Tagesgeschäfts vor allem auf Kosten der Managementaufgaben, die die Zukunft betreffen.

So ergibt sich zwangsläufig, daß der Staat mit einer zunehmenden Zahl von Regelwerken für das Management aufgrund von Gesetzen, Verordnungen und Rechtsprechung vor allem die zukünftigen Arbeitsplätze gefährdet. Ein Staat überschreitet beim Aufbau administrativer Strukturen sehr schnell den Optimierungspunkt und ist dann für die Wirtschaft um so schlechter, je mehr arbeitsaufwendige Gesetze und Änderungen er erzwingt. Damit geschieht genau das, was jeder dynamische Unternehmer zu verhindern sucht: Man beschäftigt sich mehr und mehr mit sich selbst. Noch hilft, daß der typische Unternehmer sich innerlich stark gegen Reglementierungen wehrt, wie dies die Managementliteratur lehrt, und sich mit den Vorschriften weit weniger auseinandersetzt, als er dies zu seiner eigenen Sicherheit tun müßte. Wird der Druck, entsprechend staatlicher, nicht wirtschaftlich orientierter Vorgaben zu handeln, erhöht, wie dies in den sozialistischen Systemen der Fall war, so entsteht dadurch eine weitere Bremse für die Dynamik. Die notwendige Risikobereitschaft geht verloren, und Manager werden vor allem in Großunternehmen mehr und mehr zu Verwaltern, wie dies eine Studie von Scheuch[29] bestätigt. Durch den Wandel zum Verwalter sinkt auch die Fähigkeit zur Kreativität und Risikobereitschaft. Was nützt es, wenn sie alle Gesetze bestens beachten, aber immer mehr Unternehmen in Schwierigkeiten geraten? Genau das kann nicht gewollt sein, da damit Gefahren für die Wettbewerbsfähigkeit und die Arbeitsplätze verbunden sind.

Kommt es nur über einen begrenzten Zeitraum von zum Beispiel einem Jahrzehnt zu der wertvernichtenden Administration, so läßt sich das Verhalten infolge einer geänderten Politik wieder aktivieren. Gravierender und für die Wirtschaft auf Dauer gefährlicher wirkt sich die langfristig damit verbundene schleichende Mentalitätsveränderung aus. *Ein unternehmerisch denkender und agierender Manager wird durch die Zwangskonstellation infolge der Gesetze, Vorschriften und sonstige Regelungen, wenn er sie korrekt verfolgt, zu einem ganz anderen Denken und Handeln veranlaßt.*

> ▶ Wuchs einmal eine junge Generation in einem verwaltungsorientierten Umfeld heran, so wird sie ihr Verhalten kaum noch ändern.

Dabei wird die Dynamik in kleinen und mittleren Unternehmen deshalb noch einigermaßen erhalten, weil diese Unternehmer eher riskieren können, nicht genau nach den „Buchstaben der Gesetze" zu handeln. Die Bereitschaft, Risiken durch den Schritt in die Selbständigkeit einzugehen, nimmt aber ab. Menschen mit Gründermentalität gibt es seltener. Die Vielzahl arbeitsaufwendiger Regelungen erschwert vor allem die Existenz kleiner Unternehmen. Es sollte zu denken Anlaß geben, warum in den 50er Jahren keine politisch initiierten Gründerinitiativen notwendig waren und heute relativ wenige junge Menschen trotz aufwendiger politischer Anstrengungen den Weg in die Selbständigkeit finden. Gründungsoffensiven der Politik zeigen dieselbe Wirkung wie das Gasgeben bei angezogenen Bremsen. Die Ursachen müssen beseitigt werden. Am langfristigen Trend ändert sich auch dann nichts, wenn über einen Zeitraum von einigen Jahren die Zahl der Selbständigen wieder ansteigt. Die Folgen sehr langfristig geprägter Mentalitätsveränderung sowie die Schwierigkeiten der Änderung von Denkweisen zeigen sich bei der Umstellung staatlich gelenkter Wirtschaften auf die Marktwirtschaft.

7 Die Folgen für Arbeitslosigkeit, Investition und Verschuldung

Das marktwirtschaftliche System ermöglicht es ohne Zweifel am besten, die fundamentalen Einflußgrößen ins Gleichgewicht zu bringen und dadurch für ein optimiertes Wachstum und eine höchstmögliche Wohlstandsmehrung zu sorgen, auch wenn es bei weitem nicht alle Probleme löst. Ein solches System verträgt auch zahlreiche politisch notwendige Eingriffe, die zum Beispiel zur Vermeidung sozialer Härten notwendig sind, auch wenn diese die Leistungsfähigkeit beeinträchtigen. Werden die Eingriffe jedoch zu zahlreich und die aufgebürdeten Lasten zu hoch, so entstehen Strukturprobleme, die das System schwächen und sich schließlich in steigender Verschuldung, sinkenden Investitionen und steigender Arbeitslosigkeit zeigen. Zwischen diesen Alternativen kann die politische Führung in gewissen Grenzen wählen, aber immer drücken die Folgeprobleme des Ungleichgewichts. Leicht kommt es dann zu Zweifeln an der Marktwirtschaft selbst oder zu Forderungen, das Wirtschaftssystem zu verändern. Damit ist die Frage nach einer besseren Lösung noch nicht beantwortet, und man übersieht dabei, daß fundamentale Grundlagen verletzt wurden, was ein negatives Ungleichgewicht erzeugte.

Wächst der Staatsanteil und verfällt dadurch bedingt die Leistungskultur, so steigt gleichzeitig die Empfindlichkeit der Wirtschaft gegen aufgebürdete Kosten. Die niedrige Produktivität großer Teile der Volkswirtschaft, die wenig zur Wertschöpfungskette beitragen, zeigt zunehmend ihre Wirkung.

Der falsche Ansatz zur Beseitigung der Arbeitslosigkeit

Wie kommt es dazu, daß viele hochentwickelte Volkswirtschaften eine zunehmende Arbeitslosigkeit aufweisen, die diese wie eine wachsende Hypothek mehr und mehr belastet, die Struktur weiter verschlechtert und das Wachstum bremst. Darauf gibt es bisher noch völlig unbefriedigende Antworten. Manche halten sie in reichen Volkswirtschaften für zwangsläufig und unabwendbar. – Warum gibt es dann aber auch eine hohe Arbeitslosigkeit in armen Volkswirtschaften oder andererseits eine hohe Beschäftigungsrate in Japan und der Schweiz? Wenn überhaupt Ursachen diskutiert werden, so steht das Argument der zu hohen Löhne und Gehälter im Vordergrund. Sicher sind zu hohe Personalkosten für eine Volkswirtschaft ein großes Problem, und sie bieten den wichtigsten kurzfristig wirksamen Ansatzpunkt, das Gleichgewicht wieder herzustellen, aber es gibt andere, ebenfalls entscheidende Instrumente, die von langfristig größerer Bedeutung sind. Nicht zuletzt die öffentlichen Institutionen – die Regierungen und Ämter des Bundes, der Länder, der Kommunen, die Gerichte, aber auch die zahlreichen Verbände und Institutionen der gewerbetreibenden Wirtschaft – tragen als volkswirtschaftliche Belastung dazu bei, daß sich die Kosten erhöhen und vor allem die Innovationskraft sinkt.

Fest steht, daß das negative volkswirtschaftliche Ungleichgewicht als Strukturproblem einen Zwang zur Anpassung in der Wirtschaft auslöst. Gibt es aufgrund begrenzter Kreativität nicht genügend neue Produkte und lassen sich die Kosten nicht entsprechend anpassen, weil zum Beispiel Tarifverträge daran hindern, so bleiben den Unternehmen nur wertvernichtende Strukturänderungsmaßnahmen, wenn sie nicht untergehen wollen. Durch die Streichung von Produktgruppen und die Stillegung von Produktionsbetrieben fallen Arbeitsplätze weg. Andere entscheiden sich dafür, mit ihrem noch ausreichenden Know-how in Niedriglohnländer abzuwandern. Stets sinkt die Zahl der Arbeitsplätze im eigenen Land.

Politiker sprechen oft davon, daß die Unternehmen ihre Effizienz und Innovationen steigern müssen, um die Volkswirtschaft nach vorne zu bringen, und ersinnen Maßnahmen, um beispielsweise die Arbeitslosenzahl zu reduzieren. Sie konzentrieren sich aber mehr darauf, Appelle an die Wirtschaft zu richten, ihre Leistung zu steigern oder Subventionen zu geben. „Die Unternehmer sollen ihrem Namen gerecht werden und etwas unternehmen!" Bei dieser Forderung wird oft vergessen, daß ein schwer beladenes Pferd keine Chance hat, ein schwieriges Rennen zu gewinnen. Andere schreiben sich auf die Fahne „Kampf gegen die Arbeitslosigkeit" oder „mehr Lehrstellenangebote", „mehr Firmengründungen", aber ihre Gesetze, Verordnungen und Maßnahmen verursachen vielfach wertvernichtende Administration, beeinträchtigen die Leistungskultur und schwächen damit die Wirtschaftsleistung. Man diskutiert über Steuersenkungen, um die Leistungsfähigkeit der Wirtschaft zu steigern, aber die Verbesserung der volkswirtschaftlichen Struktur, die Senkung der Kosten und die entscheidenden Impulse durch den Abbau wertvernichtender Administration mit ihren Kostenbelastungen, die die Wettbewerbsfähigkeit senken, wird aufgrund der monopolistischen Situation zu wenig beachtet. Unternehmen mußten dagegen längst erkennen, daß eine Preissenkung in die Krise führt, wenn sie nicht von einer Kostensenkung begleitet wird, die die Basis dazu schafft. Nicht selten ziehen Politiker mit vielen hemmenden Regelungen ungewollt die wirtschaftlichen Bremsen an, während sie mit anderen Initiativen das Bruttoinlandsprodukt steigern und die Arbeitslosigkeit senken wollen.

Auch die Gewerkschaften beschleunigen den Zwang zum Arbeitsplatzabbau dadurch, daß sie durch Kostenerhöhungen und nicht selten durch negativen Einfluß auf die Leistungskultur das negative Ungleichgewicht verstärken. Weil man keine bessere Lösung kennt, versucht man, mit Arbeitsplatz- und Lehrstellenprogrammen dagegenzusteuern. Im Sozialismus führte die in die Betriebe verlagerte Arbeitslosigkeit zu verheerenden Folgen für die Produktivität und die Leistungskultur. Subventionen zur Erhaltung unwirtschaftlicher Arbeitsplätze, verkürzte Arbeitszeiten, Ausbildungsprogramme oder die Verpflichtung zur Lehrlingsübernahme helfen nicht wirklich weiter. Dies alles leistet kaum mehr als Aspirin im Falle eines schmerzhaften Gehirntumors. Die vorzeitige Pensionierung überdeckt die Strukturprobleme nur für eine gewisse Zeit und führt zu einer schweren Belastung der Zukunft. Die Lasten werden lediglich auf das Renten-

oder Gesundheitssystem verlagert, die Struktur verbessert sich dadurch jedoch nicht. Es werden keine zusätzlichen Arbeitsplätze geschaffen, und oft geht auf diese Weise viel Know-how verloren, wie die Erfahrungen in der Industrie beweisen. Auch eine immer kürzere Arbeitszeit verteilt nur den Mangel und verkürzt die Umlagezeiten für die Fixkosten. Die Verkürzung der Arbeitszeit ist sicher in Grenzen eine Frage der Lebensqualität. Wenn sie sich überhaupt als Instrument zur Schaffung von Arbeitsplätzen eignet, dann höchstens zur Abmilderung kurzfristiger Beschäftigungprobleme. Langfristig wirken solche Maßnahmen nach Überschreitung eines Optimums eher arbeitsplatzvernichtend: Eine Teilung der Arbeitsplätze wird vor allem da unwirtschaftlich, wo sie die Schnittstellenprobleme und die notwendige Zeit für die Erklärung der Vorgänge erhöht, die während der Arbeitszeit angefallen sind und vom Nachfolger beachtet werden müssen. Zusätzlich gefährden die damit verbundenen zeitlichen Verzögerungen die Wettbewerbsfähigkeit, weil zum Beispiel in der Forschung und Entwicklung die Projekte langsamer realisiert werden und zwischen der Innovationsdauer und dem Markterfolg ein eindeutiger Zusammenhang besteht.

Da man bei allen diesen Maßnahmen nur auf die Symptome reagiert und so eher die volkswirtschaftlichen Kosten steigert, aber nicht die eigentliche Krankheit, nämlich das Strukturproblem, behandelt, entsteht höchstens kurzfristig eine Linderung, aber der langfristige Prozeß der strukturellen Arbeitslosigkeit wird damit nicht unterbrochen. Im Gegenteil: Solche Maßnahmen verlängern und erschweren den Wertschöpfungsprozeß und senken die Wettbewerbsfähigkeit. Ausgebildete und umgeschulte Personen stehen am Ende dennoch vor der Perspektivlosigkeit zu weniger Arbeitsplätze in der Wirtschaft und schließlich auch bei der öffentlichen Hand. Nur wenn man wirklich die Grundübel beseitigt, kann es zu einer nachhaltigen Verbesserung kommen.

Vor allem die Jugend leidet unter dem Lehrstellen- und Arbeitsplatzmangel. Ständige erfolglose Suche führt schließlich zum Dauerfrust und zur Psychose. Gelingt es, eine Lehrstelle zu erhalten, so ist noch keineswegs sicher, daß man ins Arbeitsverhältnis übernommen wird. Für viele Jugendliche entsteht beim Fehlstart in die Lehre und in das Berufsleben ein kaum zu korrigierender Schaden. Ein hoher Prozentsatz der Studenten bricht das Studium auch noch kurz vor dem Examen ab, weil sie die Trostlosigkeit des Arbeitsmarktes erkennen. Allein die dadurch entstehenden finanziellen Belastungen schätzt das Centrum für Hochschulentwicklung in Deutschland auf jährlich fünf Milliarden DM. Ist es ein Wunder, daß die Jugendkriminalität unter diesen Bedingungen wächst? Nun beginnt der Streit um die Schuld für diese Situation: „Die Betriebe sparen Lehrstellen ein", „Die Betriebe wollen dem Druck der Gewerkschaften ausweichen, die Ausgebildeten nach der Lehre ins Angestelltenverhältnis zu übernehmen". – Dabei werden die wirklichen Ursachen verkannt. Ein Wirtschaftsunternehmen muß wirtschaftlich handeln, sonst riskiert es seine Existenz. Gelingt es, die Ausbildung abzuschließen, stehen sie dennoch am Ende vor der Perspektivlosigkeit zu weniger Arbeitsplätze. Verhindert man diese wirtschaftliche Handlungsweise, sinken Lebensstandard und letztlich auch die Lebensqualität aus anderen Gründen. Die volkswirtschaftlichen Strukturprobleme sind die eigentliche Ursache.

Versucht die Politik, eine Anpassung des negativen Ungleichgewichts, zum Beispiel durch Arbeitsbeschaffungsmaßnahmen, zu verhindern, so wird das Problem nur verdeckt und verschleppt, und die Folgen für die Arbeitsplätze werden langfristig eher härter. Die Zahl der Vergleiche und Konkurse steigt überproportional, denn die eigentliche „Krankheit" zerstört weiter die Leistungskraft. Eine Zeitlang läßt sich das Strukturproblem überdecken, indem man zum Beispiel künstlich durch Kreditaufnahme, unter Umständen in unterschiedlichen Budgets der öffentlichen Hand, Arbeitsplätze beim Staat, Maßnahmen zur Steigerung des Konsums und zur Anregung der Produktion finanziert. Drosselt man jedoch wegen eines zunehmenden Schuldenberges und immer stärker drückender Zinslasten die Neuverschuldung, oder werden sogar zur Schuldenrückzahlung den Verbrauchern über höhere Steuern Gelder entzogen, so sind um so mehr Arbeitsplätze in Gefahr.

> Solange sich die Struktur der Volkswirtschaft nicht verbessert, solange sich die Relationen der Erfolgsformel[30] nicht günstiger gestalten, ist die Arbeitslosigkeit mit Arbeitsplatzprogrammen nicht dauerhaft zu beseitigen.

Strukturprobleme und Arbeitslosigkeit

Was geschieht nun, wenn die Eingriffe der öffentlichen Hand immer mehr zunehmen, die wertvernichtende beziehungsweise innere Administration und der Staatsanteil wachsen, die Schwerfälligkeit zunimmt, die Kosten steigen und gleichzeitig die Leistungskultur verfällt? – Den Teufelskreis, den eine zunehmend alternde Volkswirtschaft durchläuft, kann man wie folgt beschreiben: In der ersten Phase ist der Druck wettbewerbsstärkend, weil der Zwang die noch hohen Rationalisierungsreserven der Wirtschaft aktiviert und diese noch groß genug sind, um durch eigene, bessere Abwicklungen und neue Produkte beziehungsweise Maschinengenerationen die Kostenerhöhungen aufzufangen. Vielleicht gelingt sogar eine Überkompensation. Die staatlich induzierte Administration steigt weiter und baut zunächst unter Umständen sogar mehr Arbeitsplätze auf, als die freie Wirtschaft abbaut. Aber die Kopflastigkeit der Volkswirtschaft steigt und führt schließlich dazu, daß die gewerbliche Wirtschaft an Wettbewerbsfähigkeit verliert und zunehmend schrumpft. Gleichzeitig wachsen die administrativen Hemmnisse, die wiederum negativ auf die Leistungskultur wirken. Der Staat spürt viel zu spät einen Zwang zur wirtschaftlichen Orientierung, und die verschiedenen Interessengruppen versuchen auch dann noch, Vorteile für sich zu erarbeiten. Der Druck zu weiteren Regelungen ist somit beständig stark und neutralisiert auch in der späten Phase noch den Zwang zur Wirtschaftlichkeit. Folglich baut der Staat seine Aktivitäten und Beschäftigten aus. Die staatliche Administration steigt weiter, verursacht direkt ein höheres Maß an Unwirtschaftlichkeit in der Volkswirtschaft und belastet zunehmend die freie Wirtschaft. Die Zwangskonstellation überfordert die Wirtschaftsbetriebe immer mehr. Schließlich muß auch die öffentliche Hand sparen und Personal abbauen. Das verschärft das Problem der Arbeitslosigkeit und senkt nochmals die Wettbewerbsfähigkeit der Nation. Jede Vergrößerung des Ungleichgewichts führt mittel- und langfristig zu einem höheren Sockel der Arbeitslosigkeit. Aus dem vielleicht ursprünglich positiven Ungleichgewicht wird ein Gleichgewicht und schließlich ein negatives Ungleichgewicht. Mit zunehmender wertvernichtender Administration steigt also tendenziell die Arbeitslosigkeit auf Grund sinkender

Kreativität und Wettbewerbsfähigkeit, selbst wenn es zu einer kurzfristigen Beschäftigungserhöhung kommt.

Die Industrie kann schließlich nicht mehr in dem Maße rationalisieren, wie es notwendig wäre. Unternehmen konzentrieren sich immer mehr auf Produkte mit hoher Wertschöpfung, weichen in die höherpreisigen Nischen aus und verlieren aufgrund der wachsenden Komplexität der Sortimente zunehmend die Massenmärkte. In jedem Fall müssen sich Wirtschaftsbetriebe mittelfristig auf die rentablen Arbeitsgebiete konzentrieren, wenn sie sich nicht selbst gefährden wollen. Abgesehen von einer effizienten, relativ kleinen volkswirtschaftlichen Verwaltung, die durchaus wertschöpfend ist, schafft normalerweise nur die gewerbliche Wirtschaft werterhöhende Arbeitsplätze, auf die eine leistungsfähige Organisation ihr Personal konzentriert. Je stärker dieses Strukturproblem belastet, um so mehr steigt die Arbeitslosigkeit oder die Löhne und Gehälter müssen sich anpassen. Wenig hilfreiche Versuche, die Anpassungsmaßnahmen zu verhindern, indem zum Beispiel soziale Kosten durch Tarifverträge oder Gesetz festgeschrieben werden, ändern nichts an den fundamentalen Notwendigkeiten. Sie erhöhen nur den Zwang, den Anpassungsprozeß über Entlassungen, Schließungen und Verlagerungen zu beschleunigen oder erzwingen Konkurse. Vor allem aber wirkt sich nun der Einfluß der überadministrierten Abläufe zunehmend auf die Kultur und die Kreativität aus. Die Geschäftsführungen beschäftigen sich in wachsendem Maße mit der staatlich induzierten Administration, wegen häufiger Renditeprobleme mehr und mehr mit dem Tagesgeschäft und der Kostenanpassung und weniger mit den Zukunftsmärkten und Zukunftsprodukten. Sie gehen unter diesen Bedingungen risikoreiche Investitionen mit größerer Vorsicht an.

Ein gewisser Strukturwandel der Industrie zu höherwertigen Produkten ist in einer reicher werdenden Volkswirtschaft notwendig und muß besonders gefördert werden, wenn man Fehlstrukturen vermeiden will. Nicht selten kommt es aber durch innovationsfeindliche Gesetze zur Behinderung. Ein Gleichgewicht erfordert: Der automatisch verlaufende Abbau von Arbeitsplätzen aufgrund des Kostendrucks darf ohne Eingriffe durch Subventionen beziehungsweise durch Verschuldung nur so schnell erfolgen, wie Innovationen zum Aufbau neuer Arbeitsplätze beitragen. Ist die Wirtschaftspolitik dazu nicht in der Lage, so kommt die industrielle Schwächung dadurch zustande, daß die Renditeprobleme in der Wirtschaft wachsen und die staatlichen Einflüsse die Führung mehr und mehr vom Wesentlichen, nämlich vom Denken um die Absicherung der Zukunft, ablenken. Die Kreativität wird zunehmend auf das Tagesgeschäft und in Verteidigungsaktivitäten umgelenkt. Die Chancen für den Aufbau neuer Industrien werden kaum noch genutzt.

Verlieren sich im Nachahmungswettlauf der internationalen Konkurrenz die Differenzierungskräfte mehr und mehr, weil die eigene Kreativität erlahmt, der Wettbewerb aufholt und kein revolvierender Vorsprung mehr gegeben ist, so zeigt sich, daß die Unternehmen international Preisnachlässe hinnehmen müssen oder zunehmend Marktanteile verlieren und nach Lösungen suchen, dies zu verhindern. Ein starkes Signal, auf das die Wirtschaftspolitik sofort reagieren müßte, ist die Tatsache, daß die Inländer mehr im Ausland, und die Ausländer weniger in den inländischen Standort investieren. Die Industrie exportiert Arbeitsplätze statt Produkte. Eine wachsende Zahl von Betrieben kommt mit jedem stärker werdenden Abschwung tiefer in die Krise. Die Rationalisierungsmaßnahmen müssen härter werden, um zu überleben. Auch der von der Industrie abhängige tertiäre Sektor bleibt zum Schluß nicht verschont. Selbst wenn die öffentliche Hand trotz aller Kostenprobleme der Wirtschaft infolge der zunehmenden Administration noch Arbeitsplätze aufbauen sollte, verliert die Volkswirtschaft in der Summe an Beschäftigung, weil die unwirtschaftliche Struktur zu überproportionalen Einbußen in den Wettbewerbspositionen führt.

Am Ende eines solchen unter Zwang laufenden Bereinigungsprozesses, der in jeder Krise nochmals verschärft abläuft und sich in jeder Konjunktur wieder entspannt, ist die verbleibende Industrie selbst gestärkt, aber an den staatlich induzierten Kosten hat sich nichts oder nur wenig geändert. Im Gegenteil: Die Last der volkswirtschaftlichen Verwaltung ist nicht nur gestiegen, sondern sie wird nun auch noch auf eine kleinere Basis umgelegt. Da der Staat auf Dauer nur ausgeben kann, was er vorher einnimmt, wird die Belastung der Wirtschaft und der Privatpersonen immer höher. Der Widerstand gegen Abgaben und Steuern steigt. Die Kreativität wird zunehmend auf das Bemühen konzentriert, sich dem staatlichen Druck zu entziehen. Die immer belastenderen Kapitalverluste infolge der eskalierenden Krisen zeigen den Vorständen und Geschäftsführern, daß die Reserven für kommende schwierige Zeiten schrumpfen. Dies führt zu einem zunehmenden Sicherheitsdenken und zu einer weiteren Konzentration auf stärkere Geschäftsfelder, selbst in der guten Zeit. Man riskiert weniger, nutzt manche Chance nicht, baut nur die notwendigen Arbeitsplätze auf, und die Kreativität ist weitgehend blockiert. Die Zahl der neuen Arbeitsplätze bleibt auch im Aufschwung relativ gering. Die Rendite der Industrie schwankt mit der Konjunktur, bleibt aber für die verbleibenden Geschäftsfelder insgesamt noch auf einem Niveau, das das Überleben sichert.

Je größer der Anteil der Verwaltung nach Überschreitung eines Optimums wird, um so mehr wird die Leistungsfähigkeit gefährdet mit der Folge, daß die Zahl der Arbeitsplätze langfristig schrumpft. Je stärker der Staatsanteil das Optimum überschreitet, um so stärker wird das negative Ungleichgewicht. Eine Volkswirtschaft, die stärkere Fehlstrukturen zeigt und auch die Industrie in Fehlstrukturen zwingt, verliert Marktanteile oder muß Erlösverluste hinnehmen und weist in jedem Fall eine langfristig zunehmende Arbeitslosigkeit, Verschuldung beziehungsweise sinkenden Lebensstandard auf.

Hochlohnländer leben in erster Linie von kapitalintensiven, sehr rationellen Produktionsmethoden und von differenzierten Produkten, das heißt von solchen Erzeugnissen, die eine bessere Qualität, einen technischen Vorsprung oder ein besseres Image besitzen und somit höhere Preise erzielen, die es ermöglichen, höhere Löhne zu bezahlen. Einfache Massenprodukte erfordern dagegen stets niedrigere Kosten, da die erzielbaren Preise sich am Wettbewerbsangebot ausrichten. Übertreffen die Vorteile der Produkte den Wettbewerb in Qualität und Image sehr stark, und liegt die Produktivität weit über dem Durchschnitt, so besteht unter Umständen trotz hoher Löhne ein positives Ungleichgewicht (Abbildung Seite 176, rechts von P1). Es kommt zu einer Überbeschäftigung in der Volkswirtschaft. Niedriglohnländer sind aufgrund des fehlenden Kow-hows im allgemeinen nicht in der Lage, solche Produkte mit dieser Technik, Qualität und mit ähnlicher Produktivität herzustellen und anzubieten. Die Erfahrung in der Industrie zeigt, und die Preistheorie für differenzierte Produkte lehrt, daß die Kundenverluste bei steigendem Preis um so

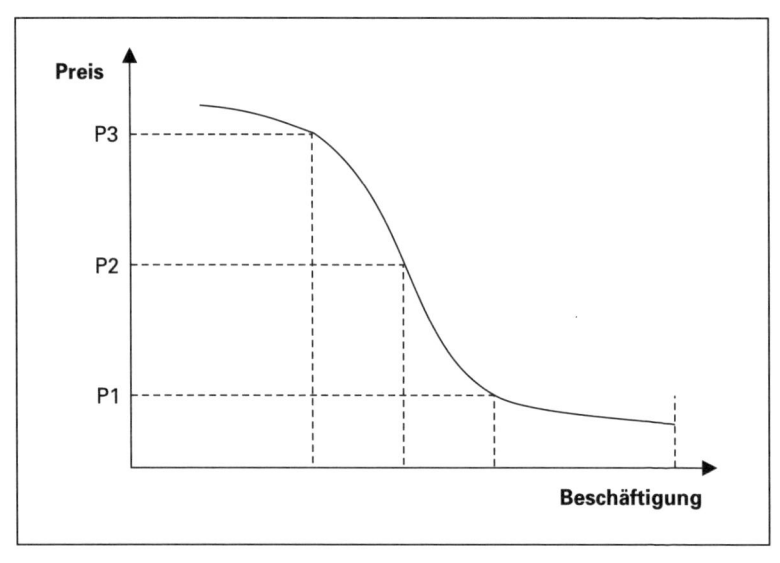

Abhängigkeit der Beschäftigung vom Preis

geringer sind, je stärker dieses Differenzierungsmaß ist, das heißt, die Kurve verläuft in dem Bereich zwischen P1 und P3 länger und unter Umständen steiler. Je weniger der Kunde auf ein Produkt verzichten kann, um so eher ist er bereit, einen höheren Preis zu zahlen. Nur wenige Kunden entschließen sich dann, andere Produkte zu kaufen. Der Mengenrückgang ist sehr gering. In dieser Situation steigt die Arbeitslosigkeit also nur in einem geringen Maße. Die Volkswirtschaft befindet sich noch weitgehend im Gleichgewichtszustand (Idealpunkt P2).

Warum kommt es aber ab einem bestimmten Kostenniveau zu einem beschleunigten Beschäftigungsrückgang? – Steigt der Preis immer weiter, weil die Belastungen durch den Staat und die Lohnerhöhungen nicht mehr in der ganzen Höhe durch Rationalisierungen aufgefangen werden können, und bleibt der Vorsprung durch Differenzierung konstant oder verkleinert er sich gar, so kommen immer mehr Kunden zu dem Ergebnis, daß das Preis-Leistungs-Verhältnis nun zu ungünstig wird. Die „Schmerzgrenze" wird für die meisten Abnehmer überschritten. Ab einer bestimmten Preishöhe (P3) nimmt der Mengenrückgang überproportional zu beziehungsweise der Beschäftigungsrückgang beschleunigt sich dramatisch. Immer mehr Branchen befinden sich in diesem Grenzbereich, geraten zum großen Teil in erhebliche Schwierigkeiten, und damit gehen mit zeitlicher Verzögerung immer mehr Arbeitsplätze verloren; die Arbeitslosigkeit steigt überaus stark an. Dieser Grenzbereich ist in einzelnen Branchen unterschiedlich hoch. Wird er jedoch überschritten, so verschwinden zunehmend ganze Branchen. In diesem Strukturanpassungsprozeß verliert die Volkswirtschaft viel Vermögen und gewachsenes Know-how.

Noch zwei weitere Verzögerungseffekte führen nach ihrer Beendigung zu einer beschleunigten Abnahme der Beschäftigung:

▷ Die Unternehmen nehmen vielfach über längere Zeit Verluste hin, um immer wieder neue Sanierungskonzepte zu entwickeln und auszuprobieren. Letztlich führt die Schließung oder Verlagerung der Betriebe zu erheblichen Wert-, Prestige- und Know-how-Verlusten.

▷ Wenn die Kosten über längere Zeit über dem Gleichgewicht liegen, kommen viele Geschäftsfelder in Probleme, das heißt, die Zwangskonstellation führt allgemein dazu, unwirtschaftliche Geschäftsfelder aufzulösen, zu verlagern oder in Allianzen einzubringen. Man befaßt sich zunehmend mit Strukturveränderungsmaßnahmen und reagiert sensibler auf die Signale. Damit kommt es gleichzeitig in vielen Betrieben zu überaus starken Entlassungsaktionen.

Schließlich ist noch eine langfristige Entwicklung zu beachten: Mit dem Verfall der Leistungskultur und Kreativität und dadurch, daß sich weit weniger Zukunftsindustrien aufbauen, wird der Differenzierungsrahmen enger. Läßt sich bei hoher Differenzierung noch ein Preis von P3 erzielen, so ist dies bei eingeschränkter Differenzierung nicht mehr möglich, weil die Kurve bereits in Richtung auf K2 und schließlich auf K3 abgefallen ist. Länder mit einem geringen Know-how-Potential produzieren beispielsweise mit einer Preis-Beschäftigungs-Kurve K3. Für sie sind also nur relativ niedrigere Preise mit ihren nahezu homogenen Produkten zu erzielen, was sich wiederum entscheidend auf den Lebensstandard auswirkt.

Die Überlegungen zeigen, daß die Relation zwischen den Kostenbelastungen einerseits und dem Maß an Differenzierungen und

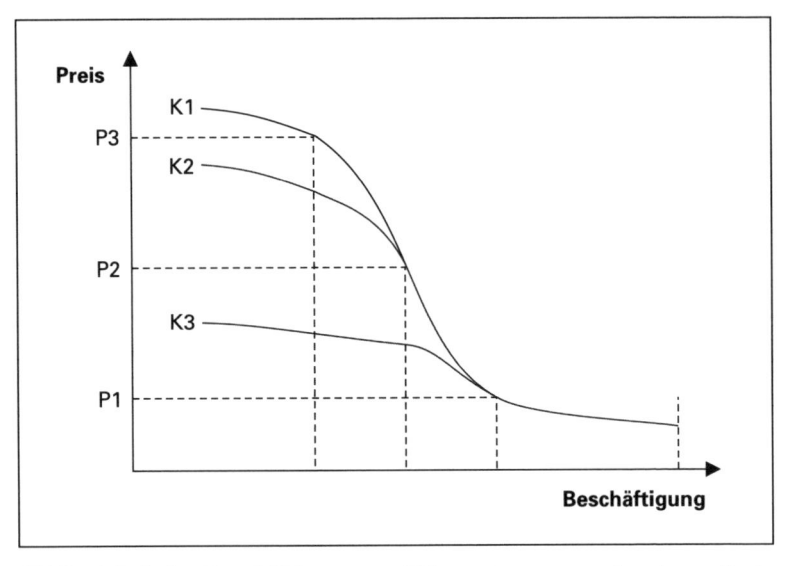

Abhängigkeit der Beschäftigung von Differenzierungsgrad und vom Preis

Marktpositionen andererseits stimmen muß, wenn man den Arbeitsmarkt im Gleichgewicht halten will. *Arbeit ist knapp in Volkswirtschaften, in denen die Schwächen infolge der Kostenstruktur nicht den Stärken aufgrund des hohen Know-hows und der Positionen entsprechen.* Ungleichgewichte führen aber zu großen volkswirtschaftlichen Problemen und Beeinträchtigung der Lebensqualität großer Bevölkerungsschichten. Die Signale sprechen dafür, daß zum Beispiel Deutschland am Anfang einer weit größeren Arbeitslosigkeit steht.

▶ Eine Regierung sollte alles dafür tun, die Leistungskultur anzuregen und den Grenzbereich der Belastung nur insoweit zu erreichen, als Strukturänderungen aufgrund eines steigenden Lebensstandards notwendig sind und die neugeschaffenen Arbeitsplätze die entfallenden ersetzen. Ein möglichst reibungsloser Strukturwandel verläuft dicht am Gleichgewichtszustand, durch den auch ein Zustand höchster Spannungsfreiheit und optimaler Lebensqualität in der Volkswirtschaft erreicht wird.

Die Folgen für Arbeitslosigkeit, Investition und Verschuldung

Strukturprobleme und Investition

Eine zunehmende Arbeitslosigkeit führt nochmals zu einer wachsenden Kostenbelastung in der Volkswirtschaft und damit letztlich der gewerblichen Wirtschaft, da immer mehr Menschen keinen Beitrag zur Produktivität leisten, andererseits aber unterstützt werden müssen. *Diese wachsende Belastung senkt die Wettbewerbsfähigkeit weiter, so daß auch der Wirtschaftsstandort mehr und mehr an Attraktivität verliert. Wichtige Signale zeigen sich wie gesagt darin, daß Ausländer weniger im Land investieren und Inländer mehr ins Ausland gehen.* Die hohen Kosten verhindern normalerweise eine kurzfristige Abwanderung von Unternehmen, nicht zuletzt aufgrund steuergesetzlicher Regelungen. So müßten zum Beispiel deutsche Unternehmen ihre stillen Reserven auflösen und versteuern. Erst mit langer Zeitverzögerung folgt die Verlagerung ganzer Produktionsstätten ins Ausland. Das negative Ungleichgewicht ist dann schon sehr groß, denn diese Verlagerungen sind mit erheblichen Kosten und Risiken verbunden.

Die Gefahr liegt wie bei allen strukturellen Veränderungen darin, daß die scheinbar geringfügigen jährlichen Veränderungen, die auch noch von konjunkturellen Schwankungen, Einflüssen aufgrund der Steuergesetzgebung etc. überlagert werden, zu wenig Aufmerksamkeit finden. Setzt sich der Trend niedrigerer Investitionen aber über viele Jahre fort, so sind die strategische Positionen für die Wirtschaft des betroffenen Landes nahezu unwiderbringlich verlorengegangen. Wenn beispielsweise die Direktinvestitionen im Ausland die ausländischen Direktinvestitionen um 20 Milliarden DM übersteigen und im Durchschnitt etwa 200 000 DM an Investitionen zur Schaffung eines neuen Arbeitsplatzes erforderlich sind, so werden mit der Abwanderung der Investitionen etwa 100 000 Arbeitsplätze „exportiert". Das mag noch wenig auffallen, da konjunkturelle Entwicklungen diese Verluste überlagern und unter Umständen überkompensieren. Zeigt sich die Differenz der Investitionen jedoch als Trend, so fehlen nach zehn Jahren bereits etwa eine Million Arbeitsplätze. Die Belastungen und die Neigung der Wirtschaft, im Ausland zu investieren, steigen – die Volkswirtschaft gerät beschleunigt in einen Desinvestitionstrend im Inland, der nur schwer zu durchbrechen ist, während anfängliche Korrekturen noch leicht möglich gewesen wären.

Bei der Beurteilung der größeren Investitionen im Ausland wird manchmal argumentiert, daß diese schon deshalb notwendig seien, um die Vertriebsorganisation auszubauen. Dies gilt jedoch genauso für die Investitionen ausländischer Firmen, die ins eigene Land hineinfließen. Solche Investitionen sind beispielsweise von den sehr exportorientierten deutschen Unternehmen schon früh zur Markterschließung durchgeführt worden. Dies ist in vielen Fällen der erste Schritt dazu, ein Land kennenzulernen, um auf Basis dieser Kenntnisse und mit einer höheren Sicherheit durch erzielte Umsätze auch Produktionsstandorte zu gründen, falls es wirtschaftlich interessant erscheint. Die Wirtschaftsbetriebe tasten sich also normalerweise stufenweise an risikoreichere ausländische Standorte heran:

Zunächst baut man eine Vertriebsfirma und eine Vertriebsorganisation auf.
Falls der Markt sich als interessant erweist oder die Bedingungen für eine Fertigung günstig sind, werden meistens zuerst wenig know-how-intensive Produkte erstellt.
Erst in der letzten Phase wandern bei besonders hohen Vorteilen des ausländischen Standortes auch Produkte mit dem Kern-Knowhow ab.

Strukturprobleme und Verschuldung

Ein Familienvater, der langfristig, also zum Beispiel an seine Kinder denkt, geht von dem Grundsatz aus, weniger auszugeben, als er verdient. Das ist eine simple, aber absolut sichere Methode, sein Vermögen zu erhalten und auszubauen. Aber es gibt auch viele Menschen, die kurzfristig denken. Dies gilt vor allem, wenn sie sich nicht verpflichtet fühlen, für ihre eigene Zukunft und die zukünftiger Generationen zu sorgen, weil sie zum Beispiel auf eine sichere Versorgung rechnen können oder keine Kinder haben. Sie wollen jetzt leben und sind mit ihrem derzeitigen Einkommen nicht zufrieden. Sie nehmen also Kredite auf für Reisen, Wohnungseinrichtungen etc. und belasten damit die Zukunft.

	1. Jahr	Kreditvolumen 240 000,- 4. Jahr	Kreditvolumen 480 000,- 8. Jahr	9. Jahr	10. Jahr
Bruttolohn	15 000	15 000	15 000	15 000	15 000
Abzüge	6 000	6 000	6 000	6 000	6 000
Nettoeinkommen	9 000	9 000	9 000	9 000	9 000
Kreditaufnahme	5 000	5 000	5 000	–	–
	14 000	14 000	14 000	9 000	9 000
Zinszahlungen *		2 400	4 800	4 800	4 800
Rückzahlungen **					2 000
Verfügbares Einkommen	14 000	11 600	9 200	4 200	2 200

* Zins 12 Prozent p.a.
** 5 Prozent p.a.

Einfluß eines Verschuldungsauf- und -abbaus auf das verfügbare Einkommen

Der Einfluß eines Verschuldungsauf- und -abbaus auf das verfügbare Einkommen in einer Volkswirtschaft läßt sich am Beispiel der Einkommensentwicklung einer Familie deutlich machen. Das Ausgangsniveau des verfügbaren Einkommens soll 9 000 DM betragen. Zunächst läßt sich zum Beispiel der Lebensstandard durch Kreditaufnahme um circa 50 Prozent auf 14 000 DM monatlich anheben. Infolge der steigenden Zinsbelastung wird die Kreditaufnahme ab dem achten Jahr allein schon durch die Zinsen verbraucht. Kann man schließlich keine weiteren Kredite mehr aufnehmen, sinkt der Lebensstandard auf 4 200 DM, also etwa auf die Hälfte des ursprünglichen Niveaus. Müssen schließlich noch 2 000 DM monatlich getilgt werden, so sinkt das verfügbare Einkommen auf 2 200 DM oder rund 25 Prozent des Ursprungsniveaus. Die großen Probleme eines solchen Anpassungsprozesses werden damit deutlich. Was für die privaten

Verhältnisse gilt, trifft grundsätzlich auch für eine überschuldete Volkswirtschaft zu. *Der Lebensstandard läßt sich im privaten Bereich und in der Volkswirtschaft durch Verschuldung über eine gewisse Zeit künstlich erhöhen und ein Wohlstandsverlust wird für den Bürger nicht erkennbar, aber der spätere Einschnitt muß um so härter werden, wenn man die Verschuldung abbauen muß.* Wären solche Zäsuren ohne Probleme für den Bestand der Demokratie denkbar? – Es ist also kein Verdienst, sondern eher ein Versagen der Führung, wenn der Lebensstandard nur aufgrund der Verschuldung steigt. Wer jahrzehntelang über seine Verhältnisse lebt, wie dies in den meisten Demokratien der Fall ist, wird nicht um bittere Erfahrungen herumkommen.

Es wurde an anderer Stelle belegt, daß es bei der gegebenen organisatorischen Struktur infolge der Zwangskonstellation in der Volkswirtschaft zu ständig steigenden Ausgaben kommen muß, die langfristig über die erwirtschaftete Liquidität hinausgehen, wenn nicht feste Grenzen durch die Verfassung gesetzt werden. Einen zusätzlichen Anreiz für den Verschuldungsaufbau bietet zum Beispiel die Tatsache, daß sich mit Hilfe der Kreditausweitung die Arbeitslosigkeit zeitweise verdecken beziehungsweise erheblich mildern läßt. Dies alles schließt zeitweise Einsparungsbemühungen einzelner Politiker oder ganzer Regierungen nicht aus. Dasselbe gilt auch für Unternehmen, die nach ähnlichen Prinzipien gesteuert werden. Ein Beispiel dafür ist die Deutsche Bundesbahn. Die Verschuldung betrug bei der Umwandlung zur Deutschen Bahn AG fast 70 Milliarden DM oder weit über zwei Jahresumsätze. Dabei hatte der Staat verteilt über viele Jahre fast 300 Milliarden an Subventionen und Zuschüssen aufgewendet, um das Unternehmen zahlungsfähig zu erhalten. Der Monopolist Telekom wies in der Bilanz des Jahres 1994 Umsatzerlöse von 61 Milliarden und eine Gesamtverbindlichkeit von 121 Milliarden DM aus, darunter eine Verschuldung durch Anleihen bei der Postbank in Höhe von circa 100 Milliarden DM. Die französischen Eisenbahnen SNCF hatten 1996 über 200 Milliarden Franc Schulden bei einem Umsatz von weniger als 60 Milliarden Franc, also eine Verschuldung von mehr als 3,5 Jahresumsätzen. Werden also die Ausgaben nicht entsprechend angepaßt, bleibt für die öffentliche Hand nur der Weg zu höheren Steuern und Abgaben oder in die steigende Verschuldung, bis man in einem alles gefährdenden Grenzbereich angelangt ist.

Normale Verschuldungsraten für Industriebetriebe liegen in der Höhe um einen, angemessene um etwa zwei bis drei Monatsumsätze. Firmen im freien Wettbewerb sind beispielsweise im Normalfall nicht mehr existenzfähig, wenn ihre Verschuldung einen halben Jahresumsatz übersteigt.

So wie die Umsätze für die Unternehmen als Maßstab dienen, läßt sich die Verschuldung der Volkswirtschaft am Bruttoinlandsprodukt messen. So wird die Qualifikation eines Landes für die europäische Währungsunion von einem maximalen Verschuldungsstand von 60 Prozent des Bruttoinlandsprodukts abhängig gemacht – eine Anforderung, die von vielen Ländern kaum zu erreichen ist. Aber selbst dieser Wert entspricht schon einem Umsatz von 7,2 Monaten, was fast jedes Unternehmen in Schwierigkeiten bringen würde. Bei einer ganzen Reihe von Ländern – wie Schweden oder Kanada – erreicht die öffentliche Verschuldung sogar nahezu das Bruttoinlandsprodukt eines Jahres, bei anderen Ländern – wie Griechenland, Italien und Belgien – übersteigt sie diesen Wert sogar bis zum fast 1,5fachen. Bei beispielsweise acht Prozent Zinsen ist der Umsatz der Wirtschaft in solchen Fällen allein dadurch mit etwa zwölf Prozent belastet, die in höheren Preisen erwirtschaftet werden müssen oder durch zunehmende Verschuldung eine gewisse Zeit überdeckt werden. Die Verschuldungstendenz ist zwangsläufig steigend. Die Belastung der Zukunft wächst wie ein gefährliches Geschwür. Das beweist, wie gering die Sensibilität und der Gegendruck bei fehlstrukturierten Volkswirtschaften unter den gegebenen Voraussetzungen ist. Wenn sich die Hierarchie der Zwänge in einer Volkswirtschaft auf eine Regierung auswirkt, ist es schon zu spät. Kritisch ist es, wenn versucht wird, die Verschuldungsprobleme dadurch zu verdecken, daß sie auf verschiedene Töpfe beziehungsweise Nebenhaushalte verteilt werden. So kann man beispielsweise die Kosten der Arbeitslosigkeit auf das Rentensystem verlagern. Damit werden die Zwänge nicht so deutlich und die eigentlichen Korrekturmaßnahmen auf solche Zeiten verschoben, in denen die Probleme noch größer sind als zum jetzigen Zeitpunkt.

Damit zeigt sich ein weiterer großer Nachteil für jeden Staat, der solche Belastungen durch volkswirtschaftliche Overheads zu erwirtschaften hat. Diese müßten entweder durch größere Stärken der

Wirtschaft, für die der Kunde höhere Preise zu zahlen bereit ist, oder durch eine höhere Produktivität beziehungsweise niedrigere Löhne ausgeglichen werden. Aber selbst wenn die Bevölkerung einen hohen Ausbildungsstand besitzt und von einer Leistungskultur geprägt wird, läßt sich immer nur ein begrenzter Differenzierungsvorteil, und damit ein begrenzter Preisvorteil, erreichen zumal moderne Kommunikationstechniken die Know-how-Wanderung erleichtern. Andererseits ist eine steigende Verschuldung nur über eine begrenzte Zeit möglich, da die Verschuldung und die zu zahlenden Zinsbelastungen von Jahr zu Jahr weiter steigen.

> Wenn ein System so organisiert ist, daß es einen Zwang ausübt, kurzfristig zu denken, ist die Gefahr natürlich besonders hoch, die Gegenwart zu verbessern und dabei die Zukunft zu belasten.

Dies trifft für die Politik in der Demokratie zu. Der Politiker muß alles tun, um seine nächste Wahl wieder zu gewinnen. Dabei helfen ihm Wahlgeschenke, also zusätzliche Ausgaben, selbst wenn diese die Produktivität übersteigen. Die Verluste, die er der Demokratie zufügt, sind nicht in Zahlen zu ermitteln. Bei drohenden Arbeitsplatzverlusten stehen Politiker meistens unter starkem Druck, diese durch Subventionen zu verhindern. Kommt es schließlich doch zur Arbeitslosigkeit, so entstehen wiederum hohe Lasten für die Volkswirtschaft. Die Bürger und die rentablen Betriebe werden zunehmend belastet. Diese üben ihrerseits Druck auf die Politik aus, die Steuern zu senken oder wenigstens nicht zu erhöhen, weil sie ihre Wettbewerbsfähigkeit gefährdet sehen beziehungsweise eine Wählerabwanderung androhen. Der bequemste Weg für den Politiker liegt somit in der Verschuldungserhöhung, also in der Belastung der Zukunft, zu deren Verteidigung kaum einer das Wort ergreift. Durch Schuldenerhöhung lassen sich Probleme überdecken: Der Lebensstandard wird in der Phase der Kreditausweitung künstlich erhöht und die Arbeitslosigkeit reduziert. Für Schulden und die hohen Verpflichtungen für Versorgungszusagen, die er hinterläßt, wird ihn kaum jemand verurteilen und für Sparsamkeit kaum jemand danken, weil sich die Folgen erst sehr langfristig zeigen, wenn andere sein Amt bekleiden. Im Laufe der Zeit wird mit jeder Schuldenerhöhung die Wettbewerbsfähigkeit der Wirtschaft beeinträchtigt, so daß nicht nur die höheren Zinsen, sondern auch die Steuereinnahmen auf Grund sinkender Wachstumsraten die Problemlösung sehr erschweren, was wiederum den Verschuldungsaufbau beschleunigt. Versucht die öffentliche Hand durch neue Steuerquellen die wachsende Verschuldung zu bremsen, so mag dies kurzfristig helfen, langfristig verschärft sie durch die steigende Komplexität und Abgabenlast die Probleme auf Grund der sinkenden Wettbewerbsfähigkeit. *Die organisatorischen Voraussetzungen schaffen also Zwangskonstellationen, durch die alle Demokratien, in denen die Politik frei entscheidet und keine Bremsen durch die Organisation eingebaut sind, früher oder später trotz hoher Steuern und Abgaben eine Verschuldungsgrenze erreichen, die die öffentliche Hand an einen „point of no return" bringt, die Zahlungsunfähigkeit und den Konkurs erzwingt und letztlich harte Maßnahmen zur Sanierung notwendig machen wird.* Die großen Probleme kommen vor allem dann, wenn die Schulden abgebaut werden sollen. Kann eine Demokratie die zu erwartenden Belastungen überhaupt verkraften?

Die Relation im Wettbewerb entscheidet

Lernt ein Wettbewerber, bessere Produkte wirtschaftlicher herzustellen, so wird es für die anderen schwieriger, ihre Marktanteile zu verteidigen. Sind viele Unternehmen einer Branche schlecht organisiert und geführt, so ist schon das relativ bessere sehr erfolgreich. Nach langen Phasen hoher Renditen, in denen ganze Branchen wenig Druck zur Rationalisierung verspüren, zeigen sie normalerweise einen niedrigen Rationalisierungsstand. Der fehlende Zwang führt stets zu einem höheren Maß an Bequemlichkeit. Unbequeme Strukturänderungsmaßnahmen, mit denen man die gute Rendite nochmals steigern könnte, fänden wenig Verständnis bei den betroffenen Mitarbeitern und in der Öffentlichkeit. Folglich werden sie weniger gesucht und vollzogen. *Alle Branchen mit geringer Wettbewerbsintensität, meistens aufgrund staatlicher Barrieren, lassen Symptome überhöhter Kosten erkennen.* Ein solcher Rückstand zeigt sich in der ganzen Breite einer Volkswirtschaft, solange Staaten wie beispielsweise Brasilien ihre

Industrie über lange Zeit mit überaus hohen Zöllen schützen. So lagen die Lohnkosten in Prozent vom Umsatz bei unserer brasilianischen Gesellschaft trotz weitaus niedrigerer Löhne und Gehälter etwa gleichhoch wie in der deutschen Gesellschaft. Arbeitet ein Unternehmen in einem solchen Land, so erzielt es schon hohe Renditen und wächst schnell, wenn es eben produktiver als die anderen arbeitet. In stark wettbewerbsorientierten Ländern hätte ein Unternehmen mit der gleichen Leistung aber keine Überlebenschance. Die Relation zum Wettbewerb entscheidet also über den Erfolg.

> ▶ So wie die Unternehmen von jeher konkurrieren, so stehen durch den weltweiten Handel heute auch ganze Volkswirtschaften verstärkt im Wettbewerb miteinander. Solche mit schlechter Struktur verlieren langsam ihre Positionen, solche mit leistungsfähigen Strukturen gewinnen von Jahr zu Jahr stärkere Positionen im Vergleich zu den weniger effizienten Ländern.

Diese Entwicklung verläuft um so schneller, je größer der Unterschied der Leistungskulturen ist. Viele Hochlohnländer lassen starke Strukturschwächen erkennen, die die Entwicklung bremsen.

Man kann natürlich auf die Hoffnung setzen, daß auch die anderen Demokratien der typischen Tendenz zur Überadministration erliegen, also ebenfalls mindestens in gleichem Maße an Fehlstrukturen leiden. Keiner nutzt das Potential. – Unter den Blinden ist der Einäugige ein König! Da die Relation zu den Wettbewerbsländern entscheidet, fällt ein Land unter Umständen nicht mehr relativ weiter ab, auch wenn der Lebensstandard insgesamt in allen Ländern mit der Tendenz der zunehmenden Überadministration weniger wächst oder gar sinkt. Es gibt jedoch Länder, die zum Teil noch relativ weniger Know-how besitzen beziehungsweise sich in einem frühen Stadium der Know-how-Entwicklung befinden, die auf günstigeren Strukturen basieren und schnell voranschreiten. Werden diese Länder stärker, behalten aber gleichzeitig eine gesunde volkswirtschaftliche Struktur bei, so wird die Gefahr für die fehlstrukturierten Volkswirtschaften um so größer. Schließlich geraten die schlechter strukturierten Staaten in die Versuchung, sich abzukapseln, um Schlimmeres zu verhindern. Aber auch solche Maßnahmen heilen nicht die Krankheitsursachen. Harte

Einschnitte sind auf Dauer nicht zu umgehen. Alles dies ist die Folge einer langfristig fehlentwickelten Struktur und des negativen Ungleichgewichts.

Starke Signale für strukturelle wirtschaftliche Stärken und Schwächen sind der Staatsanteil und die Relation der Beschäftigten der öffentlichen Hand im Verhältnis zum produzierenden Gewerbe. In praktisch allen hochentwickelten westlichen Ländern ist die Zahl der Beschäftigten beim Staat steigend und in der Industrie fallend. Die Administration nimmt zu; die Produktivität kommt fast immer allein aus den freien Wirtschaftsbereichen. Mit der Umschichtung zu einer größeren volkswirtschaftlichen Verwaltung vergrößert sich das negative Ungleichgewicht, die Leistungsfähigkeit sinkt, und die Zahl der Arbeitslosen wächst. Interessant ist, daß die Bundesrepublik Deutschland in der Zeit des entscheidenden Wachstums und der Wohlstandsmehrung bis etwa 1965 noch einen relativ kleinen Staatsanteil hatte, auch wenn er schon überproportional zunahm. Auch die Zahl der Arbeitsstellen in den Gewerbebetrieben wuchs bis dahin noch. Das ursprünglich positive Ungleichgewicht wandelte sich bald zu einem negativen. Mit zunehmender volkswirtschaftlicher Verwaltung, als Ausdruck der wachsenden Administration, rationalisierten die Gewerbebetriebe immer mehr Arbeitsplätze weg. Die Wertschöpfungsstruktur der Volkswirtschaft verschlechterte sich, und damit ging immer mehr Wettbewerbskraft verloren.

Es ist festzustellen, daß sich in fast allen reicheren Ländern das produzierende Gewerbe auf dem Rückzug, der Staat aber auf dem Vormarsch befindet (Abbildung Seite 188). Die öffentliche Hand hat mit zunehmender Leistungssteigerung des produzierenden Gewerbes einen zunehmenden Teil der Wettbewerbfähigkeit kompensiert beziehungsweise die Wohlstandsentwicklung beeinträchtigt. Die besonders hohe volkswirtschaftliche Kopflastigkeit in Schweden bis 1991 als einem Land, das früher zu den reichsten Ländern der Welt gehörte, fällt auf. Trotz seiner hervorragenden natürlichen Voraussetzungen ist Schweden nun bei seiner Wirtschaftsleistung je Einwohner auf ein Mittelfeld zurückgefallen, und dieser Abwärtstrend dürfte aufgrund der ungeänderten volkswirtschaftlichen Struktur ungebrochen bleiben, solange die Strukturen nicht verändert sind. Äußerst dynamisch wachsende Länder wie Korea oder Singapur bauen überproportional

		Produzierendes Gewerbe[1]		Staat[2]		Beschäftigte Staat zu Gewerbe in %
		in Tausend	Index	in Tausend	Index	
Deutschland (alte Bundesländer)	1980	11 908	100	3 929	100	32,9
	1990	11 722	98	4 305	110	36,7
Korea	1980	3 965	100	596	100	15,0
	1991	6 614	167	854	143	12,9
Singapur	1980	382,2	100	69	100	18,1
	1991	536,2	140	62	90	11,6
Schweden	1980	1 364	100	1 459	100	106,9
	1991	1 250	92	1 565	107	125,2
Japan	1980	20 250	100	4 021	100	19,9
	1991	21 920	108	4 061	101	18,5
USA	1980	30 541	100	5 342	100	17,5
	1991	29 838	98	5 608	105	18,8
USA[3]	1980	30 541	100	25 195	100	82,5
	1991	29 838	98	30 943	123	103,7

1 Quelle: Statistical Yearbook UN 1990/1991 (Die Zahlen der UN sind zum Teil anders abgegrenzt als beim Statistischen Bundesamt, vgl. 3.41 S. 6.)
2 Quelle: Statistische Jahrbücher der einzelnen Länder
3 USA – Staat mit Bildungs- und Gesundheitswesen

Angestellte und Arbeiter im produzierenden Gewerbe sowie beim Staat in ausgewählten Ländern

Die Folgen für Arbeitslosigkeit, Investition und Verschuldung

Arbeitsplätze im produzierenden Gewerbe auf, während die staatliche Verwaltung ihren Anteil verkleinert. Damit zeigen diese Länder als Volkswirtschaft die typischen Leistungsmerkmale von Erfolgsunternehmen – die Wettbewerbsstruktur der ganzen Volkswirtschaft hat sich verbessert. Die Zukunft wird zeigen, ob die öffentliche Hand es dort versteht, sich auf das Wesentliche zu konzentrieren und klein zu bleiben. Davon wird die Leistungsfähigkeit im weiteren Verlauf entscheidend abhängen.

Hätten die Alten Bundesländer die gleiche Struktur wie Korea, so wären nur 1,34 Millionen Arbeitnehmer beim Staat beschäftigt beziehungsweise würden beim Staat rund drei Millionen Personen weniger arbeiten. Damit ergibt sich also eine noch günstigere Struktur als im Jahre 1960 in der Bundesrepublik Deutschland. Der Wettbewerbsvorteil in der gesamten Volkswirtschaft würde sich auf rund 240 Milliarden DM für Personal und circa 360 Milliarden DM an volkswirtschaftlichen Verwaltungskosten insgesamt beziffern. Daran zeigt sich, welche gewaltige Mehrbelastung die westdeutsche Wirtschaft im Vergleich mit der volkswirtschaftlichen Struktur Koreas zu tragen hat, und wie dies deren Wettbewerbsfähigkeit beeinflussen muß. Und das ist nur ein Teil der Belastungsdifferenz. Zur Zeit wird noch vieles durch das hohe Vermögen in den Produktionsanlagen und das erhebliche Know-how ausgeglichen, aber die wachsenden Probleme zeichnen sich ab.

8 Ansatzpunkte für geänderte Rahmenbedingungen und eine neue Wirtschaftspolitik

Jede Organisationsform führt zu Vor- und Nachteilen. Die demokratische Organisation hat sich für den Staat deshalb bewährt, weil sie Willkür und das daraus resultierende Unrecht weitgehend verhindert. Aus diesem Grunde wurden die mit ihr verbundenen Nachteile wie zum Beispiel Unwirtschaftlichkeit, Schwerfälligkeit, verwässerte Entscheidungen hingenommen. Will man die Demokratie verbessern und die Fähigkeit, soziale Leistungen zu erbringen, absichern, so konzentriert sich die Überlegung auf die Frage, ob es nicht modifizierte Organisationsformen gibt, die die Vorteile erhalten, aber die Probleme so weit wie möglich abbauen. Damit wird die optimierte Struktur zur entscheidenden Frage: Wie weit sollte der Regulierungs- und Demokratisierungsprozeß getrieben, wie weit dürfen die sozialen Elemente ausgeprägt sein, ohne daß dadurch die Quellen der Leistungsfähigkeit verschüttet werden?

Die größte Schwäche der alternden Demokratie liegt in der Tendenz zur kurzfristigen Ausrichtung und zur Unwirtschaftlichkeit! Infolge der dadurch entstehenden wirtschaftlichen Probleme wächst auch die Interessendisharmonie, die Reibungskonflikte erhöhen die Kosten und senken die Effizienz. – Die Anforderungen der Wähler an die Politiker und die wertvernichtende Administration wachsen. Dadurch werden vor allem dynamische Menschen gebremst. Wer mehr bewegt, kommt eher in Konflikt mit der Administration. Dies sind vor allem die Leistungsträger. Mit zunehmendem Alter der Demokratien steigt folglich der Staatsanteil und das Netz an Vorschriften wird enger. Durch die gegebenen natürlichen und organisatorischen Voraussetzungen ist die öffentliche Hand in hohem Maße unwirtschaftlich. Mit sinkendem oder steigendem Staatsanteil verändert sich die Relation von unproduktiven und produktiven Arbeitsplätzen.

Gleichzeitig werden die Märkte ständig globaler. Folglich werden einzelne Volkswirtschaften immer mehr in eine Konkurrenzsituation gedrängt, und den Regierungen stellen sich zunehmend die Aufgaben von Leitern großer Konzerne. Aber die volkswirtschaftlichen Führungen verhalten sich weiterhin wie Monopolisten, als gäbe es den Wettbewerb nicht. Staatliche und andere Einflüsse belasten in immer größerem Maße das produzierende Gewerbe, und dieses kommt, nicht zuletzt durch die staatlichen Auflagen, in den Grenzbereich der Optimierungsmöglichkeiten im Vergleich zu den Wettbewerbern in besser strukturierten Ländern. Damit wird die Leistungsfähigkeit und Wirtschaftlichkeit der öffentlichen Hand immer entscheidender für die Wettbewerbsfähigkeit der Volkswirtschaften untereinander. An die Wirtschaftspolitik sind völlig neue Anforderungen zu stellen! Die Zwangskonstellation verändert sich. Schon spricht man vom wirtschaftspolitisch machtlosen Staat, weil das frei bewegliche Kapital auf ungünstige Bedingungen sensibel reagiert oder die Unternehmen aufgrund ihrer Standortwahl einen heilsamen Druck auf die Politik ausüben, aber die Regierungen müssen nun zunehmend unter unternehmerischen Bedingungen arbeiten:

▶ Die monopolistische Stellung aufgrund der Abkapselung eines Landes, durch die die Regierungen ihre geringe wirtschaftliche Leistungsfähigkeit kaschieren konnten, wird teilweise durch eine Wettbewerbssituation und eine mehr wirtschaftlich orientierte Zwangskonstellation zum Vorteil einer höheren Leistungsfähigkeit ersetzt, was sich langfristig für den Bürger in höherem Wohlstand äußert. Somit gelten die Merkmale von Erfolgsunternehmen auch für eine erfolgreiche Volkswirtschaftspolitik.

Damit wäre es interessant zu untersuchen, wie man aufgrund modernster Erkenntnisse der Unternehmenspolitik eine Volkswirtschaft steuern sollte. Will man im Wettbewerb der Nationen die demokratische Gesellschaftsform auf Dauer erhalten und effizient machen, so müssen dort, wo die Voraussetzungen zum Versagen führen, neue Strukturen und organisatorische Regelungen gefunden und Schwachpunkte beseitigt werden.

Als Ziel ist ein Gleichgewicht der Volkswirtschaft anzustreben.

> Im Gleichgewichtszustand entsteht die geringste innere Administration, läßt sich das langfristig höchste Wachstum und die höchste Lebensqualität verwirklichen.

Dies ist am ehesten dadurch zu erreichen, daß möglichst alle Teile der Volkswirtschaft, die nicht dem direkten Druck des Wettbewerbs unterliegen, so klein wie möglich gehalten, durch organisatorische Mittel einem Zwang zur Wirtschaftlichkeit ausgesetzt werden, und eine Leistungskultur diese Struktur unterstützt. Damit ließen sich langfristig eine geringe Arbeitslosigkeit bis Vollbeschäftigung sowie weit weniger Streß und Ärger für die Bürger realisieren. Eine so strukturierte Volkswirtschaft erreicht in der langfristigen Betrachtung ein Optimum an Lebensqualität.

In einer späteren Phase der alternden Demokratie gibt es unter dem Druck der Arbeitslosigkeit, Verschuldung und mangelnder Investitionen vielerlei Bemühungen, auch beim Staat, zu rationalisieren.[31] Aber solange grundsätzliche organisatorische Veränderungen nicht stattfinden, die vor allem zu einer wirtschaftlich motivierenden Zwangskonstellation führen und damit die Kultur verändern, werden stets nur begrenzte Erfolge zu erreichen sein. Die Voraussetzung für wirtschaftliche Erfolge ist auch, daß der Aufwand in der gesamten Volkswirtschaft Berücksichtigung findet. Ein Staat kann zum Beispiel nicht seine Effizienz aufrechterhalten, wenn er bei neuen Gesetzen zwar noch den Aufwand der öffentliche Hand abschätzt, aber den der Wirtschaft und der Bürger, bei denen ein Vielfaches an Arbeit und Mühe entstehen kann, völlig unberücksichtigt läßt.

Spitzenorganisationen als Maßstab

Die Erfahrung zeigt, daß es unter sonst gleichen Voraussetzungen Spitzenunternehmen und -volkswirtschaften gibt, die schneller wachsen, ständig mehr an Wohlstand gewinnen und den Beschäftigungsstand immer weiter ausbauen. Sie befinden sich im Gleichgewicht, zeigen also eine optimale Struktur, die zu diesen wirtschaftlichen Vorteilen führt. Gelingt es ihnen, eine solche Struktur zu erhalten und die Erfolgsfaktoren zum Einsatz zu bringen, so sind sie für den Wettbewerb beziehungsweise die Wettbewerbsnation nahezu unangreifbar. Es ist jedoch typisch für alle Erfolgsorganisationen, daß die Anstrengungen erlahmen, wenn die Führung nicht ständig gegensteuert. Der Gewinn oder der Wohlstand wird nach längeren guten Zeiten als gegeben vorausgesetzt, und die Menschen unterschätzen, mit welchen Anstrengungen diese Vorteile erworben wurden. Dann kommt es normalerweise zu Fehlstrukturen, die dazu führen, daß immer mehr Chancen vertan werden. *Die Geschichte beweist, daß kaum jemals Unternehmen oder ganze Volkswirtschaften, die ihre Leistungskraft und letztlich ihren Wohlstand verloren haben, wieder zu neuer Blüte aufstiegen. Aus diesem Grund ist ein ständiger Vergleich mit Spitzenorganisationen sowohl für Unternehmen als auch für ganze Volkswirtschaften sehr wichtig, um frühzeitig die Kräfte aufgrund der schwachen Signale zu mobilisieren, die den wirtschaftlichen Verfall verhindern.*

Wer also die eigene Leistungsfähigkeit erhalten will, muß sich am maßgebenden Wettbewerb messen. Sind die Wettbewerber besonders gut, so hat man es schwerer, besser zu sein. Aber man muß besser sein, wenn man seine Position weiter ausbauen will oder mindestens genauso gut, wenn man sie erhalten will. Beim Benchmarking vergleicht man sich in Marktuntersuchungen mit Spitzenunternehmen beziehungsweise besonders leistungsstarken Volkswirtschaften, um ständig seine Leistung zu überprüfen und zu lernen. Mit Hilfe dieses Instruments wird gezeigt, was in der Praxis möglich ist, da gegen jede theoretische Analyse sofort viele Argumente vorgebracht und somit alle Verbesserungsprozesse blockiert werden. Man geht nicht nur von einem Vergleich mit dem besten Unternehmen der Branche beziehungsweise den besten Volkswirtschaften aus, sondern kann auch Spitzenunternehmen mit Volkswirtschaften vergleichen. Weiterhin werden sogar einzelne Prozesse unterschiedlicher Firmen und Branchen verglichen, die hier Spitzenleistungen erbringen. Beispielsweise hat ein Produktionsunternehmen bei einer großen Zahl von Kunden laufend kleine Beträge abzubuchen. Bei der Suche nach einer Lösung kam man zu dem Ergebnis, daß die Abrechnungssysteme der Banken für ähnliche Probleme entwickelt worden waren; sie dienten dann als Vorbild für das eigene System. Obwohl durch das

Benchmarking oft große Verbesserungschancen aufgezeigt werden, kommen fast immer zuerst Gegenargumente wie: „Bei uns ist alles anders." – Aber wer etwas verbessern will, darf sich durch dieses statische Denken nicht aufhalten lassen.

Als Basis für ein Benchmarking einzelner Prozesse und Organisationen könnten neben den Spitzenbetrieben die Struktur der Bundesrepublik Deutschland bis etwa 1965, aber auch Länder wie Japan, Honkong, Korea oder Singapur herangezogen werden. Für die Wirtschaftlichkeitsorientierung bringen Vergleiche mit Erfolgsunternehmen interessante Erkenntnisse. *Die Merkmale der jeweils besten Volkswirtschaften oder von Spitzenunternehmen bieten Anhaltspunkte für eigene Strukturüberlegungen. Ein entsprechendes Marktforschungsinstrumentarium ist dafür einzusetzen. Die wichtigsten, allgemein verständlichen Kennziffern sollten laufend von einer unabhängigen Instanz ermittelt und veröffentlicht werden.*

Welche Determinanten bestimmen den wirtschaftlichen Erfolg einer Volkswirtschaft?

Wirtschaftliche Erfolge kann ein Staat nur auf Dauer erzielen und die Lebensqualität seiner Bürger auf ein hohes Niveau bringen, wenn er

1. eine volkswirtschaftliche Leistungskultur zur Entfaltung bringt

2. seine eigene Organisation durch eine wirtschaftlich orientierte Zwangskonstellation effizient und „kundenorientiert" gestaltet, insbesondere durch Konzentration auf die Kernkompetenzen, Verkürzung der Wertschöpfungsprozesse sowie Abbau von Komplexität und

3. die Erfolgsfaktoren der freien Wirtschaft zur Entfaltung bringt, insbesondere indem wertvernichtende Reibungsverluste und Energieverschleiß minimalisiert werden.

Damit würden auf Dauer Lebensqualität und Lebensstandard erhöht, Arbeitslosigkeit, Verschuldung und Auseinandersetzungen minimiert.

Die Grunderkenntnisse aus allen Überlegungen lauten:
Das Maß an

- wirtschaftlich orientierten, motivierenden oder unwirtschaftlich orientierten Zwängen zum Beispiel durch monopolistisch organisierte Stellen
- Beachtung des Prinzips von „Leistung und Gegenleistung" zum Beispiel durch pretiale Lenkung
- Interessenharmonie oder -disharmonie
- freiheitlichen Rahmenbedingungen oder entfaltungshindernden Detailregelungen
- auseinandersetzungsfreien und einfachen Abläufen oder Reibungskonflikten und Überkomplexität
- wertschöpfender oder wertvernichtender Administration
- korrekter Abwicklung und Anstand oder Korruption
- Rechtschaffenheit oder Kriminalität

bestimmt die volkswirtschaftliche Kultur, den nutzlosen Aufwand und Kräfteverschleiß, den Wohlstand und die Lebensqualität. Bei allen Regelungen zur Struktur- und Ablauforganisation ist von der Grundüberlegung auszugehen, daß eine möglichst große Zahl von Bürgern, Mitarbeitern in der Wirtschaft, bei den Verbänden und der öffentlichen Hand von einer motivierenden Zwangskonstellation gesteuert wird.

▶ Ein natürlicher oder durch organisatorische Regelungen wirkender Druck zur ständigen Verbesserung, also eine wirtschaftlich orientierte Zwangskonstellation, hat sich als der entscheidende Impulsgeber zur wirtschaftlichen Leistungssteigerung erwiesen.

Damit ist ein starker Motor für die wirtschaftliche Dynamik geschaffen. Eine Voraussetzung, daß dieser Motor seine Kraft entfalten kann, liegt darin, die „Bremsen zu lockern", das heißt die internen Reibungsverluste beziehungsweise den nutzlosen Energieverschleiß zu minimalisieren. Dann können sich die Kräfte aufgrund der wirtschaftlichen Zwangskonstellationen voll entfalten. Dies ist für die Entwicklung einzelner Wirtschaftsbetriebe genauso wichtig wie für die der öffentlichen Hand. Die Kunst der volkswirtschaftlichen Steuerung liegt also darin, moti-

vierende Zwangskonstellationen zu erzeugen, die fordern, aber nicht überfordern, die Zahl der Stellen, die wirtschaftlichen Zwängen unterliegen, so weit wie möglich zu erhöhen und den Anteil der monopolistisch organisierten Stellen der öffentlichen Hand auf das unbedingt notwendige Minimum zu beschränken. Der beste Ansatz für eine wirtschaftlich orientierte Zwangskonstellation und eine Begrenzung des Machtmißbrauchs ist immer noch der Wettbewerb und insbesondere die Abhängigkeit des eigenen Einkommens und der Entwicklungschancen vom Erfolg. Die öffentliche Hand nimmt aber für sich auf fast allen Gebieten eine Monopolstellung in Anspruch, die sie wegen der schlechten Erfahrungen mit dieser Organisationsform normalerweise keinem Wirtschaftsbetrieb erlaubt. Dadurch wird der Staat, wie die Erfahrung in vielen Ländern zeigt, nicht selten zum entscheidenden Hindernis für die Entwicklung des Wohlstands. *Monopolistische Strukturen, die sich nicht nur in der freien Wirtschaft, sondern auch bei der öffentlichen Hand als nachteilig erwiesen haben, müssen allein auf die hoheitlichen Kernaufgaben beschränkt werden.* Zur Steigerung der Produktivität sind in den Behörden, in sonstigen staatlichen Institutionen und Verbänden Voraussetzungen wie in der Wettbewerbswirtschaft zu schaffen. Durch organisatorische Maßnahmen ist eine stärkere Kunden- beziehungsweise Bürgerorientierung anzustreben. Es ist also wichtig, durch neue Regelungen Voraussetzungen zu schaffen, die die wirtschaftlichen Zwänge möglichst früh in die obere Hierarchie der großen Organisationen hineintragen. Das bedeutet manchmal auch Verzicht auf Größenvorteile.

> In der Tochtergesellschaft eines Weltkonzerns gab es zur Belieferung von Handwerksbetrieben eine große Absatzorganisation. Aus Erwägungen, die im einzelnen heute nicht mehr bekannt sind, faßte der Vertriebsleiter fünf Vertretungen zu einem Großbezirk zusammen und teilte die erwirtschaftete Gesamtprovision gleichmäßig auf alle Vertretungen auf. Im Laufe von drei Jahren war dieses Gebiet gegenüber dem Wettbewerb erheblich zurückgefallen, wie der Vergleich mit anderen Gebieten und eine Marktanalyse belegten. Erst die klare Zuteilung von Gebieten und Provisionen auf jeden einzelnen Vertreter, also der erhöhte motivierende Zwang, führte nach und nach wieder zu einer Verbesserung.

Ähnliche Erkenntnisse mußte die Wirtschaft immer wieder machen: Je direkter die Entlohnung an den eigenen Erfolg einer Person gebunden wird, um so stärker ist die marktwirtschaftlich motivierende Zwangskonstellation. Diese Erfahrung hat zu der Bildung von Profit-Centers geführt. *Jeder muß für seine Ausgaben, Einnahmen und sein Ergebnis direkt verantwortlich zeichnen. Subventionierungen und Mischfinanzierungen nehmen den Zwang, wirtschaftlich zu arbeiten, da es keine direkte Verantwortung gibt und es – wie die Erfahrung in den Unternehmen zeigt – nur zu Schuldzuweisungen und ständigen Streitereien kommt, hingegen aber zu wenig Anstrengungen unternommen werden, Verbesserungen auszulösen.* Wenn eine Kommune oder ein Land darauf vertrauen kann, daß hohe Fehlbeträge durch Zuschüsse ausgeglichen werden, so wied die Überlegung, wirtschaftlich zu arbeiten, in ihrer Bedeutung stark zurücktreten.

Der Bürger muß wie ein Kunde unangemessenen Forderungen ausweichen können: Wenn die Kommunen beispielsweise ihre entsprechenden Einnahmen selbst bestimmen können, so sollte dem Bürger auch die Möglichkeit gegeben werden, ohne zu große Schwierigkeiten als Steuerzahler in günstigere Kommunen überzuwechseln, so wie er als Kunde einen nicht leistungsfähigen Lieferanten austauscht. *Ein natürlicher Wettbewerbsdruck könnte dadurch entstehen, daß der Bürger unter bestimmten Voraussetzungen seinen ersten Wohnsitz durch Anmietung einer weiteren Wohnung ohne Umzug verlegen kann und so in einer anderen Gemeinde ganz oder teilweise steuerpflichtig wird. Unter der Voraussetzung, daß alle Subventionen von Bund und Ländern unterbleiben, unterlägen die Gemeinden, wie jeder Lieferant in der freien Wirtschaft, einem Zwang, nach dem ökonomischen Prinzip zu arbeiten und den Bürgern eine entsprechende Gegenleistung zu erbringen, um möglichst viele Steuerzahler an sich zu binden. Arbeitet eine Gemeinde trotzdem unwirtschaftlich, und überschreitet die Verschuldung die gesetzlichen Grenzwerte, muß ein Sanierer dem Stadt- oder Gemeinderat die Geschäfte aus der Hand nehmen und gegebenenfalls eine andere Stadt oder Gemeinde, die besser wirtschaftet, die Führung übernehmen. Dafür sind entsprechende Kriterien zu entwickeln.*

Innerhalb einer Staatengemeinschaft ist beispielsweise eine Steuerharmonisierung nicht wünschenswert, weil die Zwangskonstellation zu wirtschaftlichem Handeln ungünstiger wird und eher ein Dauerstreit um Kompromisse zwischen den Nationen entsteht. Bei einem Wettbewerb der Steuersysteme führt gerade die Steuerflucht zu einem Druck auf die Regierungen, nicht aufgrund einer Gefälligkeitspolitik und eines Interessendrucks die Last für einzelne Gruppen zu stark anzuheben. Gegen diese Fehlentwicklungen baut sich dann ein wirtschaftlich erwünschter Druck auf, der letztlich dazu beiträgt, daß die Leistungskraft und damit der Lebensstandard gestärkt wird.

Wenn diese Wettbewerbsvoraussetzungen geschaffen sind, könnte man weitere Überlegungen aus der Erfahrung erfolgreicher Unternehmen zur wirtschaftlichen Steuerung der Behörden ableiten. Seit mehr als 20 Jahren haben vor allem amerikanische Beratungsunternehmen, aber auch die Wissenschaft, die typischen Merkmale der erfolgreichen Unternehmer und Unternehmen herausgearbeitet. Es ist wichtig, diese Faktoren zu kennen.

Zwingende Voraussetzung für eine Leistungskultur ist die motivierende Zielsetzung: Sie führt zu einer klaren Orientierung, erhöht die Zufriedenheit, mindert schädliche Reibungskonflikte und verhindert unnötige Kosten. *Dabei sollte jede optimierte Wirtschaftspolitik sehr langfristig auf die volkswirtschaftlich relevanten strategischen Erfolgspositionen ausgerichtet sein. Das langfristige Denken ließe sich zumindest dadurch unterstützen, und die Politiker könnten sich mehr auf Wesentliches konzentrieren, wenn die Wahlen für Bund, Länder und Gemeinden zeitlich zusammengelegt und die Wahlperioden vergrößert würden.*

Eine Organisation arbeitet besonders effizient, das heißt, es kommt zu einer günstigen Relation von Kräfteeinsatz und Ergebnis, wenn sie sich auf bestimmte allgemeingültige Leistungselemente konzentriert[32] (vgl. Abbildung auf der nächsten Seite).

An dem Beispiel eines der genannten Ziele seien die Vorteile für die Effizienz erläutert: *Auch wenn die wirtschaftlichen Zusammenhänge eine hohe Komplexität zeigen, so ist es ein wichtiges Merkmal erfolgreicher Führung, daß die Konzepte möglichst einfach, fokussiert auf das Wesentliche und für alle verständlich sind. Man reglementiert möglichst wenig, sorgt aber konsequent für die Umsetzung der Regelungen.* Nur dann, wenn Mitarbeiter die Ziele, Gründe und Maßnahmen verstehen, können sie sich darauf ausrichten. Die Berichterstattung in der Volkswirtschaft, beispielsweise durch die Fünf Weisen, ist zu umfang-

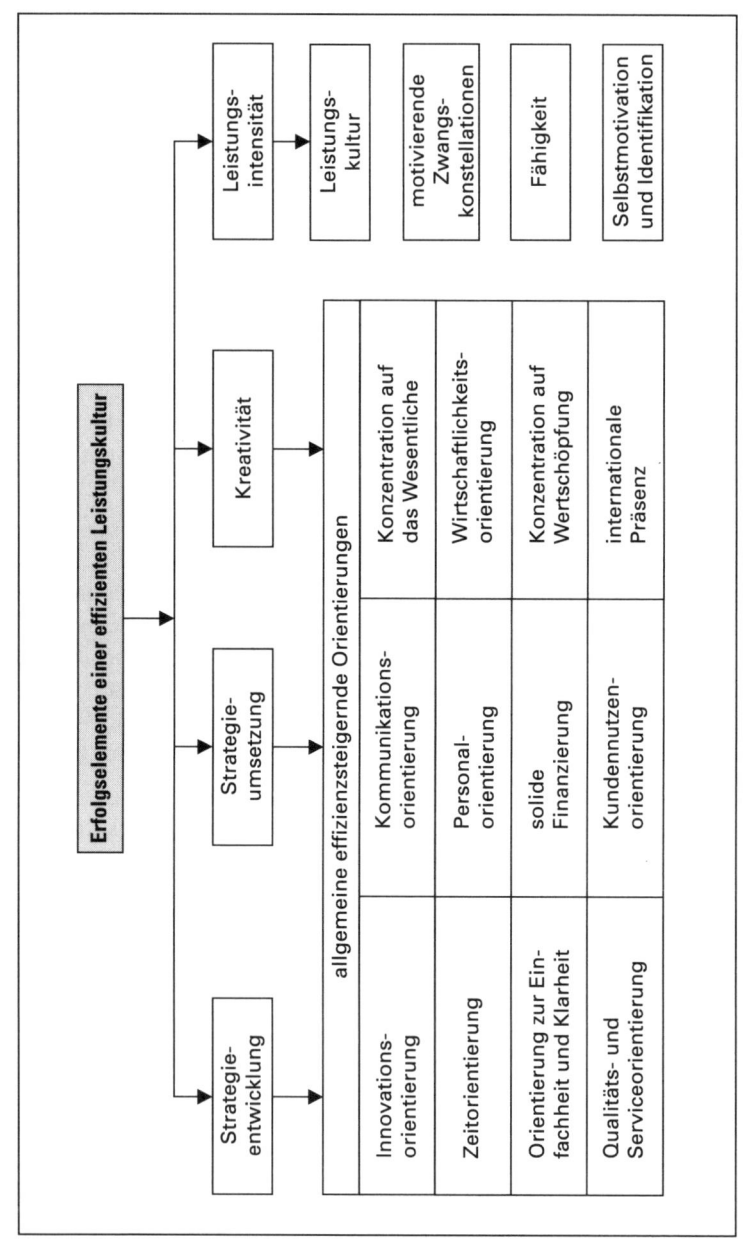

Erfolgselemente einer effizienten Leistungskultur

	Strategieentwicklung	Strategieumsetzung	Kreativität	Leistungsintensität
				Leistungskultur
				motivierende Zwangskonstellationen
				Fähigkeit
				Selbstmotivation und Identifikation

allgemeine effizienzsteigernde Orientierungen			
Innovationsorientierung	Kommunikationsorientierung	Konzentration auf das Wesentliche	
Zeitorientierung	Personalorientierung	Wirtschaftlichkeitsorientierung	
Orientierung zur Einfachheit und Klarheit	solide Finanzierung	Konzentration auf Wertschöpfung	
Qualitäts- und Serviceorientierung	Kundennutzenorientierung	internationale Präsenz	

Elemente einer effizienten Leistungskultur

reich und kompliziert, als daß der normale Bürger bereit oder in der Lage wäre, die Zusammenhänge nachzuvollziehen. Eine in wenigen Thesen und mit einfachen Worten dargestellte Kurzfassung auf wenigen Seiten könnte dagegen mehr wirtschaftlich denkende Bürger mobilisieren.

Ein typisches Merkmal der wichtigsten Erfolgsfaktoren ist, daß sie langfristig erarbeitet werden müssen, aber normalerweise über Jahrzehnte die Erfolge absichern, ehe sie ganz verlorengehen. Fehler in der Unternehmensführung zeigen oft erst nach fünf bis zehn Jahren ihre praktischen Auswirkungen, und diese sind dann auch nur sehr langfristig korrigierbar. Durch Untersuchungen über die Industrie sowie aus der praktischen Erfahrung ist bekannt, daß Spitzenfirmen strategisch denken und handeln, das heißt, über lange Zeit konsequent dieselben Ziele verfolgen. Das erhöht die langfristige Erfolgswahrscheinlichkeit erheblich. In der Demokratie sind Politiker aber stark durch das Tagesgeschäft beansprucht und aufgrund der Anforderungen der Wähler gezwungen, kurzfristig zu denken. Ein besonders häufiger Wechsel in der obersten Führung eines Unternehmens wie beispielsweise bei der AEG nach 1945 oder eine Vielzahl von Regierungswechseln wie in Italien zerstören jede Kontinuität. Darüber hinaus zeigen sich die Schäden in der Volkswirtschaft mit noch viel größerer Zeitverzögerung als in den Unternehmen. Wer die nächste Wahl gewinnen will, kann nur schwer vorher Opfer von der Bevölkerung verlangen oder Personalabbau beim Staat durchsetzen. *Die Bürger honorieren weit mehr den kurzfristigen Nutzen, als sie den langfristig angerichteten, weit größeren Schaden befürchten. Die langfristige Zukunft zu sichern, hat deshalb bei den Politikern nur eine sehr geringe Priorität.*

> ▶ Die Wirtschaftspolitik muß also stärker auf langfristige Ziele mit klaren Prioritäten ausgerichtet sein.

Nun wird dagegen argumentiert, daß Meinungsvielfalt erwünscht und daher gemeinsame Ziele nicht gesetzt werden dürfen. An solche Einschränkungen ist auch nicht gedacht, weil dies eher die Regulierungsdichte erhöhen würde. Spitzenfirmen motivieren zu gemeinsamen Zielen und lassen doch eine große Meinungs- und Handlungsfreiheit zu. Nicht durch Zwänge, sondern durch Anerkennung,

Einkommen und Beförderung sollten in einem freiheitlichen System zum Vorteil alle Impulse zur Ausrichtung auf wirtschaftliche Ziele gegeben werden: *Eine neutrale Instanz mit hoher Autorität sollte jährlich für die Bevölkerung in einem kurzen Bericht mit einfachen Worten darstellen, was die Regierung in Bund und Ländern für die Zukunftssicherung getan hat und welche Strukturveränderungen langfristig zu Gefahren führen. Dadurch kann beim Wähler mehr Verständnis für langfristige Notwendigkeiten geschaffen werden. Mißachtet eine Regierung aber diese Gesichtspunkte ständig, so müßte die betreffende Instanz mit besonderen Rechten ausgestattet werden, zum Beispiel Sendezeiten im Fernsehen erhalten.*

Die Qualität der Führung hat sich in den Wirtschaftsbetrieben als die wohl wichtigste Voraussetzung für eine langfristig gute Entwicklung erwiesen. Dabei spielen zum Beispiel die Ausbildung, die Erfahrung, die Selbstmotivation, die gelebten Grundwerte, die Eigenschaftsstruktur eine große Rolle. Verfügen die Regierungen, Parlamente und gesetzentwerfenden Ministerien nicht über eine breite Schicht von Mitgliedern mit vertiefter ökonomischer Kenntnis und praktischer Erfahrung, so erhöht sich die Wahrscheinlichkeit, daß auf Grund einer Vielzahl von Fehlentscheidungen, langfristig Struktur- und Wirtschaftsprobleme entstehen. Insofern haben Länder mit einem intensiven Austausch der Mitarbeiter zwischen Regierungen, Ministerien, Parlamenten einerseits und der Wirtschaft andererseits, die also Job-rotation betreiben, bessere Erfolgsaussichten. Obwohl die Praxis und die Psychologie eine Reihe von Instrumenten zur Auswahl der besten Führungskräfte entwickelt haben, ist es nach wie vor unverhältnismäßig schwierig, die richtige Wahl zu treffen. Zunächst werden die Bewerbungsunterlagen, denen alle Zeugnisse beiliegen, geprüft, um eine Vorauswahl zu treffen. In der Endauswahl kommen Einstellungsgespräche, Persönlichkeitstests, Arbeitsproben, strukturierte Interviews und Assessment-Center, in denen man alle möglichen Tests kombiniert, zum Einsatz.[33] Trotz aller Verfahren zeigen die späteren Berufserfolge der Ausgewählten, daß man über eine Erfolgswahrscheinlichkeit von 70 Prozent nicht hinauskommt.

In der Volkswirtschaft werden die politischen Repräsentanten gewählt, wobei man oft nicht mehr als ihren Namen und den letzten Beruf kennt. *Selbst wenn man Bewerbern um ein politisches Amt, die damit eine weit höhere Verantwortung als ein Unternehmensführer für das Wohlergehen der Bevölkerung übernehmen, nicht einer Testprozedur unterwerfen kann, wie die Manager in den Unternehmen, so wäre es doch eine Mindestvoraussetzung, von jedem Kandidaten einen tabellarischen Lebenslauf zu veröffentlichen, der seine Erfolge und Mißerfolge von der Ausbildung bis zum beruflichen Werdegang in kurzer Form erläutert.* So hat der Wähler eine etwas bessere Voraussetzung, die richtige Wahl zu treffen. Aber auch an die Ausbildung und Erfahrung sollten wegen der großen Verantwortung und der gewaltigen Risiken für die Volkswirtschaft gewisse Mindestvoraussetzungen gestellt werden. Gute Kenntnisse über die wirtschaftlichen Zusammenhänge wären nicht nur bei den Fachleuten in den Ministerien von großem Nutzen.

In der Wirtschaftsliteratur wird das Prinzip der Job-rotation, also der Wechsel über mehrere Funktionen eines Unternehmens, als wichtige Voraussetzung dafür gesehen, daß Entscheidungen objektiver beurteilt und gefällt werden können, weil man dadurch mehr Verständnis für die Schwierigkeiten der anderen Funktionsgebiete gewinnt. Beispielsweise arbeitet ein Produktions- und Entwicklungsmann dann für eine gewisse Zeit im Verkauf beziehungsweise der Verkäufer in der Produktion oder Entwicklung. *Eine volkswirtschaftliche Job-rotation zwischen Wirtschaft und Politik würde auch den Politikern helfen, eine höhere Entscheidungssicherheit zu erreichen.* Sie sollten über einige Jahre in leitender Funktion in der freien Wirtschaft lernen, wie man mit Hunderttausenden richtig umgeht, ehe sie mit Milliarden üben, zumal ihnen das wirtschaftliche Instrumentarium zur Zeit kaum Hilfen bietet, die Konsequenzen zu übersehen.

Die Erfolgsformel kennzeichnet den Gleichgewichtszustand, der Gleichgewichtszustand führt zur bestmöglichen Wohlstandsentwicklung

Wenn es einer Regierung gelingt, Voraussetzungen zu schaffen, unter denen es den Unternehmen leichter möglich ist, ihre Erfolgsfaktoren zur Entfaltung zu bringen, wird die Volkswirtschaft überdurchschnittlich wachsen, und die Unternehmen sind weit besser in der Lage, weltweit starke Positionen zu besetzen. Dazu müssen aber einerseits

Rahmenbedingungen geschaffen werden, in denen Leistung und Kreativität sich lohnen, und zum anderen hat die Regierung ständige Impulse zur Verbesserung zu geben. Damit werden die Leistungskultur, die Differenzierungskraft und der Ideenreichtum zur Rationalisierung gefördert. Eine so ausgerichtete Volkswirtschaft kann langfristig wesentlich höhere Beiträge erbringen, um andere politische Maßnahmen zu finanzieren.

Die Vielzahl der Erfolgsfaktoren mit ihren gegenseitigen Einflüssen ist schwer zu übersehen. Durch diese Komplexität und die fehlende Kenntnis der Zusammenhänge kommt es nicht selten zu Fehlentscheidungen und falsch gesetzten Schwerpunkten, die Milliarden kosten, da immer nur Teilaspekte gesehen werden. Die vier Hauptfaktoren

▶ Leistungskultur
▶ Kosten
▶ Differenzierungskraft
▶ Marktposition

wurden bereits vorher erwähnt. Wenn die Politik diese bei allen Entscheidungen im Hinblick auf die Auswirkungen beim Staat, in den Wirtschaftsbetrieben und bei den Bürgern angemessen berücksichtigt, dann läßt sich von vornherein die Erfolgswahrscheinlichkeit erhöhen. *Es sollte durch unabhängige Instanzen ein sensibles Instrumentarium geschaffen werden, damit man frühzeitig erkennt, ob sich durch Veränderung der vier Haupterfolgsfaktoren strukturelle Veränderungen andeuten. Das zwingt mehr zum langfristigen Denken.*

Um eine weitere Vereinfachung der komplexen Zusammenhänge zu erreichen, lassen sich die gesamten Einflüsse in zwei einfachen Erfolgsformeln[34] zusammenfassen, die die fundamentalen Werte einer wirtschaftlichen Situation wiedergeben. Sie geben Hinweise auf entstehende oder vorhandene Strukturprobleme. Durch sie ist eine noch bessere Orientierungsgrundlage gegeben. Diese entscheidenden Grundlagen können eine Zeitlang durch künstliche Maßnahmen der Regierung, wie Steigerung des Lebensstandards durch Kreditaufnahme, Subventionierung oder Währungsbewertungen, die ein Land zeitlich begrenzt bevorzugen, verdeckt sein; auf längere Sicht wird sich die fundamentale Situation jedoch nicht verbergen lassen: Trotz aller gutgemeinten politischen Bemühungen um Korrekturen führt ein negatives Ungleichgewicht langfristig stets zu einem Wechselspiel von steigender Abwanderung des Investitionskapitals, Verschuldung, Arbeitslosigkeit und sinkendem Lebensstandard.

Man muß zwischen den kurz- beziehungsweise mittelfristigen Wirkungen einerseits und den langfristigen Konsequenzen andererseits unterscheiden. Kurzfristig, das heißt in den nächsten fünf bis zehn Jahren, hängt der Erfolg vor allem davon ab, wie viele wichtige Produkte der Volkswirtschaft im Weltmarkt einen Wettbewerbsvorsprung besitzen, mit denen man sich gegenüber anderen Anbietern möglichst stark differenziert, welche Produktivität die Wirtschaft aufweist und welche Marktpositionen die eigenen Unternehmen besetzen konnten. Eine starke Position drückt sich vor allem in hohen Marktanteilen, technischen Vorsprüngen, einer ausgeprägten Flexibilität und Schnelligkeit der Wirtschaft, einem führenden Qualitäts-Image und weltweiten Vertriebs- und Serviceorganisationen aus. Interessante Differenzierungen und gut besetzte Marktpositionen wurden über eine oder mehrere Generationen erarbeitet und verbessern die Erlössituation. Man erzielt also höhere Preise als der Wettbewerb. In dieser Hinsicht besaß die Volkswirtschaft der Bundesrepublik Deutschland schon in den 70er Jahren eine starke Substanz.

Dagegen steht nun die Kostenstruktur: Werden die höheren Preise bei relativ niedrigeren Kosten erreicht, so befindet sich die Volkswirtschaft in einem positiven Ungleichgewicht. Decken sich die Kosten mit den Erlösen, so liegt ein Gleichgewicht vor. Übersteigen die Kosten allerdings die Erlössituation, so kommt es zu einem negativen Ungleichgewicht und einem Druck auf die Wirtschaft, Anpassungsmaßnahmen durchzuführen.

Die Formel für den Strukturzustand der Wirtschaft lautet:

$$\text{kurzfristiger Erfolg} = \frac{\Sigma \,(\text{Differenzierungen} + \text{Marktposition})}{\text{Kostenstruktur}}$$

Eine solche Formel ist keine Rechenvorschrift im mathematischen Sinn. Sie soll lediglich das positive oder negative Zusammenspiel der wichtigsten Erfolgsfaktoren übersichtlich darstellen.

> Die Überlegungen zeigen, daß die Relation zwischen den gesamten volkswirtschaftlichen Kostenbelastungen einerseits und dem Maß an Differenzierungen und Marktpositionen andererseits stimmen muß, wenn man einen Staat im Gleichgewicht halten will. Im Gleichgewichtszustand zeigt sie die bestmögliche Wohlstandsentwicklung.

Steigen die Kosten an, ohne daß sich die Situation im Hinblick auf Differenzierungen und Marktpositionen verbessert, so kommt es zu einem negativen Ungleichgewicht. Gewährt man zu hohe soziale Leistungen oder versucht man, den Lebensstandard der Bürger zu erhalten, indem die Löhne und Gehälter höher bleiben, als das Gleichgewicht dies erfordert, so beeinflußt dies die Leistungskultur, steigt die Verschuldung oder die Arbeitslosigkeit, und die Investitionen wandern in andere Länder. Mit diesem Prozeß sind ständig weiter steigende volkswirtschaftliche Kosten verbunden, die das Ungleichgewicht weiter erhöhen. Der Abstiegsprozeß beschleunigt sich. *Dabei ist auch zu bedenken, daß ein hohes Maß an Bürokratie die wirtschaftlichen Abläufe erschwert sowie verlangsamt, also die Kostenstruktur verschlechtert, und die Differenzierungsmöglichkeiten dadurch senkt, daß Kreativität, Schnelligkeit und Flexibilität verhindert werden.*

Im Gleichgewichtszustand befindet sich eine wirtschaftliche Organisation dann, wenn alle Belastungen, zum Beispiel durch Steuern und soziale Leistungen oder Löhne, durch die Höhe der Erlöse aufgrund der Differenzierung und der Produktivität erwirtschaftet werden. *Dabei fördert ein gewisser Druck auf die Wirtschaft, also eine motivierende Zwangskonstellation, das Bemühen um Rationalisierung und Leistungssteigerung, was wiederum dem Lebensstandard aller zugute kommt. Unter dem motivierenden Druck werden die Leistungsdeterminanten intensiver genutzt, die Volkswirtschaft kommt schneller voran.* Wird der Druck jedoch zu stark, werden Löhne, soziale Lasten, Steuern etc. zu hoch, so beansprucht die Kosteneinsparung die ganze Kraft des wirtschaftlichen Denkens, die Kreativität und Differenzierungsleistung fällt zurück, und schließlich kommt es in großen Teilen der Volkswirtschaft zu einer Resignation, inneren Kündigung und dem Versuch zu retten, was noch zu retten ist, zum Beispiel durch konsequente Anpassung der Arbeitsplätze, durch Schrumpfung und Verlagerung.

Die Wirtschaft im Gleichgewicht zu halten heißt letztlich, das zu tun, was jeder verantwortliche Familienvorstand unternimmt, nämlich nicht mehr auszugeben, als man erwirtschaftet beziehungsweise sich leisten kann. Dadurch läßt sich die Interessenharmonie am ehesten optimieren, lassen sich langfristig nicht nur die wirtschaftlichen, sondern auch die sozialen Probleme am besten lösen, die nach einer Phase der Überbeanspruchung vor allem im darauf folgenden Anpassungsprozeß entstehen. *Die Ausgaben sind folglich stets eine derivative Größe, die sich zu einer leistungsorientierten Organisation nach den Erlösen zu richten haben.*

Die Vorteile durch eine bessere Differenzierung und Position erlauben nur in mehr oder weniger großen Grenzen, bis dem Wettbewerb eine Nachahmung gelingt, bessere Erlöse. *Der Bestand an Differenzierungen und Marktpositionen schützt den Erfolg nicht selten über Jahrzehnte, auch wenn die Kraft im Laufe der Zeit, wenn sie nicht stets erneuert wird, mehr und mehr nachläßt.*

> ▶ Die Chance zur Differenzierung nimmt im Verlauf der Lebenskurve eines Produkts oder einer Technologie tendenziell ab. Deshalb ist das Maß, mit dem Hochlohnländer an der Entwicklung der Zukunftsmärkte beteiligt sind, ein starkes Signal für den zukünftigen Auf- oder Abstieg einer Nation.

Die einzelnen Industriezweige haben einen unterschiedlichen Anteil der Löhne und der Gehälter an den Gesamtkosten, weil nach der Fertigungsstruktur und Losgröße nicht immer eine hohe Mechanisierung oder Automatisierung möglich ist. Alle Industriezweige mit hohem Lohnanteil sind durch Billiglohnländer besonders gefährdet, wenn diese in der Lage sind, das Differenzierungsniveau zu erreichen, das heißt mit einem ähnlichen Know-how zu produzieren. Je höher die Löhne und Gehälter steigen, je mehr die Wettbewerbsländer an Know-how gewinnen, um so mehr Industriezweige werden im Hochlohnland verdrängt und die Arbeitsplätze ins Niedriglohnland verlagert. Das so entstehende Ungleichgewicht zwischen der Differenzierung und den damit verbundenen Erlösen einerseits und den Kosten andererseits vernichtet die Arbeitsplätze. Die weltweite, ständig wachsende Kommunikation und die Internationalisierung der

Unternehmen mit Produktionsstandorten in Niedriglohnländern sorgen für einen zunehmenden Know-how-Transfer und damit für eine schnellere Nivellierung der Vorteile. Dadurch gehen Positionen schneller verloren, und die Bedeutung der Leistungskultur wird zum dominierenden Faktor für eine erfolgreiche Wirtschaftsentwicklung.

Von der kurz- und mittelfristigen Betrachtung ist also die langfristige zu unterscheiden, die die nächsten 20 bis 30 Jahre erfaßt. Auch hier gilt die Erfolgsformel, aber es kommt noch ein Faktor hinzu, als Ausdruck für die Kraft beziehungsweise Dynamik zur Differenzierung, Verbesserung der Marktposition und Produktivität: die Leistungskultur. Ist sie relativ besser als beim Wettbewerb, so kann man davon ausgehen, daß die Summe der Differenzierungen schneller wächst, daß man sich langfristig bessere Marktpositionen erkämpft und die Produktivität Jahr für Jahr überdurchschnittlich steigt. Die langfristige Formel lautet also:

$$\text{Langfristerfolg} = \text{Leistungskultur} + \frac{\Sigma \, (\text{Differenzierungen} + \text{Marktposition})}{\text{Kostenstruktur}}$$

Gerät eine Volkswirtschaft ins negative Ungleichgewicht, zum Beispiel durch steigende Arbeitslosigkeit und Abwanderung der Investitionen, so läßt sich mit Hilfe der Langfristerfolgsformel erkennen, welche Maßnahmen zu ergreifen sind, um die Situation wieder zu verbessern. *Sind die Möglichkeiten, sich über eine Leistungskultur und Kreativität zu differenzieren, unterdurchschnittlich, so bleibt nur noch die Senkung der Kosten, um erneut zu einem Gleichgewicht zu gelangen.* Starke Signale für ein Ungleichgewicht liegen also in steigender Arbeitslosigkeit und Verschuldung, aber auch in einer zu hohen Zahl von Konkursen und Firmenübernahmen.

Die Überlegungen liegen nahe, daß die Erfolgsformel gleichzeitig auch kennzeichnet, unter welchen Bedingungen sich der Arbeitsmarkt im Gleichgewicht befindet. Kurzfristig hängt die Zahl der Arbeitsplätze von der Relation der Differenzierungsvorteile und Marktpositionen einerseits und von der Kostenposition andererseits ab. Lediglich einige Kostengrößen wie Löhne und Gehälter lassen sich theoretisch kurzfristig anpassen, während andere wie die Produktivität und die Marktpositionen sich nur durch harten Einsatz über lange Zeit verändern. Dadurch ist es auch verständlich, daß sich die Diskussion in Krisenzeiten vor allem auf die schnell beeinflußbaren Größen konzentriert.

Zur langfristigen Verbesserung des Arbeitsmarktes ist wiederum die Leistungskultur der eleganteste Ansatz:

$$\text{Arbeitsmarktsituation} = \text{Leistungskultur} + \frac{\Sigma\,(\text{Differenzierungen} + \text{Marktposition})}{\text{Kostenstruktur}}$$

Nur eine relativ bessere Leistungskultur im Vergleich zu den Wettbewerbsnationen führt zu schnellerer Entwicklung von differenzierenden Produkten, Dienstleistungen, Marketingmethoden, zu höherer Produktivität und sichert dadurch die Arbeitsplätze auch bei relativ höherem Einkommen noch ab. Arbeitslosigkeit entsteht also im wesentlichen durch das Ungleichgewicht der in der Formal dargestellten Zusammenhänge, das heißt, sie entsteht als Folge eines Strukturproblems.

> Langfristig kommt also der Leistungskultur die entscheidende Bedeutung für Wohlstand und Lebensqualität zu.

Dabei hat ein bürokratisch beherrschtes System – wie wir gesehen haben – einen besonders starken negativen Einfluß auf das Verhalten der Menschen. Bürokratische Systeme zerstören auf Dauer jede Leistungskultur, die für Differenzierung, gute Positionen und hohe Produktivität sorgt. Eine verfallene Leistungskultur ist aber bei einer erfolgsverwöhnten Nation weit mühevoller zu reaktivieren als bei erfolgshungrigen Menschen. Darüber hinaus wird es nur sehr schwer gelingen, die im Wohlstand aufgebaute erzwungene Administration und das Lohn- und Gehaltsniveau wieder abzubauen. Die Praxis hat bewiesen, daß reiche Volkswirtschaften nach einem Abstieg kaum noch einmal die früheren Positionen erreichten: Sie besaßen fast nie die Kraft, eine neue Leistungskultur zu entfalten und einen neuen Aufstieg einzuleiten. Langfristiges Denken ist deshalb so wichtig, weil man damit schon früh Fehlentwicklungen vorbeugt.

Mit Hilfe der Erfolgsformel läßt sich die wirtschaftliche Situation Deutschlands nach 1945 logisch analysieren. Ausgangspunkt war vor allem die Leistungskultur, das heißt eine hohe Selbstmotivation in der breiten Schicht der Bevölkerung, etwas zu leisten und Deutschland wieder aufzubauen. Die Ziele weiter Teile der Bevölkerung, das Einkommen wesentlich zu erhöhen, die freiheitlichen Rahmenbedingungen mit geringer Administration und die motivierende Zwangskonstellation aufgrund der marktwirtschaftlichen Prinzipien boten eine hervorragende Grundlage. Dazu kam die Basis einer guten Ausbildung und einer hohen Bereitschaft, Innovationen zu honorieren. Durch die hohe Leistungsbereitschaft entstanden die starken Zukunftsindustrien der damaligen Zeit, wurden immer mehr Differenzierungen in wichtigen Industriezweigen und starke Marktpositionen im Ausland aufgebaut. Damit ließ sich ein immer höherer Lebensstandard finanzieren.

Im Laufe der Zeit veränderte sich jedoch zunehmend die Hierarchie der Bedürfnisse und als Folge davon, sowie durch steigende Abgaben und das Einwirken der Politiker und Funktionäre, die Leistungskultur. Der Staat übernahm die Fürsorgepflicht und löste in immer größerem Umfang die Probleme der Bürger. Die Verantwortung wurde dadurch verständlicherweise mehr und mehr auf ihn abgewälzt. Das Ziel, wirtschaftliche Leistungen zu erbringen, trat zu oft in den Hintergrund und wurde zeitweise herablassend bewertet. Innovationen wurden sehr kritisch betrachtet. Dagegen schien es immer wichtiger, daß der Staat durch Regelungen vorschrieb, was zu tun sei. Somit wuchs die behindernde und wertvernichtende staatliche Administration. Das mußte sich schädlich auf die Leistungskultur auswirken. Diese veränderten kulturellen Einflüsse und die wachsenden Hindernisse waren die Ursache dafür, daß es bei den später sich bildenden Zukunftsindustrien nicht gelang, starke Positionen aufzubauen. Trotz staatlicher Gründungsinitiativen wurde die Bereitschaft immer geringer, die Risiken beim Aufbau neuer Unternehmen einzugehen. Eine dauerhafte Subventionierung ineffizient gewordener Wirtschaftszweige verschärfte das Ungleichgewicht. Deutschland lebt Ende der 90er Jahre noch entscheidend von den Zukunftsindustrien der 50er und 60er Jahre. Die erlöserhöhenden Faktoren sanken, während die Kosten ständig stiegen. Da man die Kosten nicht bis zum Gleichgewicht anpaßte, kam es zur Verschuldung, Arbeitslosigkeit und zum Abwandern der Investitionen. Jede zusätzliche Verschuldung führt aber zu weiter erhöhten Kosten. Solange man das Gleichgewicht nicht wieder herstellt, spricht der Trend für weiter zunehmende Schwierigkeiten, auch wenn diese zeitweise überdeckt werden.

Diese Überlegungen zu den grundlegenden Erfolgsfaktoren zeigen schon, daß bei einer gleichbleibenden Situation die Tendenz zu Arbeitsplatzverlusten unter Wettbewerbsbedingungen mit Ländern, die eine stärkere Leistungskultur besitzen, anhält, die Arbeitslosigkeit also steigen wird. *Gegensteuern kann man kurzfristig nur mit Kostensenkungen, um auf diese Weise die Struktur zu verbessern. Der langfristig beste Weg ist jedoch, über die volkswirtschaftliche Leistungskultur neue Erfolgspositionen in Zukunftsmärkten aufzubauen und diese in den Märkten mit guter Position zu erhalten.*

Entfaltung der Leistungskultur als Basis der wirtschaftlichen Dynamik

Aus den vorherigen Überlegungen leitet sich folgende Erkenntnis ab:

Der Know-how-Austausch durch die modernen Kommunikationsmittel stellt höhere Anforderungen an die Kreativität einer Nation, denn die modernen Kommunikationsmethoden fördern einen ständigen Know-how-Transfer. Je mehr der Vorsprung verlorengeht, um so härter wird der Wettbewerb mit Niedriglohnländern.

> ▶ Die Chance, ungünstigere Kostenstrukturen, also hohe Löhne und Gehälter, durch Differenzierung, Positionierung und höhere Produktivität auszugleichen, setzt auf Dauer eine starke Leistungskultur voraus. In der Leistungskultur liegt der Schlüssel für die Anhebung des Lebensstandards, geringe Arbeitslosigkeit und Verschuldung.

Ohne sie fallen auch reiche Länder langfristig immer mehr zurück. Die motivierende Zwangskonstellation muß so dosiert werden, daß sie zur Leistung auffordert, aber nicht überfordert. Der optimierte Druck ist so bemessen, daß sich die Ziele bei entsprechender Anstrengung noch erreichen lassen, aber nicht zu leicht erreichbar sind. Der Kostendruck darf zum Beispiel nicht zu überhöhten Kon-

Leistung

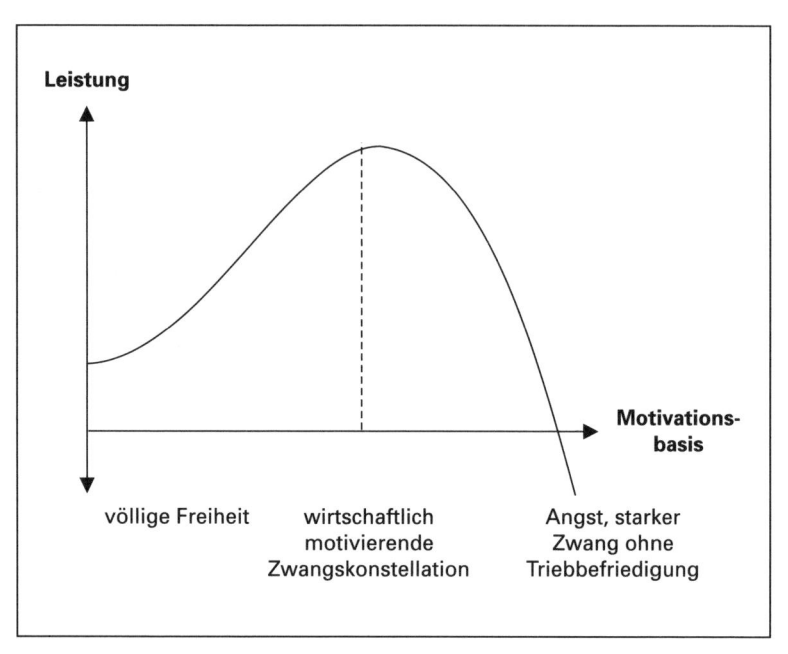

völlige Freiheit | wirtschaftlich motivierende Zwangskonstellation | Angst, starker Zwang ohne Triebbefriedigung

Motivationsbasis

Abhängigkeit der Leistung von der Zwangskonstellation

kursraten führen, sondern muß lediglich die Anstrengungen um neue Produkte und Rationalisierung anregen.

In diesem Zusammenhang ist ein weiterer Gesichtspunkt sehr wichtig: *Nach den Erkenntnissen der Verhaltensbiologie wirken Zwänge motivierend, wenn das Ziel, das über Anstrengungen erreicht wird, gleichzeitig zu einem Lustempfinden führt.* So bereitet eine durch viele Mühen erreichte hohe Leistungsfähigkeit, die sich gegenüber anderen in Beruf, Sport oder Spiel als überlegen erweist, ein hohes Maß an Freude und Befriedigung. Computerfreaks opfern beispielsweise viel Zeit und Geld, um oft nächtelang ihrem Hobby nachzugehen.

Demotivierend und frustrierend wirkt dagegen ein Zwang, der nicht zur Triebbefriedigung führt. Dazu gehören zum Beispiel alle als sinnlos erkannten Arbeiten, insbesondere die wertvernichtende Administration sowie eine hohe Komplexität, bei der es lustvolle Ziele nicht gibt. Sie führen entweder zur inneren Kündigung oder zur Aggressivität und Kriminalität. Sie wirken auch besonders negativ auf die Kreativität. Nach der Verhaltensbiologie führen Verstöße gegen das Lustprinzip zur Zerstörung des Gleichgewichts, und man kann sie deshalb als inhuman bezeichnen.[35] Solcher Druck läßt sich nur mit Zwangsmaßnahmen durchsetzen. *Zwangsmaßnahmen, die für eine breite Schicht der Bevölkerung eingesetzt werden müssen, sind für die Politik somit ein starkes Signal für ein falsches Konzept. Frustrierende Zwangskonstellationen, die sich nicht ganz verhindern lassen, sollten deshalb immer auf ein unbedingt notwendiges Minimum beschränkt werden.* Die Kosten eines Hochlohnlandes kann man nur decken, wenn ständig Neuheiten in Produkten, Marketing etc. revolvierend für einen Differenzierungsvorsprung sorgen. Das setzt eine Hochleistungskultur voraus. Motivierende Zwangskonstellationen, die einen wesentlichen Beitrag zur Leistungskultur und zur Lebensqualität leisten, sind also zur Entfaltung zu bringen.

Die Erfolgsunternehmen der Wirtschaft gehen zur Entfaltung hoher Effizienz von relativ wenigen einfachen Grundwerten aus, die sie allerdings mit Strenge beachten. *Während Hochleistungsfirmen den Mitarbeitern viel Freiheit im Detail lassen, ist die Einhaltung der Grundwerte ein absolutes Muß.* Die Rahmenbedingungen werden oft in knappen Grundsätzen formuliert, wie zum Beispiel:

1. Die Führung orientiert sich langfristig, achtet konsequent auf die Einhaltung der Grundwerte als qualitative Ziele und setzt damit die Rahmenbedingungen, greift aber nicht in das Tagesgeschäft ein.

2. Die Führung erreicht Achtung und Vertrauen durch Vorbild, Fairneß und Gerechtigkeit.

3. Die Kultur des Unternehmens basiert auf einer Interessenharmonie, motivierenden Zielsetzungen, Vertrauen in den einzelnen und Tolerierung von kleineren Fehlern. Diese Ziele werden laufend kommuniziert und den Mitarbeitern im sportlichen Wettbewerb vermittelt.

4. Der sportliche Wettbewerb und die Zielorientierung wird dadurch erreicht, daß besondere Leistungen veröffentlicht, geehrt, prämiert und bei der Beförderung berücksichtigt werden, wobei nur objek-

tive Merkmale für die Leistung zugrundegelegt werden. Nur in Fällen sozialer Härte ist dieses Prinzip zu durchbrechen.

5. Der sportliche Wettbewerb führt dazu, daß die Mitarbeiter sich selbst fordern. Auch der Neugiertrieb wird genutzt, um positiv motivierende Anregungen zu geben.

6. Die Kontrollen sind weich und damit nicht demotivierend. Sie begrenzen sich auf das Wesentliche.

7. Die erfolgreichen Unternehmen investieren viel in die Aus- und Weiterbildung im Sinne der Ziele, um den Mitarbeitern zu helfen, Erfolg zu haben.

8. Wer der Gemeinschaft Schäden absichtlich oder grob fahrlässig zufügt oder das Betriebsklima stört, zum Beispiel durch Falschdarstellung beziehungsweise bewußte Lügen, hat in angemessener Form die Konsequenzen zu tragen.

9. Die Strukturen werden so ausgebildet, daß das Unternehmen zuverlässig, schnell und flexibel reagiert:

    a) Es konzentriert sich auf die wertschöpfenden Prozesse. Jede Administration wird auf ein Minimum beschränkt. Die Entscheidungsgruppen sind klein und effizient.

    b) Die Strukturen und Abläufe organisiert die Führung so einfach wie möglich. Jeder Ballast wird abgeworfen.

    c) Die Mitarbeiter kooperieren in kleinen, effizienten Teams, auch wenn die Verantwortung primär bei einzelnen Personen liegt.

10. Aufgrund der Leistungskultur erwarten alle von jedem eine schnelle, korrekte und wirtschaftliche Bearbeitung aller Probleme, weil man weiß, daß laufende Verzögerungen und Reklamationen zu Kundenverlusten, Preisdruck, Schäden für die Arbeitsplätze und Existenzproblemen führen.

11. Die Organisation konzentriert sich auf wichtige Tätigkeitsbereiche (Kernkompetenzen) und beseitigt ständig die unwirtschaftlichen. Man ist sich bewußt: Nebensächliches und Unwirtschaftliches kann zwar viele Mitarbeiter beschäftigen, aber die leistungs-

fähigen Geschäftsfelder, von denen die Organisation lebt, bis zur Wettbewerbsunfähigkeit belasten.

12. Sie konzentriert Diskussionen auf das Sachliche, niemals auf das Persönliche. Damit werden die kostentreibenden Reibungsverluste und Demotivationen erheblich reduziert und nur für das Sachliche akzeptiert.

Die Leistungskultur ist die „conditio sine qua non", also die Voraussetzung für die wirtschaftliche Dynamik und den langfristigen Erfolg jeder Gemeinschaft. Sie wird nicht durch Zwang, sondern durch Maßnahmen gestützt, die zum wirtschaftlichen Handeln und zur Höchstleistung motivieren, also von wirtschaftlich motivierenden Zwangskonstellationen. Dies gilt für Unternehmen wie für Volkswirtschaften in gleichem Maße. Dabei zeigen hochprofitable Firmen, aber vor allem reiche Volkswirtschaften, eine Tendenz zum Verfall der Leistungskultur. Die damit verbundenen Effizienzminderungen lassen sich nur mit einem unwirtschaftlich hohen Aufwand ausgleichen. Dies wird vor allem mittel- und langfristig bei der besonders kulturabhängigen Forschung und Entwicklung deutlich. Um diesen Effizienzverfall zu verhindern, muß frühzeitig durch eine geeignete Organisation und entsprechende Maßnahmen gegengesteuert werden.

Leistungskulturen basieren auf einer allgemein verständlichen Zielsetzung, für die sich eine große Mehrheit begeistern und mit der sie sich identifizieren kann. Wenn beispielsweise immer wieder durch die Presse geht, daß Korea bis zum Jahr 2000 in der Automobilherstellung den Platz fünf oder Singapur den Lebensstandard der Schweiz erreichen will, dann sind dies klare volkswirtschaftliche Ziele. Bemerkt man ständig, daß es den leitenden Mitarbeitern in der koreanischen Wirtschaft nicht schnell genug geht, weiterzukommen, und wenn die ganze Nation ein Siegeswille erfaßt, dann kann man davon ausgehen, daß die Ziele bereits in einer stark ausgeprägten Leistungskultur verankert sind. Auch wenn es in hochentwickelten und reichen Volkswirtschaften schwieriger ist, eine starke Begeisterung hervorzurufen, so zeigt doch die aus der Verhaltensbiologie abgeleitete „Lust-Unlust-Ökonomie" vier Strategien[36] auf, die von der Politik zu stützen und zu fördern wären:

1. Das Streben nach Anerkennung und Siegen ist durch Auszeichnung und Förderung besonders wirtschaftlicher Leistungen (Wettbewerb) zu unterstützen. Sportlicher Wettbewerb muß motivierende Zwangskonstellationen schaffen. Einkommenseinschränkungen dürfen nicht dazu führen, daß die Wettbewerbsleistung uninteressant wird.
2. Der Neugiertrieb ist ein starkes, motivierendes Element (Exploration). Der Staat sollte verhindern, daß Lösungen für Probleme vorgegeben werden, sondern Anreize schaffen, selbst nach Lösungen zu suchen.
3. Gekonnte Fertigkeiten werden lustvoll erlebt (Funktionslust). Die Einsatzbereitschaft für solche Ziele kann der Staat unterstützen, indem er berufliche Spitzenleistungen auszeichnet und belohnt.
4. Schließlich schafft gemeinsames Handeln und Erleben Bindung und lustvolles Erfahren (Kooperation). Das Arbeiten in Teams und der Wettbewerb von Gemeinschaften steigert das Kooperationsdenken und den gemeinsamen Einsatz gegen den Wettbewerb.

Um diese Strategien zur Entfaltung zu bringen, spielen die Impulse der Meinungsführer, das heißt der Politiker und Funktionäre, zum Beispiel durch Meinungsäußerungen eine entscheidende Rolle. Sicher ist, daß die Aufstellung von Leistungsspielregeln in sich schon eine Zielsetzung bildet und daß Wertschätzung, Selbstverwirklichung und Wissen auch in einem reichen volkswirtschaftlichen Umfeld noch dominante menschliche Bedürfnisse darstellen. Damit werden die kreativen Kräfte auf die volkswirtschaftlichen Ziele gelenkt und ein großes Potential freigesetzt. Das Streben des Staates nach Interessenharmonie endet da, wo sich Menschen durch verbrecherische Handlungen außerhalb des Gesetzes stellen. In diesen Fällen muß der Staat sich als sehr konsequent erweisen.

Für die Beamten und Angestellten im öffentlichen Dienst gilt Zuverlässigkeit als das Ziel. Hier sind neue Zielvorgaben erforderlich: *Zuverlässigkeit, Wirtschaftlichkeit und Schnelligkeit sollten für die Behörden drei gleichberechtigte Ziele sein.* Untersuchungen in der Industrie sowie Praxiserfahrungen haben bewiesen, daß dies erreichbar ist. Wenn Regierungen ihre Leistungsfähigkeit daran messen, wie viele Gesetze sie in einer Wahlperiode verabschiedet haben, weil sie glauben auf jede Veränderung der Verhältnisse und alle Sonderfälle reagieren zu müssen, so ist dies ein verhängnisvolles Ziel, das in einer Überregulierung enden muß. Konzentration auf das Wesentliche und Entregulierung würden der Volkswirtschaft weit mehr zum Erfolg verhelfen.

Manche Politiker lehnen es ab, daß der Staat beziehungsweise die Regierung die Entscheidungen nach wirtschaftlichen Kriterien ausrichtet. Unwirtschaftlichkeit wird oft politisch beziehungsweise mit sozialen Argumenten begründet. Das ist bequem, denn es würde besondere Anforderungen stellen und die Komplexität erhöhen, wenn solche Kriterien mit in die Betrachtung einfließen müßten. Eine Politik ohne Rücksicht auf die Wirtschaftlichkeit wird aber unter Wettbewerbsbedingungen um so mehr ein Problem, je höher der Staatsanteil steigt. Die dann entstehenden starken Strukturprobleme beeinflussen schließlich den Lebensstandard, die Lebensqualität und die Motivation beziehungsweise die volkswirtschaftliche Kultur. Schließlich müssen unter dem Druck der wirtschaftlichen Probleme auch die sozialen Leistungen in Frage gestellt werden. Politiker, die sich dem Kosten-Nutzen-Kalkül nicht unterwerfen, muten der Volkswirtschaft und vor allem den zukünftigen Generationen erhebliche Probleme und Belastungen durch Fehlstrukturen zu. Dem Bundesrechnungshof sowie den Landesrechnungshöfen sind weit mehr Vollmachten einzuräumen, wenn nachgewiesene Verschwendung nicht zu Korrekturmaßnahmen führt. Sie müßten die Möglichkeit haben, durch Einschaltung von Beratungsunternehmen das Ausgabeverhalten zu durchleuchten und Maßnahmen verlangen können.

Langfristig besonders gefährlich ist eine Politik, die die Lösung der Probleme immer mehr dem Einzelnen wegnimmt und der Gemeinschaft überträgt. So entstehen erhebliche volkswirtschaftliche Kosten, da man für jeden, der Bedürftigkeit anmeldet, bearbeitendes Personal und für die Kontrolle und Abwehr von Betrug weitere Mitarbeiter beschäftigen muß. Weit schlimmer aber ist die mit dieser Entwicklung verbundene Mentalitätsänderung: *Die unternehmerischen Elemente, die im Einzelnen liegen, werden erstickt, und die Bereitschaft, Risiken einzugehen und sich um kreative Lösungen zu bemühen, wird gesenkt.* Verbreitet sich diese Mentalität weitläufig, so nimmt eine solche

Kultur der Volkswirtschaft jede Chance, sich im Wettbewerb zu behaupten.

> ▶ Für die Umsetzung der Zielvorgaben kommt der Anerkennung objektiver wirtschaftlicher Erfolge eine hohe Priorität zu.

Es muß anerkannt werden, daß wirtschaftliche Leistungen die Basis dafür sind, daß sich sonstige volkswirtschaftliche Ziele überhaupt erst realisieren lassen. Die Schaffung von Arbeitsplätzen und sehr leistungsfähiger Unternehmen, was wichtige Beiträge zum Wohle der Gemeinschaft darstellt, sollte von den Regierungen positiv herausgestellt und geehrt werden. Wirtschaftliche Leistungen müßten also gleichberechtigt neben anderen zu ehrenden volkswirtschaftlichen Beiträgen stehen. Hierbei übernehmen die Medien eine besonders wichtige unterstützende Rolle, indem sie vor allem Positives und weniger Negatives betonen. Der Staat hat Erfindungen und kreative wirtschaftliche Verbesserungen, die zur Erhaltung von Arbeitsplätzen in der Volkswirtschaft beitragen, wie zum Beispiel bessere Ablauforganisationen sowohl in den Behörden als auch in der freien Wirtschaft, anzuerkennen und herauszuheben. Schon darüber würde sich im Laufe von Jahren die Leistungsorientierung erhöhen. Die Kreativität richtet sich dann eher wieder auf das Ziel der Leistungssteigerung der Volkswirtschaft aus.

> ▶ Vorschriften des Staates, die die Unternehmen zu kleinlichen Abrechnungen zwingen, bewirken das Gegenteil: Sie sind ein Feind der Leistungskultur.

Beispielsweise werden in Japan noch immer Bewirtungen der Unternehmen sowie gemeinsame Erlebnisse zur Motivation ihrer Mitarbeiter und Veranstaltungskosten bei Zusammenkünften sehr großzügig vom Fiskus anerkannt. Vorteile haben nicht nur die Unternehmen und Mitarbeiter sondern letztlich die ganze Volkswirtschaft.

Zum Aufbau einer Leistungskultur gehört vor allem, daß Erfolge honoriert werden. In der Industrie ist dies bereits durch den Zwang zur wirtschaftlichen Orientierung weitgehend geschehen: Teile des

Einkommens der Führungskräfte hängen vom Erfolg ab, ebenso die Beförderung. *Auch in den Behörden ist nach Wegen zu suchen, wie man die Leistung objektiv messen und honorieren kann. Leistungsmaßstab dürfen keine subjektiven Personalbeurteilungen durch Vorgesetzte sein, sondern es müssen objektive Leistungskriterien, zum Beispiel durch Kennziffern, gefunden werden. Dabei sind die Kosten- und Investitionsrechnung Voraussetzungen für eine wirtschaftliche Steuerung.* Die öffentliche Hand hat hierbei den großen Vorteil, daß sie in der Volkswirtschaft über eine Vielzahl gleichartiger Behördenstellen verfügt, die sich vergleichen lassen.

Nachfolgend seien als Beispiel Kennziffern genannt:

Die Zahl der Bürger im Verhältnis zur Zahl der Mitarbeiter oder die Kosten einzelner Anmeldungen in einem Einwohnermeldeamt wären beispielsweise Maßstäbe für die Wirtschaftlichkeit des Amtes. Die Zahl der angemeldeten Fahrzeuge im Verhältnis zur Zahl der Mitarbeiter gibt Auskunft über die wirtschaftliche Führung der Kfz-Anmeldestelle.

Zuverlässigkeit ließe sich an der Zahl der Reklamationen aufgrund objektiver Fehler im Verhältnis zur bearbeiteten Gesamtzahl messen. Die Schnelligkeit der Abwicklung ermittelt man heute per Datenverarbeitung vom Eingang der Bestellung bis zum Ausgang der Ware. Auf gleiche Weise ließen sich Vorgänge in Behörden erfassen.

Anteil der Overheads der Gemeinden und Länder an der Wirtschaftsleistung des Gebiets.

Beim Vergleich von Kennziffern in der Industrie hat man stets mit dem Gegenargument zu kämpfen, daß die Verhältnisse anders liegen, zum Beispiel weil der Betrieb größer ist oder eine andere Sortimentsstruktur vorliegt. Trotzdem sind solche Daten eine wesentliche Hilfe als Vergleichsmaßstab und zur Erarbeitung von Zielsetzungen. Korrekturfaktoren sollten nur vorsichtig Berücksichtigung finden. *Mit Hilfe anerkannter Beratungsunternehmen lassen sich Wege finden, Beförderungen und Prämien ab einer bestimmten Leistungsfunktion von objektiven Leistungsmaßstäben abhängig zu machen.*

Ein gewisses Maß an Reibungskonflikten ist nicht zu verhindern und sogar notwendig, um größere Ungerechtigkeiten abzuwehren. Eine Leistungskultur kann sich aber nur entfalten, wenn ein Grundkonsens breiter Schichten über die Ziele gegeben ist, der innere Energieverschleiß durch Senkung der Reibungskonflikte minimiert wird. Das heißt nicht, daß es keine Auseinandersetzungen gibt, aber sie müssen sich auf die Sache konzentrieren und dürfen möglichst nicht ins Persönliche gehen. Letztere wirken wertvernichtend und beeinflussen in starkem Maße die Lebensqualität. Wenn hier aber die höchsten staatlichen Organe, die Parteien und Parlamente, schlechte Beispiele liefern, führt dies zu einer starken Parteien- und Politikverdrossenheit.[37]

Jeder Bürger spürt, wenn es nicht um die Sache, sondern nur noch um persönliche Darstellung oder um eine Diffamierung der Gegner geht. Solche „Vorbilder" geben starke Impulse für eine Nachahmung und für einen Verfall der Kultur. Gerade an die Parlamentarier sind aber besonders hohe Ansprüche zu stellen, da sie eine Vorbildfunktion für den Bürger haben. *Diffamierungen und nachgewiesene Lügen sollten von einer neutralen Schiedsstelle durch öffentliche Abmahnungen und im ständigen Wiederholungsfalle durch härtere Sanktionen unterbunden werden.*

> ▶ Nicht nur für die volkswirtschaftliche Kostenstruktur, sondern auch für die Entwicklung einer Leistungskultur ist eine kleine, effiziente Verwaltung mit einfachen Strukturen eine wichtige Prämisse.

Die Erfahrungen in der Industrie zeigen, daß sich eine kleine Verwaltung automatisch auf die wichtigen Aufgaben beschränkt und somit nicht zum kreativitätsumlenkenden Hindernis wird. Industriebetriebe, die sich immer mehr auf die administrativen Abläufe verlegten oder sogar parallele Zuständigkeiten in der Organisation zuließen, erstickten damit auch ihre Leistungskultur. Große Verwaltungen haben darüber hinaus erhebliche Schnittstellenprobleme, die sie schwerfällig machen und die Demotivation fördern, da aufgrund der Aufgaben manchmal unterschiedliche Ziele zu verfolgen sind: Keiner fühlt sich so recht verantwortlich. Wenn darüber hinaus Zeit bleibt, sich mit Nebensächlichem auseinanderzusetzen, oder wenn die Ziele sogar die Bearbeitung von Nebensächlichkeiten erfordern, dann wirken besonders starke Impulse, die eine wertvernichtende Administration für alle abhängigen Teilbereiche aufbauen.

> In allen Teilen der Verwaltung sollten Teams ständig durchleuchten, wie sich die Strukturen vereinfachen, mehr ablauforientiert organisieren, mit möglichst wenigen Schnittstellen aufbauen und parallele Zuständigkeiten beseitigen lassen.

Es sind klare, globale Ziele für die Größe und den Anteil der volkswirtschaftlichen Verwaltung an der Zahl der Gesamtbeschäftigten zu verankern. Die Zielerreichung muß von einer unabhängigen, anerkannten Instanz überwacht werden. Bei Überschreitungen sollte die Verpflichtung auferlegt werden, jährlich um einen bestimmten Prozentsatz zurück- und an das Ziel heranzuführen.

Hingenommene Ungerechtigkeit, Rechtsverweigerung durch übermäßige Prozeßdauer, wachsende Korruption und Kriminalität haben einen steigenden Einfluß auf die volkswirtschaftliche Kultur. Sie bremsen die Leistungsbereitschaft und wirken aus vielerlei Gründen unverhältnismäßig stark auf die Lebensqualität. Schon deshalb sollte der Staat sie mit allen Mitteln bekämpfen. Meyding[38] weist zum Beispiel darauf hin, daß Gerechtigkeit im Steuerrecht nur durch Gleichmäßigkeit der Besteuerung zu erreichen ist. Dies wird aber durch zu hohe Komplexität verhindert. Aber nicht nur die rechtliche Konsequenz ist entscheidend, sondern die als Vorbild dienende politische Kultur, das Maß an Interessenharmonie und die damit verbundenen gemeinsamen Ziele, die der Masse der Bürger einen Sinn gibt, sich dafür zu engagieren. So wirken Komplexität, wertvernichtende Administration und Perspektivlosigkeit für die Zukunft aufgrund einer hohen Arbeitslosigkeit stark impulsgebend für die Jugendkriminalität. Auch aus diesem Grunde ist es wichtig, von Anfang an die Volkswirtschaftspolitik so zu strukturieren, daß sie auf ein Gleichgewicht abzielt.

Kostenstruktur als erster Hauptfaktor

Vorweg sei gesagt, daß nur der Hauptfaktor „Kostenstruktur" Ansatzpunkte zur relativ kurzfristigen Verbesserung der Wettbewerbfähigkeit einer Volkswirtschaft bietet. Während der Verschuldungsabbau oder die Leistungskultur, zum Beispiel über neue Produkte, Verfahren und eine höhere Produktivität erst langfristig zu Verbesserungen führen, liegen in den Löhnen, Gehältern und Steuern die kurzfristig veränderbaren Größen. Diese Kosten, die ich aufwenden darf, haben sich nach der Leistungsfähigkeit der Volkswirtschaft auszurichten.

Die Situation und Umgestaltungsmöglichkeit der Produktivität läßt sich mit Hilfe des Benchmarkings abschätzen und durch Berechnung eines Wettbewerbsfaktors darstellen. Die Deutsche Bundesbank hatte Vergleichswerte für die Produktivität der ostdeutschen Industrie errechnet.[39] Solche Zahlen vermitteln einen Eindruck von der Wirtschaftlichkeit bei fehlorientierter Zwangskonstellation und damit von einer wichtigen Seite der Wettbewerbsfähigkeit. Dazu anschließend ein Beispiel:

In einer Volkswirtschaft soll der Anteil, der weder durch die natürlichen Voraussetzungen noch durch organisatorische Regelungen einem Zwang zur Kreativität und Rationalisierung unterliegt, circa zehn Prozent der Beschäftigten umfassen. Die Produktivität dieses Teiles soll bei 30 Prozent der in der freien Wirtschaft üblichen Produktivität liegen. Damit errechnet sich der Wettbewerbsfaktor für diese Volkswirtschaft wie folgt:

	Anteil	Produktivität	Multiplikator
ohne Zwangskonstellation	10 %	30 %	3
mit Zwangskonstellation	90 %	100 %	90
Wettbewerbsfaktor			93

Erhöht sich beispielsweise die Produktivität des unter wirtschaftlich orientierter Zwangskonstellation arbeitenden Teiles der Volkswirtschaft, also zum Beispiel in der freien Wirtschaft in einer Marktwirtschaft, von 100 auf 110 Prozent, so steigt der Wettbewerbsfaktor auf 102.

Wenn nun unter gleichen Bedingungen der unproduktive volkswirtschaftliche Anteil beispielsweise auf 40 Prozent oder gar auf 60 Prozent steigt, so sinkt der Wettbewerbsfaktor auf 72 beziehungsweise 58. Hier müßte die verbleibende Wirtschaft bereits Produktivitäten von 150 Prozent beziehungsweise über 200 Prozent entwickeln, um diesen Nachteil auszugleichen. Eine solche Leistungsdifferenz ist im Vergleich zu anderen hochentwickelten Ländern nicht denkbar, ohne daß die Löhne und Gehälter sinken oder die Verschuldung steigt. Wenn die Wirtschaft gleichzeitig Dienstleistungen für die öffentliche Hand zu erbringen und wertvernichtende Administration hinzunehmen hat und dadurch die eigene Produktivität beispielsweise auf 80 Prozent sinkt, so liegen die Wettbewerbsfaktoren nur noch bei 60 Prozent und 50 Prozent. Entsprechend wären die Löhne und Gehälter anzupassen, um zum Gleichgewicht zu kommen.

> Je höher der Anteil in einer Volkswirtschaft ist, der keinen wirtschaftlich orientierten Zwängen unterliegt, zum Beispiel durch einen hohen nicht wirtschaftlich gesteuerten Staatsanteil, um so weniger hat die freie Wirtschaft die Chance, den damit verbundenen Wettbewerbsnachteil auszugleichen, und um so wichtiger wird es, die Produktivität im unwirtschaftlichen Teil der Volkswirtschaft deutlich anzuheben.

Andernfalls sinken die internationale Wettbewerbsfähigkeit und der Lebensstandard. Eine kompetente, neutrale Stelle müßte jährlich die Produktivitätsunterschiede wichtiger Behörden, sowie Belastungsfaktoren für wichtige Wirtschaftszweige und schließlich Zielvorgaben ermitteln.

Der Staat kann dem einen Bürger oder Unternehmen nur geben, was er anderen Bürgern oder Unternehmen wegnimmt. Das Geld wird also dem eigentlichen Wertschöpfungsprozeß entzogen und anderen Stellen in der Volkswirtschaft zugeleitet. Der Wertschöpfungsprozeß wird folglich verlängert und der Anteil an unproduktiver Arbeit steigt. Die Erfahrungen in der Wirtschaft haben aber bewiesen, daß gerade die Konzentration auf den Wertschöpfungsprozeß, das heißt die Vermeidung aller Verwaltungsprozesse, die wirtschaftlichste Arbeitsweise darstellt und in vielen Unternehmen ein Ansatzpunkt für die Rationalisierung ist.

> Jede Umlenkung von Einnahmen der Wirtschaft über die öffentliche Hand, jede Verlängerung der Wertschöpfungskette führt damit zunächst einmal zu Effizienzsenkung, Reibungsverlusten, abfallender Leistungsbereitschaft und damit zu sinkender Wettbewerbsfähigkeit.

Es gibt eine Reihe von Gründen, warum dies so ist:

▶ Alle Umschichtungen sind mit mehr oder weniger hohen Verwaltungskosten verbunden, nicht nur bei der Öffentlichen Hand, sondern vor allem auch bei den Bürgern und in der freien Wirtschaft. Es entsteht also in hohem Maße wertvernichtende Administration.

▶ Die Zielrichtung der subventionierten Wirtschaft geht nicht mehr nur auf die Wirtschaftlichkeit, sondern oft schwergewichtig auf die Beschaffung von Subventionen.[40] Damit kommt es zur Umlenkung der kreativen Kräfte in eine wirtschaftlich schädigende Richtung.

▶ Die Entscheidungen über die Mittelverwendung werden marktferner getroffen als bei den Betrieben, die die Mittel erwirtschaftet haben und an den Staat abführen müssen. Auch dadurch steigt die Gefahr der Fehlinvestitionen und Kapitalfehllenkung.

▶ Die Zuwendungen werden grundsätzlich geleistet, wenn Probleme beseitigt werden müssen. Damit ist nicht mehr die Gegenleistung entscheidend, sondern es wird eher Mißmanagement oder geringer Leistungswille belohnt. Hierdurch entsteht die Gefahr der Demotivation der Leistungsträger.

▶ Da der Leistung keine Gegenleistung gegenübersteht, erhöht sich die Gefahr von Subventionsbetrügereien und Demotivationen. Ein typisches Beispiel sind die Subventionen der EU: Von insgesamt 150 Milliarden DM gehen nach Schätzungen bis zu 20 Milliarden DM an Subventionsbetrüger, wovon nur 2 Milliarden aufgedeckt werden.

- In der Folge entsteht also eine neue Administration dadurch, daß die öffentliche Hand Kontrollen und Sanktionen ausübt, um den Subventionsbetrug zu bekämpfen. Anti-Betrugs-Einheiten werden gebildet, Hausdurchsuchungen finden statt etc.
- Es gibt ständigen Streit über die Verteilung, da keine Gegenleistung erforderlich ist, sondern letztlich das Antichambrieren, die Radikalität der Argumente, der Druck auf die Entscheidungsträger und deren Einbindung über die Geldvergabe entscheiden.
- Diese Auseinandersetzungen beeinträchtigen auf vielerlei Weise die Leistungskultur. Dazu gibt es die unterschiedlichsten Anlässe: ungerechtfertigte Subventionen an andere, die eigenen Subventionen bleiben unter den Erwartungen, Ärger über die Streitereien, Prozesse, das Vorgehen der Behörden und den Verwaltungsaufwand.
- Die leistungsfähige Industrie wird übermäßig belastet. Damit verlieren gerade die Bereiche, die man stützen sollte, weil sie wesentlich zum Wachstum und zur Absicherung der Zukunft beitragen, an Wettbewerbsfähigkeit.

Es macht keinen Sinn, daß derjenige, der Steuern bezahlt, auf der anderen Seite als Bittsteller für Subventionen an die öffentliche Hand herantritt. Die genannten Nachteile sind gegen die Notwendigkeit der Geldumleitung über den Staat abzuwägen. Auch der effiziente Staat wird also in angemessenen Grenzen Geldmittel umleiten. Er konzentriert die Kostenentstehung aber so weit wie möglich auf den Wertschöpfungsprozeß, weil hier die wirtschaftlichen Zwänge am stärksten sind und Fehlentwicklungen sich automatisch durch Vergleiche oder Konkurse bereinigen. Nur da, wo es für wirklich soziale Zwecke notwendig ist, machen Subventionen Sinn. Es ist abzuwägen, wie weit man den Wertschöpfungsprozeß dadurch verteuern darf beziehungsweise die Wettbewerbsfähigkeit senkt.

In der Wirtschaft entstehen durch langfristige Subventionierung echte Sanierungsfälle. Sie sind jedoch oft latent: Die tatsächlichen Schwierigkeiten werden nicht ersichtlich, weil die Subventionierung sie verdeckt. Auch fehlt die wirtschaftlich orientierte Zwangskonstellation, die Verbesserungen erzwingt. Deswegen sollte die öffentliche Hand alle Subventionen an die Wirtschaft in einer angemessenen, für die Sanierung notwendigen Zeit abbauen. Wegen der großen Bedeutung wären hier eindeutige rechtliche Grundlagen empfehlenswert. Werden im Notfall Subventionen zugesagt, so müßte zwingend festgelegt werden, wie die Zahlungen von Jahr zu Jahr gekürzt und wann sie endgültig eingestellt werden. Geht man beispielsweise von einer Sanierungszeit von fünf Jahren aus, so wären jährlich 20 Prozent zu mindern und im sechsten Jahr dürften keine Subventionszahlungen mehr erfolgen. Damit liegt gleichzeitig ein Maßstab für das Management vor, die Sanierungsziele zu erreichen.

> Bei einem hohen Anteil der öffentlichen Hand wird eine volkswirtschaftliche Höchstleistung bei ihrer heutigen Organisation kaum zu erreichen sein.

Generell gilt: Je größer der Staatsanteil, desto mehr Leistung muß die freie Wirtschaft langfristig erbringen, wenn sich die Volkswirtschaft im ökonomischen Wettbewerb der Staaten behaupten oder gar nach vorne aufbrechen will. Je höher der Staatsanteil über einem niedrig zu bemessenden Optimum liegt, um so mehr schwächt er die Leistungskultur und verschlechtert langfristig die Kostenstruktur der Volkswirtschaft. Diese gerät zunehmend in ein negatives Ungleichgewicht. Das Ziel muß folglich sein, den Staatsanteil auf ein niedrig zu bemessendes Optimum zu begrenzen: So viel Staat wie unbedingt notwendig, so wenig wie möglich.

Die Erfahrungen in der Wirtschaft mit monopolistischen Organisationen, die fast keinen ökonomischen Zwängen unterliegen, zeigen genau das, was die Entwicklung in der Demokratie mit der heutigen Organisationsform seit Jahrzehnten beweist: Soweit man bei der öffentlichen Hand von Sparmaßnahmen spricht, sind dies meist entweder Subventionsstreichungen, also indirekte oder sogar direkte Steuererhöhungen beziehungsweise im betriebswirtschaftlichen Sinne Rabattkürzungen oder Preiserhöhungen, die den Unternehmen aufgrund der Wettbewerbssituation normalerweise verwehrt sind. Kontinuierliche Einsparungen, wie sie in der Wirtschaft durch den Existenzdruck notwendig werden, spielen bei haushaltspolitischen Überlegungen eine viel zu geringe Rolle. Der volkswirtschaftliche Overhead steigt ständig, und der Konzern „Volkswirtschaft" wird immer kopflastiger. Die Politik beachtet aufgrund der Zwänge des Wahlsystems die automatische Tendenz zur Überadministration zu wenig, die fast jede älter werdende Organisation begleitet, wenn man nicht hart gegensteuert. Die Hierarchie der Zwänge erreicht die Verwaltung der Volkswirtschaft erst, wenn schon weite Teile der Industrie mit großen Problemen kämpfen beziehungsweise die Arbeitslosigkeit und Verschuldung bereits ein weit fortgeschrittenes Stadium erreicht haben und sich schmerzliche Folgen nicht verhindern lassen. Vor allem in förderal organisierten Demokratien, in denen Entscheidungsprozesse zum Abbau der inneren Administration kaum durchzusetzen sind, werden Unternehmen mit zunehmendem Alter des Systems erheblich belastet.

Auch wenn es immer wieder ernste Einsparungsbemühungen gibt, gelingt es den gewählten Parlamenten auf Dauer nicht, ein Staatsgebilde wirtschaftlich zu steuern. Deshalb ist für den Staatsanteil am Bruttoinlandsprodukt eine Obergrenze festzulegen. Auch Umgehungsmaßnahmen wie Arbeits- und Kostenüberwälzungen auf die Bürger beziehungsweise die Wirtschaft dürften nicht möglich sein. Wahlgeschenke und wertvernichtende Verwaltungen wären dann nur noch in einem begrenzten Rahmen denkbar.

Fast alle demokratischen Volkswirtschaften zeigen ein zunehmendes Maß an Verschuldung und wälzen darüber hinaus noch Kosten beziehungsweise Kredite auf Nebenhaushalte ab. Der Zwang zu weiteren Ausgaben aufgrund des Druckes von Interessengruppen und die dadurch bedingten Verschuldungen berechtigen zu der Sorge, daß dies schließlich die Demokratien in große Probleme führt.

> Mit klaren Verschuldungsregelungen könnte die wichtigste Grundlage für eine wirtschaftlich optimierte Zwangskonstellation geschaffen werden.

Damit wäre festzulegen, unter welchen Bedingungen sich die öffentliche Hand verschulden darf. Zu diesem Zweck ist es sinnvoll, drei verschiedene Ausgaben zu unterscheiden, die zu Verschuldung führen können:

1. Konsumausgaben
2. Konsuminvestitionen, zum Beispiel für den Bau und die Ausrüstung von Schwimmbädern, Theatern, Museen etc.
3. Arbeitsinvestitionen, zum Beispiel für Bürogebäude und Einrichtungen, Rationalisierungsmaßnahmen etc.

Bei der Verschuldung für Konsumausgaben handelt es sich um die Vorwegnahme eines höheren Lebensstandards, bevor die entsprechende Leistung erbracht wird. Sie berührt damit die Rechte späterer Generationen. Eine Verschuldung für Konsumausgaben muß deshalb grundsätzlich unterbunden werden. Dies gilt auch für verbindlich zugesagte zukünftige Ausgaben wie die Pensionsverpflichtungen. Für diese ist entsprechend der jährlichen Zuführung zur Rückstellung in der Wirtschaft eine Ausgabe an die Versicherung anzusetzen. Gleichzeitig muß verhindert werden, daß die entstehenden Lasten auf andere Töpfe wie Krankenkasse, Arbeitslosen- oder Rentenversicherung verteilt werden, um dadurch die gesetzten Grenzen zu umgehen. Konsuminvestitionen dürfen nur dann möglich sein, wenn noch festzulegende Kriterien erfüllt sind, zum Beispiel wie die zukünftigen laufenden Mehrkosten in den nächsten zehn Jahren gedeckt und die Kredite zurückgezahlt werden. Für Arbeitsinvestitionen entscheidet wie in der Industrie vor allem die Kapitalrückflußrechnung. Alle entstehenden Schulden sind in einer bestimmten Zeit abzubauen. Als Basis dafür sollten die Abschreibungssätze dienen, die der Staat für dieselben Investitionen in der Industrie zugrunde legt.

Solche Regelungen hätten zahlreiche Vorteile: Gefährliche Fehlstrukturen durch Verschuldung entstehen nicht mehr. Die Folgen politischer Maßnahmen würden transparenter, und der Bürger könnte Fehlentscheidungen sowie ein Abweichen von der Gleichgewichtssituation eher erkennen und reagieren. Kostenaufwendige Gesetze und Maßnahmen lösen sich weit weniger von der erwirtschafteten Leistung und müßten sofort durch eine Erhöhung der Steuern und Abgaben an die Bürger weitergegeben werden. Ausgaben unabhängig von der Wirtschaftsleistung würden eher erschwert. So könnte man verhindern, daß die Gefahren erst hochkommen, wenn die Zinslasten bereits ein Maß erreicht haben, das den Handlungsspielraum der Regierung für antizyklische Eingriffe auf das äußerste einengt oder gar den Zwang erhöht, zyklisch zu handeln, also Krisen durch Sparmaßnahmen noch zu verstärken. Es sinkt in jedem Fall die Lebensqualität, weil die Schulden drücken und praktisch nicht mehr zurückzuzahlen sind. Diese wichtige Bedrohung für den Bestand der Demokratie würde verhindert, und spätere Generationen hätten nicht die Last vorhergehender Verschwendung zu tragen. Schließlich bleibt zukünftigen Regierungen der Handlungsspielraum erhalten, in schwierigen Zeiten im Sinne einer Impulsgebung antizyklisch zu investieren.

> Eine wichtige Grundlage für eine solide Finanzpolitik läge darüber hinaus in der Verpflichtung in guten Zeiten Reserven zu bilden, damit sich wirtschaftliche Krisen besser beherrschen lassen.

Bei Überschreitung vorgegebener Grenzen müßte dies zu Konsequenzen führen: Einer unabhängigen Institution könnte man zum Beispiel ein Vetorecht bei jeder Neuverschuldung übertragen. Wenn gegen die Regeln eine Verschuldung für Konsum erfolgt, müßten auch Ziele für den Verschuldungsabbau bei gleichzeitiger Begrenzung des Staatsanteils vorgegeben werden.

> In den Fällen, in denen die Zwangskonstellationen die gewählten Politiker überfordern, sollten die Entscheidungen auf unabhängige Gremien von hochqualifizierten Fachleuten übertragen werden.

Mit der Installation einer unabhängigen Deutschen Bundesbank, um deren Erfolge uns viele Länder beneiden, wurde eine Organisationsform gefunden, die sich als sehr vorteilhaft für die Geldwertstabilität erwies. Warum können nicht andere Teilgebiete, die sich in der demokratischen Organisationsform als kritisch erweisen, ebenfalls auf unabhängige, kompetente Stellen übertragen werden? *Die Verantwortungsbereiche müßten klar definiert und dürften nicht mit denen anderer Instanzen vermischt werden. Für diese Organisationsform bietet sich vor allem die Kontrolle des Staatsanteiles und der Verschuldung an.* – Damit ließen sich wichtige Schwächen der Demokratie beseitigen.

Die Haupteinflußgröße „Kostenstruktur" besagt, welche Preise je Stück, eine Industrie oder Volkswirtschaft im Vergleich zur Industrie in den Wettbewerbsländern erzielen muß, um ihr Gleichgewicht zu erreichen. Wenn beispielsweise eine Volkswirtschaft ein staatlich beeinflußtes Einsparungspotential von 500 Milliarden DM besitzt, so ist dies vom produzierenden Gewerbe in den Preisen zu erwirtschaften und senkt entsprechend die Fähigkeit der Volkswirtschaft, sich im internationalen Wettbewerb zu behaupten, solange dieses Potential noch nicht ausgeschöpft wurde. Da es auf die vergleichbaren Belastungen in den verschiedenen Staaten ankommt, sind die relativen Kosten für die Wettbewerbssituation entscheidend, wie es die Beispielrechnungen zum Wettbewerbsfaktor zeigen.

Das Kostenniveau der Wirtschaft wird im internationalen Wettbewerb vor allem durch zwölf Faktoren bestimmt, die in der Summe den Hauptfaktor „Kosten" bilden:

▶ die Produktivität
▶ die erzwungene Administration (Dienstleistungen für die öffentliche Hand) und kostenintensive Hemmnisse der Verwaltung
▶ die steuerliche Belastung
▶ das Lohn- und Gehaltsniveau
▶ Pensions- und Sozialkosten
▶ die Zinshöhe
▶ die volkswirtschaftliche Verschuldung
▶ die Kosten für Roh-, Hilfs-, Betriebsstoffe, Energie etc.
▶ die Währungsrelationen
▶ Reibungsverluste durch Streitereien
▶ Hemmnisse durch Korruption
▶ Hemmnisse durch Unpünktlichkeit beziehungsweise Unzuverlässigkeit
▶ Hemmnisse durch Kriminalität

> ▶ Bei allen Maßnahmen der öffentlichen Hand müssen stets die volkswirtschaftlichen Gesamtkosten beachtet werden, da sie die Wettbewerbsfähigkeit bestimmen.

Es ist dann fast gleichgültig, ob die Kosten durch Löhne, Pensionen, erzwungene Administration beziehungsweise kostenintensive Hemmnisse oder Zinslasten entstehen. Entscheidend ist, ob diese Gesamtbelastung noch bei den gegebenen Differenzierungs- und Marktpositionen ein Gleichgewicht ermöglicht. Reduziert der Staat die steuerliche Belastung, ohne die Kosten der öffentlichen Hand wirklich zu reduzieren, so führt dies zu einer höheren Verschuldung und damit mittel- und langfristig zu weiteren Belastungen. Steuersenkungen müssen folglich stets von Ausgabensenkungen begleitet werden, wenn sich die Leistungsstruktur verbessern soll.

Die Produktivität eines Unternehmens oder einer Volkswirtschaft ist der Maßstab dafür, wie rationell die Herstellverfahren und wie intelligent die betrieblichen Abläufe sind. Sie hängt unter anderem von der Leistungskultur in den Unternehmen beziehungsweise in der Volkswirtschaft, von der Zahl der intelligenten Produktionsverfahren sowie vor allem von dem nutzlosen Kräfteverschleiß durch Reibungskonflikte ab. Auch hier sind vor allem die Einsatzbereitschaft, Kreativität und Intelligenz einer Belegschaft oder eines ganzen Volkes gefragt. Ein Signal für eine zukünftig fallende Produktivität zeigt sich in der abnehmenden Einsatzbereitschaft der Menschen, das heißt in der verfallenden Leistungskultur; ein weit späteres in der fallenden Zahl der Patente für neue Verfahren und Technologien.

Die Produktivität ist durch kreative Verbesserungen der Technik und der Organisation und durch reduzierte Administration zu steigern. Organisatorische Verbesserungen, die ein erhebliches Einsparungspotential freisetzen, lassen sich fast immer durch den Abbau von Komplexität erreichen. Wer eine um 20 Prozent höhere Produktivität besitzt, kann zum Beispiel fast 20 Prozent höhere Löhne bezahlen oder entsprechende Zinslasten für eine höhere Verschuldung verkraften, ohne pro gefertigter Einheit teurer zu sein. Liegen andererseits die Löhne, die Zinszahlungen und steuerlichen Belastungen höher, so kann dies von der Kostenseite nur durch höhere Produktivität, niedrigere Löhne oder einen anderen günstigeren Kostenfaktor aufgefangen werden. Insofern sind der Anteil der volkswirtschaftlichen Verwaltung sowie die Staatsverschuldung und die erzwungene Administration von großer Bedeutung. Unternehmen oder ganze Volkswirtschaften, die auf Grund von Krisen oder zu hohen Kosten ihre

Arbeitsgebiete bereinigen, weisen stets Scheinerfolge in der Produktivität aus. Mit der Stillegung der unrentablen und weniger produktiven Gebiete hebt sich die durchschnittliche Produktivität automatisch an, auch wenn die verbleibenden Gebiete keine Verbesserung aufwiesen. So kommt man bei oberflächlicher Betrachtung leicht zu dem Schluß, daß die Kosten auf Grund der Produktivität verkraftbar sind, übersieht aber, daß mehr Arbeitsplätze bei niedrigeren Kosten im Unternehmen oder in der Volkswirtschaft erhalten worden wären.

> ▶ Jede Organisation erfordert eine optimale Verwaltungsgröße, wenn sie gut funktionieren und trotzdem wirtschaftlich arbeiten soll.

Ist die Verwaltung zu klein, werden Teilbereiche nicht gut kontrolliert und gesteuert. Es kommt dann leicht zu Fehlentwicklungen. Man spart einerseits Kosten der Organisation, muß aber schließlich zusätzlichen Aufwand betreiben, um die Folgen von Fehlentwicklungen zu beseitigen. Mitarbeiter mißbrauchen unter Umständen ihr Amt, leiten Fehlentwicklungen ein, die bei entsprechender Überwachung nicht eingetreten wären, investieren falsch etc. Die kleine Verwaltung hat jedoch den Vorteil, daß sie eine Leistungskultur zuläßt und sich automatisch auf Wesentliches beschränkt, was durch die Konzentration auf die Wertschöpfungskette eine hohe Verbesserungseffizienz und damit eine hohe Wirtschaftlichkeit bringt. Für die Bearbeitung von unwesentlichen Problemen steht kein Personal zur Verfügung. Es kommt daher weit weniger zu einer wertvernichtenden inneren Administration.

> ▶ Nur wer Wesentliches vom Unwesentlichen unterscheiden kann, ist in der Lage, viel zu leisten und wirtschaftlich zu arbeiten.

Bei dem Versuch, eine schlanke Organisation aufzubauen beziehungsweise mit wenig Personal auszukommen, wird man nur unbefriedigende Ergebnisse erzielen, wenn nicht gleichzeitig wichtige Voraussetzungen dazu geschaffen werden. *Selbst für die öffentliche Hand, die über hohe Rationalisierungsreserven verfügt, tritt nur einen Teil des möglichen Effektes bei den Bemühungen um einen „schlanken Staat" und eine Entlastung der Wirtschaft ein, wenn nicht eine Reduzierung der Gesetze und Vorschriften auf das wirklich Wichtige, eine Beseitigung paralleler Bearbeitungen erfolgt und die verbleibenden Vorschriften entrümpelt werden.* Beispielsweise würde die Reduzierung der Zahl der steuerlichen Ansätze die innere Administration in der ganzen Volkswirtschaft reduzieren. Am leichtesten ließe sich dies durch eine Streichung der Bagatellsteuern und die Vernichtung der dazugehörigen Gesetze, Verordnungen, Richtlinien, Kommentare etc. erreichen. So gibt es in Deutschland unter den 65 Steuerarten zum Beispiel die Wechsel-, Schankerlaubnis-, Kino-, Börsenumsatz-, Getränke-, Rennwett-, Sportwett-, Jagd- und Fischereisteuer und viele andere mehr, deren Einnahmen weniger als ein Promille ausmachen. Andere Gesetze verursachen einen unverhältnismäßig hohen Aufwand bei Bürgern und Unternehmen. Anstatt die Zahl der Steuergesetze zu reduzieren, finden Bund, Länder und Gemeinden immer neue Ansatzpunkte für zusätzliche Steuern, die zur weiteren Komplizierung beitragen. Warum ist es nicht möglich, für die Zahl der Steuertatbestände und -gesetze im Grundgesetz eine Obergrenze von fünf bis zehn festzulegen?

Die Politiker sind fast immer auf dem komplizierten Feld des Steuerwesens überfordert, und durch die Vielzahl der Interessen sowie die parteipolitischen Auseinandersetzungen mit Halbwahrheiten geht im Verlaufe immer neuer Gesetzgebungsverfahren aufgrund der Überkomplexität die innere Logik des Steuerrechts zusehends verloren. Damit werden neue Ungerechtigkeiten geschaffen, obwohl man eine Einzelfallgerechtigkeit erreichen will, denn nur wer sich teure Berater erlauben kann, findet im Dschungel der zahlreichen Ausnahmeregelungen mehr oder weniger gute Wege, während andere diese Möglichkeiten nicht nutzen können oder sich auf wertvernichtende Fehlinvestitionen verlegen. *Auch hier sollte man, um Fehlentwicklungen zu verhindern, gemäß dem Vorschlag von Mayer-Vorfelder eine Entpolitisierung der Steuerpolitik vornehmen.*[41] Der Abbau der wertvernichtenden Administration wäre erheblich. Diese grundlegende Erkenntnis hatte schon der chinesische Philosoph Lao-tse vor mehr als 2000 Jahren, nach dessen Verständnis ein Staat um so schlechter ist, je mehr Gesetze er erläßt. Man könnte ergänzen: und je mehr

Gesetzesänderungen er vornimmt. *Gesetzesänderungen sollten auf das Wesentliche beschränkt bleiben, und über den volkswirtschaftlichen Umsetzungsaufwand bei allen Betroffenen ist vorher Klarheit zu schaffen. Komplexität entsteht zwangsläufig, wenn sich viele Stellen in Bund, Ländern und Gemeinden parallel mit der Regelung gleicher Tatbestände wie beispielsweise Umwelt oder Subventionen befassen.* Eine stärkere Konzentration der Erstellung von Regelwerken auf jeweils eine Instanz würde deren Übersichtlichkeit erheblich verbessern. Schließlich ist abzuwägen zwischen den Größenvorteilen einer Organisation einerseits und der Flexibilität und „Marktsensibilität" andererseits. Zu große Organisationen erweisen sich nicht nur als bürgerfern und bewirken eine sinkende Arbeitsqualität der Mitarbeiter; viele Kostenvorteile gehen auch aufgrund der Schwerfälligkeit und geringeren Motivation wieder verloren.

Die Erfahrungen in der Wirtschaft führen zu folgender Erkenntnis: *Auch die größte Verwaltung kann durch noch so viele Vorschriften alle Fehlentwicklungen nicht verhindern. Das Optimum einer Verwaltung liegt da, wo die noch wirtschaftlichen Vorgänge bearbeitet und die wichtigen Fehlentwicklungen verhindert werden. Als Zielgröße könnte der Anteil des Personals der Verwaltung von Spitzenunternehmen dienen.* Ein sehr wichtiges Ziel muß zunächst sein, die Ursachen für die innere, nutzensenkende oder gar wertvernichtende Beschäftigung zu finden und konsequent zu beseitigen, oder wie man so schön sagt: den Sand aus dem Getriebe der wirtschaftlichen Abläufe herausnehmen sowie die Fähigkeiten auf die Kernkompetenzen konzentrieren.

Ein weiterer Gesichtspunkt ist bei der Gesetzgebung und Gesetzesänderung von Bedeutung:

> Die Wirtschaft benötigt für jeden Anpassungsprozeß Zeit.

Kontinuierliche Anpassungsprozesse können mit geringstmöglichen Einbußen vorgenommen werden. Schon deshalb wird sich eine gute Wirtschafts-, Steuer- und Finanzpolitik durch Stetigkeit und Berechenbarkeit auszeichnen. Schnelle und starke Änderungen oder ein Zick-Zack-Kurs, zum Beispiel durch starke Veränderung von Abschreibungssätzen, führen zu schmerzlichen Anpassungsprozessen mit Entlassungen, Stillegungen, Know-how- und Substanzverlusten. Die Politik sollte deshalb alle „ruckartigen" Änderungen vermeiden und nur abgestufte Veränderungen im Rahmen mittel- und langfristiger Konzepte vornehmen.

Die erzwungene Administration, also die Verwaltungsarbeit, die die Wirtschaft zur Erfüllung von Gesetzen und Verordnungen zu erledigen hat, ist fast immer wertsenkend. Sie hat aus zweierlei Gründen große Bedeutung: *Einmal drückt sie direkt die Produktivität unter anderem durch eine Eskalation der inneren Beschäftigung, aber weit gefährlicher ist der negative Einfluß auf die Leistungskultur und damit auf die Kreativität. Fallen Leistungskultur und Kreativität heute zurück, so sinkt mit einer Verzögerung von zehn bis 30 Jahren die Produktivität immer stärker ab. Die Produktivität folgt also mit langer zeitlicher Verzögerung der veränderten Leistungskultur.* Am deutlichsten läßt sich dies anhand der Erfahrungen mit den sozialistischen Systemen zeigen. Hier überlagert die Staatsbürokratie fast völlig die Unternehmenspolitik. Diese Systeme zeigen wohl das höchste Maß an erzwungener Administration in den Betrieben. Die Ergebnisse der industriellen Leistungsfähigkeit, die mit diesem Systemen über viele Jahrzehnte in unterschiedlichsten Ländern gemacht werden konnten, sprechen für sich. Keines der Länder war auch nur annähernd erfolgreich, weil die Grundvoraussetzungen wirtschaftlicher Erfolgsorientierung in hohem Maße verletzt wurden.

In den marktwirtschaftlichen Systemen, bleibt je nach dem Maß an innerer Administration, das vom Staat vorgegeben wird, ein großer Gestaltungsraum für die Unternehmensleitungen. *Mit zunehmendem Alter werden die Netze von Gesetzen, Verordnungen, Förderprogrammen und Rechtsprechung immer feiner gesponnen, um möglichst alle Einzelfälle abzudecken.* Die Unternehmen und Bürger bauen zur Verteidigung und um ihre Interessen zu vertreten Stabsabteilungen und Verbände auf. Auch die öffentliche Hand versucht, zum Beispiel durch Wirtschaftsförderungsstellen, Innovationsberatungen etc., die Folgen des Ungleichgewichts zu mildern, verschlechtert aber durch die Schaffung solcher nicht wertschöpfenden Nebenprozesse eher noch weiter die Struktur, denn diese zusätzlichen Kosten für die neuen Stabsabteilungen müssen entweder umgelegt werden, oder sie erhöhen die Schuldenlast, ohne produktiv zu sein. Damit wächst die wertvernichtende Administration, steigen die Kosten und die Zahl der nicht wertschöpfenden organisatorischen Abläufe; die Leistungskultur verliert ihre Dynamik, und die Kreativität wird umgelenkt. Eine wirtschaftlich motivierte Zwangskonstellation entsteht unter anderem auch dadurch, daß ein Gesetzgeber nachweisen muß, daß eine Regulierung nicht die Belastungen in der Wirtschaft und beim Bürger unangemessen erhöht.

Die Löhne und Gehälter sind in vielen Unternehmen einer der größten Kostenblöcke und eine kurzfristig beeinflußbare Größe. Auf sie konzentriert sich folglich auch die volkswirtschaftliche Diskussion, wenn es um den Standort geht. *Es ist keine Frage, daß das Lohn- und Gehaltsniveau zur Arbeitslosigkeit beiträgt. Die Kosten werden insbesondere dann zu einem besonderen Problem, wenn die Produktivität und der Vorsprung an Differenzierungen nicht mehr ausreichen.* Zwar wirkt sich jede Veränderung des Lohn- und Gehaltsgefüges sofort auf die Konsumbereitschaft aus, aber das Gleichgewicht kann nicht ohne mittel- bis langfristigen Schaden für die gesamte Volkswirtschaft verlassen werden. Ein Lohndruck entsprechend der Produktivität und Differenzierungserhöhung ist sogar von Vorteil, weil er eine Zwangskonstellation schafft, die zu höherer Unternehmensleistung anspornt und das Gleichgewicht erhält. Eine Überforderung hat dagegen nur negative Auswirkungen, da sich die Führung der Unternehmen dann nur noch um Tagesprobleme, insbesondere um Einsparungen, kümmert und die Absicherung der langfristigen Zukunft zum Nachteil aller zurückstellt. Auch hier zeigt sich wieder die Leistungskultur als der langfristige Schlüssel zu Erfolg und höheren Einkommen. *Die Gewerkschaften sollten ihre Politik, insbesondere zur Erhaltung von Arbeitsplätzen, stärker an der langfristigen Erfolgsformel orientieren und im dauerhaften Interesse auch aller Arbeitnehmer mithelfen, durch Motivationsimpulse die Leistungskultur anzuregen.*

Seit langem ist schon bekannt, daß man mit der Kameralistik keine Organisation wirtschaftlich steuern kann. Infolgedessen ist es fast zwangsläufig, daß bei Bund und Ländern, Städten und Gemeinden jährlich weit mehr Steuergelder verschwendet werden, als der Bund der Steuerzahler und der Bundesrechnungshof immer wieder bewiesen haben. Trotz dieser Erkenntnisse wurde zu wenig Kraft darauf verwendet, etwas zu verändern und eine Kostenrechnung aufzubauen oder ähnliche wirtschaftliche Steuerungssysteme wie in der Industrie zu entwickeln, weil der in den Unternehmen herrschende wirtschaftliche Zwang mit entsprechender Konsequenz fehlt. *Es wäre notwendig, die Budgetierungspraxis zu verändern, die Behörden mit Hilfe von Kostenrechnungen und Kennziffern zu durchleuchten und die Ergebnisse mit der Vielzahl ähnlicher Stellen zu vergleichen sowie mit Investitionsrechnungen den Kapitalrückfluß zu ermitteln.* Dadurch würden viele Investitionsentscheidungen objektiviert, der Prozeß sowohl für den Antragsteller als auch für die Entscheider erleichtert, die Unwirtschaftlichkeiten infolge des „Dezemberfiebers" beseitigt und die Motivation verbessert. Fehlinvestitionen wären, zumindest zum größten Teil, zu verhindern. Erste Kostenvergleiche zeigten, was zu erwarten war, daß nämlich die Aufwendungen für vergleichbare Ämterleistungen um ein Vielfaches voneinander abwichen.[42] *Ein besonders wichtiger Beitrag läge in der Unterstützung der Motivation zu wirtschaftlicher Handlungsweise durch ein Prämiensystem, das auf objektiv meßbaren Daten basiert.* Budgeteinsparungen sollten nicht indirekt bestraft, sondern belohnt werden. Besondere Kundenorientierung und Wirtschaftlichkeit einzelner Behördenabteilungen müßten für den Amtsleiter zu Herausstellungen, Prämien und Beförderung führen.

Kostenüberwachung und Belohnung durch Prämien sowie Beförderungsaussichten würden in den Behörden zwar ein grundsätzliches Umdenken bewirken, vor allem aber sind wichtige Voraussetzungen zu schaffen, die diese Einsparungsmöglichkeiten unterstützen und eine schlanke Verwaltung fördern. In der Wirtschaft hat man lernen müssen, daß man sich auf Kernkompetenzen konzentrieren muß, wenn man hochleistungsfähig sein will beziehungsweise daß die wirtschaftliche Effizienz sinkt, wenn sich Unternehmen verzetteln. Hierzu ein Beispiel:

> Anfang der 80er Jahre war ich als Vorstand in einem mittleren Unternehmen tätig. Bevor der Personalleiter in neue Räume am Eingang des Betriebsgeländes umzog, wurden diese renoviert. So konnte ich die Maler und andere Handwerker jeden Morgen bei der Einfahrt sehen. Nachdem die Arbeiten drei Wochen später immer noch in Gange waren, schaute ich mir die Büros an. Natürlich kam auf die Frage nach der Dauer der Arbeiten sofort

das Argument der Handwerker, daß eben doch sehr viele Kleinigkeiten zu erledigen seien, die Zeit erforderten. Nach Abschluß der Arbeiten ließ ich mir eine Kostenaufstellung kommen und Angebotsunterlagen ausarbeiten. Die Kosten unseres Servicebetriebes für die Renovierung der Räume betrugen etwa das Dreifache der Kosten, die freie Handwerksbetriebe berechnet hätten. Diese und weitere Erkenntnisse führten dazu, daß wir Anfang der 80er Jahre alle Servicebetriebe schlossen und die Mitarbeiter, soweit dies möglich war, an freie Handwerksbetriebe übergaben. Wir wollten nur noch das machen, was wir wirklich perfekt konnten.

Gut geführte Industrieunternehmen haben schon seit vielen Jahren alle Handwerksbetriebe abgeschafft oder ausgegliedert. Freie Handwerksbetriebe können, wie bewiesen wurde, diese Aufgaben wirtschaftlicher durchführen, da sie ihre Kernkompetenz betreffen. – Warum also besitzt der Staat immer noch solche Abteilungen oder Unternehmen? – Bei Ländern werden Notariate, bei Gemeinden Gartenämter, Handwerksabteilungen, eigene Fuhrparks, Wäschereien etc. geführt. – Wie sollte eine Behörde, die für handwerkliche Leistungen noch ungeeignetere Strukturen als die Industrie besitzt, diese auch nur annähernd wirtschaftlich erbringen? – Es gibt ein riesiges Rationalisierungspotential, wenn alle wirtschaftlichen Aktivitäten des Bundes, der Länder und der Gemeinden privatisiert würden. Hier bedarf es eindeutiger gesetzlicher Regelungen. *Der Staat (das heißt Bund, Länder und Gemeinden) hat seine Tätigkeitsgebiete auf die eigentlichen Hoheitsaufgaben wie Erhaltung des Friedens, Recht, Rechtsprechung, Rechtsvollzug, Aufbau einer Infrastruktur, zum Beispiel von Straßen, Umweltschutz und soziale Hilfe in Notfällen zu begrenzen. Hier ist die Leistungskraft in vielen Fällen eher zu stärken. Nur für die Erfüllung dieser Aufgaben sollten Monopole erlaubt sein. Eine wirtschaftliche Tätigkeit der öffentlichen Hand macht immer dann Sinn, wenn nach einer Privatisierung das Monopol erhalten bliebe, also auch danach keine wirtschaftlichen Zwänge gegeben sind, sondern sich eher die Gefahr des Machtmißbrauches erhöht. Generell darf sich der Staat nur in besonderen Ausnahmefällen und dann zeitlich begrenzt wirtschaftlich betätigen und keine längerfristigen staatlichen Einflüsse in Aufsichtsgremien ausüben.*

▶ Ein zunehmender Anteil von Mitarbeitern der gesetzentwerfenden Behörden und Ministerien sollte sich damit befassen, Gesetze, Erlasse etc. zu finden, die beseitigt, vereinfacht und/oder gestrafft werden können. Weiterhin ist die Zahl der Stellen, die für ein und denselben Tatbestand Regelwerke entwerfen, zu reduzieren.

Auch der Kreis der durch einzelne Gesetze Betroffenen wäre jeweils so eng wie möglich zu fassen, um möglichst wenige Personen zu belasten. Bei der Überprüfung und Ausarbeitung neuer Gesetze ist der volkswirtschaftliche Gesamtaufwand von wertschöpfender und wertvernichtender Administration beim Staat, den Gewerbebetrieben, den Verbänden und beim Bürger zu berücksichtigen.

▶ Vor der Beratung neuer Gesetzesentwürfe sollte ein Gutachten zur gesamten volkswirtschaftlichen Belastungsbilanz vorliegen.

Jedes Gesetz, das nur einen geringen Nutzen hat oder die Arbeit der Wirtschaft oder der Bürger übermäßig belastet, müßte entfallen.

▶ Man sollte sich hüten, alle Details regeln zu wollen.

Als Bewertungsmaßstab wäre zu klären, ob der administrativen Maßnahme ein gleich hoher oder höherer Nutzen gegenübersteht.

Beim Reengineering geht man davon aus, daß die Unternehmen die wertschöpfenden Prozesse betonen, das heißt, alle Mitarbeiter auf die Kernprozesse konzentrieren und Stabs- beziehungsweise Serviceabteilungen sehr klein halten oder schließen. Dadurch ergeben sich höhere Rationalisierungseffekte. Die volkswirtschaftlichen Verwaltungen wurden dadurch vergrößert und die organisatorischen Abläufe verschlechtert, daß man immer mehr Institutionen schuf, die helfen wollen, die Schwierigkeiten in der Wirtschaft zu „verbessern" oder Ungerechtigkeiten zu beseitigen. So haben beispielsweise wirtschaftliche Schwierigkeiten in einzelnen Regionen dazu geführt, daß von Politikern immer neue Förderstellen geschaffen wurden. Die Finanzierung und Unterhaltung solcher Förderstellen läßt die Kosten steigen, die von der mit Schwierigkeiten zu kämpfenden Wirtschaft über Steuern und Abgaben wieder hereingeholt werden. Dies führt wiederum zu einem Arbeitsplatzabbau der Grenzbetriebe und zur höheren zeitlichen Belastung für die Führungskräfte. Vor allem aber nimmt die Leistungsfähigkeit des Gesamtsystems dadurch ab, daß immer marktfernere Stellen geschaffen werden, die nur wenig zur Verbesserung beitragen können, die aber sowohl zeitlich als auch kostenmäßig zu verkraften sind. Die Folge daraus ist eine Umlenkung der Kreativität und eine Senkung der eigentlichen Produktivität. Viele Zuständigkeitsüberschneidungen mit inneren Reibungsverlusten wurden geschaffen. Man konzentriert sich immer weniger auf den direkten Wertschöpfungsprozeß. Die Vielzahl der Verbände der freien Wirtschaft haben nicht selten eine ähnliche belastende Wirkung. Der Ballast der gesamten Volkswirtschaft wird größer, die Effizienz kleiner. *Erkenntnisse der modernen Betriebswirtschaftslehre besagen aber gerade, daß man die Arbeitskräfte so dicht wie möglich auf den eigentlichen Wertschöpfungsprozeß konzentrieren und so nah wie möglich am Kunden arbeiten lasen muß, wenn man erfolgreich sein will.*

> Eine Gruppe mit etwa 6000 Mitarbeitern und völlig unterschiedlichen Arbeitsgebieten in fünf Gesellschaften hatte schon in den 50er Jahren ein zentrales Forschungsinstitut geschaffen, weil man die Entwicklung neuer Produkte vorantreiben wollte. Aufgrund der völlig unterschiedlichen Märkte, die die einzelnen Firmen bearbeiten, blieben die Entwicklungsarbeiten marktfern; man verfügte nicht über die laufenden Kundenkontakte. Da die einzelnen Firmen zusätzliche Entwicklungsgruppen unterhielten, gab es Reibungsverluste, die die Zusammenarbeit belasteten. Man ließ die zentrale Stelle nicht in die wichtigen Details einblicken, weil man Know-how-Verluste befürchtete. Erst als dieses Institut nur noch als Meßpool genutzt, später verkauft und die marktnahe Entwicklung mit engen Kundenkontakten in den einzelnen Arbeitsgebieten gestärkt wurde, erreichte man eine weit günstigere Folge der Einführung neuer Produkte

Wenn sich solche zentralen Stellen schon in den Unternehmensgruppen als nicht effizient erweisen, um wieviel ineffizienter müssen dann zentrale Stellen für die Firmen einer Region sein, die noch weit ferner vom Kunden agieren? Zwar werden diese Angebote durchaus benutzt, weil die Leistung „kostenlos" für den Abnehmer erfolgt, könnte man aber die wirtschaftliche Effizienz messen, so wäre die Enttäuschung sehr groß. Solche zentralen Stellen und Institute sollten sich deshalb auf Arbeitsgebiete der Grundlagenforschung oder solche von besonderem volkswirtschaftlichen Interesse beschränken.

Die wertvernichtende Kriminalität und Korruption verursachen nicht nur viel Aufwand beim Staat, bei den Privatleuten und Unternehmen, sondern beeinflussen auch in sehr erheblichem Maße die Lebensqualität der Bürger. In der Bekämpfung dieser Mißstände liegt eine der Kernkompetenzen des Staates. Delikte zu verhindern, ist eine der wesentlichen hoheitlichen Aufgaben. Hier sollte der Staat alle Mittel aufwenden, weil diese für die Volkswirtschaft nutzbringend und wertschöpfend sind. *Die Kosten, die durch die Kriminalität verursacht werden, müßten laufend geschätzt und veröffentlicht werden, die Kosten größerer Verfahren und Bekämpfungsaktionen ließen sich durch eine Kostenrechnung erfassen und veröffentlichen, um der Bevölkerung zu zeigen, allein welche wirtschaftlichen Schäden dadurch entstehen.*

> ▶ Auch im Hinblick auf die Kriminalität ist wiederum langfristiges Denken gefordert: Sind die kriminellen Netze erst einmal gesponnen, so ist eine Bekämpfung unverhältnismäßig schwerer und aufwendiger.

Beispiele in vielen Ländern zeigen, daß es seit Jahrzehnten nicht gelingt, solche festgefügten Organisationen noch wirkungsvoll zu bekämpfen. *Polizeiorganisationen sind deshalb schon frühzeitig so zu stärken und zu bevollmächtigen, daß der Kriminalität engste Grenzen gesetzt werden.*

Oft wird die Armut als Grund für die expandierende Kriminalität genannt. Ein solcher Einfluß ist sicher nicht zu leugnen. Viel wichtiger aber scheint in hochentwickelten Ländern die Ziellosigkeit und Hoffnungslosigkeit. Indem der Jugend kein Ziel vorgegeben wird, für das sie sich engagieren kann, besteht in erhöhtem Maße die Gefahr, daß man Abenteuer sucht, die nicht selten im Verbrechen enden.

Differenzierungskraft als zweiter Hauptfaktor

Für ein Unternehmen, das aufgrund seiner Struktur nicht in der Lage ist, die Kostenführung zu übernehmen, also mit günstigsten Kosten zu produzieren, kommt es darauf an, sich vom Wettbewerb zu differenzieren. Dies gilt auch für jede Volkswirtschaft, die auf einem hohen Lohn- und Kostenniveau basiert. *Die Differenzierungskraft entscheidet in allen Hochlohnländern über das Wachstum, den Wohlstand und die Arbeitslosigkeit. Das setzt unter anderem die Kompetenz der Wirtschaft voraus, die zukünftigen Schlüsseltechnologien zu beherrschen und mit Flexibilität, Schnelligkeit und einem hohen Image dieses Wissen zu vermarkten.* Gelingt diese Differenzierung nicht, weil beispielsweise die Technik in den alten Arbeitsgebieten ausgereizt ist, die Innovationskraft erlahmt und mehrere Wettbewerbsländer mit niedrigen Kosten dasselbe Produkt liefern, so verschwinden langsam ganze Industrien, neue wachsen nur unzureichend nach, die Zahl der Arbeitsplätze sinkt, und die Arbeitslosigkeit steigt entsprechend. Auf diese Weise zogen sich schon früher fast ganze Branchen aus Hochlohnländern zurück, wie die Textilindustrie, Gießereien, der Schiffbau, oder wurden mit Hilfe von Subventionen zu Lasten des Gleichgewichts erhalten. Die Produkte werden im ersten Falle nach wie vor im Inland verkauft, aber im Ausland produziert. Hinzu kommt, daß eine Kostenanpassung zwangsläufig über die Einsparung von Arbeitsplätzen erfolgt, während der Aufbau von Differenzierungen tendenziell stärker eine Umsatzsteigerung durch neue Produkte bewirkt. Differenzierungsbemühungen sind also der eleganteste Weg, die Struktur zu verbessern. Deshalb lautet *die entscheidende Frage für die Wirtschaftspolitik der Hochlohnländer: Wie kann man Differenzierungen anregen, um bessere Erlöse zu erzielen und trotz hoher Preise eine zunehmende Zahl von in- und ausländischen Kunden an sich zu binden?*

Die Grundlage für den Aufbau von Differenzierungen liegt – wie immer wieder betont werden muß – in der motivierenden Zwangskonstellation beziehungsweise in der kreativen Leistungskultur und in einer innovationsfreundlichen Grundeinstellung. Sie sind die wichtigste Basis für eine kreative Organisation, wie wirtschaftliche Untersuchungen und praktische Erfahrungen beweisen konnten. Eine Voraussetzung dafür liegt im Abbau der Komplexität und der Schnittstellen sowie in einer Akzeptanz und Herausstellung innovativer Leistungen. Dagegen sind Maßnahmen der Wirtschaftsförderung weit weniger wichtig. *Jeder, der für die Volkswirtschaft solche Differenzierungsleistungen erbringt und Risiken auf sich nimmt, sollte Anerkennung durch den Staat erhalten, da er damit zur Schaffung und Absicherung von Arbeitsplätzen und zur Finanzierung sozialer Leistungen einen Beitrag erbringt.* Differenzierung erreicht man insbesondere durch bessere Produkte und vor allem durch Produkte, die neue Märkte erschließen und auf Zukunftstechnologien basieren, durch ein besseres Marketing, besseren Service, größere Lieferschnelligkeit und mehr -sicherheit. Für differenzierte Produkte erzielen Unternehmen bessere Preise, die eventuelle Nachteile aufgrund der ungünstigeren Kostenstruktur ausgleichen können. Durch diese höheren Preise läßt sich auch bei höheren Kosten noch ein angemessener Gewinn erzielen.

> Die Differenzierungspolitik führt zu höheren Preisen und ist somit der Königsweg für ein Hochlohnland: Die öffentliche Hand, Gewerkschaften, Verbände und Unternehmen sollten Erfinder über eine Leistungskultur und Leistungsanreize motivieren, Innovationsfeindlichkeit durch Aufklärung verhindern und die Zukunftsindustrien stärken.

Weitere wichtige Strukturmerkmale, die die Differenzierungskraft steigern, liegen in der Konzentration auf Kernkompetenzen und darin, daß unwirtschaftliche Zweige nicht durch Subventionen aufrechterhalten werden. Konzentriert sich beispielsweise der Staat mit einem hohen Anteil nicht auf Kernkompetenzen, sondern auf andere Aufgaben, so zieht er ein leistungsfähiges Potential von kreativen Mitarbeitern für Verwaltungszwecke ab, und die Effizienz des verbleibenden Restes müßte überproportional steigen, wenn man das gleiche Ergebnis erzielen will. Das Potential wird unter Umständen dazu genutzt, wertvernichtende Administration zu produzieren, die darüber hinaus noch die kreativen Kräfte belastet. Auch aus diesem Grunde sollte die volkswirtschaftliche Verwaltung möglichst klein gehalten werden. Eine ähnliche Situation ergibt sich, wenn man unwirtschaftliche Wirtschaftszweige mit Subventionen erhält. Auch hier werden Mitarbeiter gebunden, deren kreativen Gedanken sich mit Arbeitsgebieten befassen, die die Volkswirtschaft belasten oder für die Zukunft ohne Bedeutung sind. Wiederum kommt es zu einer Einschränkung des kreativen Potentials.

Läßt der technische Vorsprung nach, beziehungsweise nimmt die Fähigkeit zur Differenzierung ab und infolgedessen das Erlösniveau, und sind gleichzeitig die Kosten höher, so verliert die Volkswirtschaft zunehmend Abnehmer. Betriebe schrumpfen oder gehen in Konkurs, Arbeitsplätze gehen verloren. *Ohne eine kreativitätsfördernde Leistungskultur und eine innovationsfreundliche Grundeinstellung geht die Differenzierungskraft auf Dauer zunehmend verloren, und dann ist ein Gleichgewicht nur über sinkende volkswirtschaftliche Kosten, insbesondere nur noch über eine Reduzierung der Löhne und Gehälter, zu erreichen. Durch Verschuldung lassen sich die Probleme nur eine begrenzte Zeit und zu Lasten der Zukunft verdecken.*

▶ **Die Zahl der Patente auf einem Gebiet ist ein Signal dafür, ob die Differenzierungskraft wächst oder fällt.**

Da die neuen, differenzierten Produkte ausschlaggebend dafür sind, marktführende Positionen aufzubauen, ist die geringere Zahl der Patente ein starkes Signal dafür, daß in der Zukunft weniger führende Marktpositionen entstehen. Sinkt das Differenzierungsniveau, so ist ein Ausgleich nur über sinkende Löhne und Gehälter sowie niedrigere Steuern möglich. Gelingt das nicht, schrumpft die Wirtschaftstätigkeit und die Arbeitslosigkeit steigt.

▶ **Nach zahlreichen Untersuchungen in der Wirtschaft sind Schnelligkeit und Flexibilität wichtige Differenzierungsmerkmale.**

Wer schneller liefert, gewinnt auf Dauer zunehmend Marktanteile. Wer als erster ein neues Produkt in den Markt einführen kann, wird mit hoher Wahrscheinlichkeit Marktführer und kann dadurch sicherer Renditen und Arbeitsplätze erreichen. Behörden müssen hier nicht selten ohne Rücksicht auf die wirtschaftlichen Folgen handeln. Deshalb sollten Organisationen der öffentlichen Hand um so weniger ins

Detail eingreifen, je mehr sie den Abwicklungsprozeß verzögern. Zeit- und arbeitsaufwendige Genehmigungsverfahren, wie sie zum Beispiel durch die Bestimmungen des Bau-, Umwelt-, oder Außenwirtschafts- rechts hervorgerufen werden, führen nicht selten zu so langen Verzöge- rungen, daß der schnellere ausländische Wettbewerber auf Dauer erhebliche Wettbewerbsvorteile erringt. Die eigene Industrie verliert Marktanteile und überproportional Arbeitsplätze. Da bis heute keine Organisationsformen praktiziert werden, durch die die Voraussetzun- gen für Schnelligkeit und Flexibilität in den Verwaltungen der öffentli- chen Hand gegeben sind, empfiehlt es sich auch aus diesen Gründen, daß Bund, Länder und Gemeinden sich ganz auf die hoheitlichen Aufgaben konzentrieren, ihre wirtschaftlichen Aktivitäten privatisieren und soweit Eingriffe politisch erforderlich werden, sollte der Kreis der betroffenen Firmen so eng wie möglich gehalten werden. Aufgaben der Gewerbeaufsicht, des Bau- oder Außenwirtschaftsrecht ließen sich beispielsweise den Industrie- und Handelskammern übertragen, die eher die Möglichkeit hätten, praxisnäher zu entscheiden.

Umsetzungsproblematik

Viele Industriezweige haben ihre Kosten in guten Zeiten, in denen es wenig Rationalisierungszwang gab, stark erhöht, so daß sie in Schwierigkeiten kamen, wenn sich die Erfolgsvoraussetzungen änder- ten. Natürlich kann ein Manager in einem sanierungsreifen Unterneh- men nicht kurzfristig nachholen, was über viele Jahrzehnte versäumt wurde. *Jede Sanierung bedingt eine Veränderung der gewachsenen Strukturen.*

▶ Umstrukturierung erfordert Zeit, verlangt Opfer, führt zu Substanz- verlusten, und diese belasten um so mehr, je tiefer die Krise fort- geschritten ist. Verzögerungseffekte[43] führen dazu, daß die Folgen von wirtschaftlich fördernden oder bremsenden Entscheidungen erst spät erkannt werden.

Im Abschwung kommt es nach fördernden Maßnahmen zunächst zu einer Fortsetzung des Rückgangs (siehe obere Abbildung), vor allem,

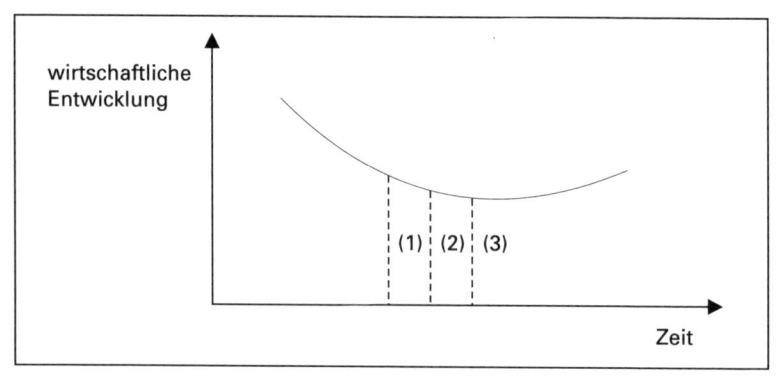

Verlauf der Wirtschaftsentwicklung aufgrund fördernder Maßnahmen (1) (2) (3) im Zeitablauf

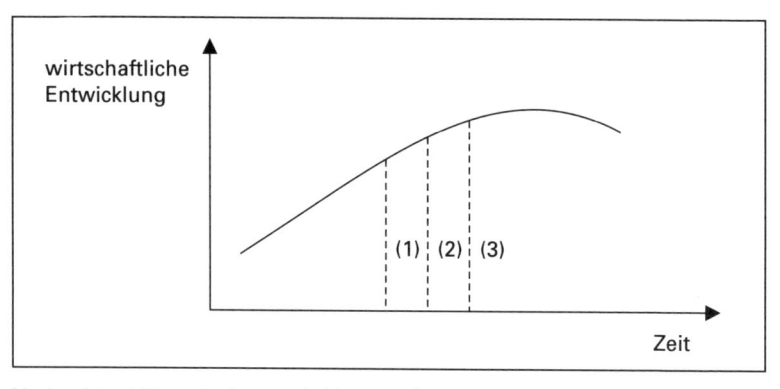

Verlauf der Wirtschaftsentwicklung aufgrund bremsender Maßnahmen (1) (2) (3) im Zeitablauf

wenn es sich um strukturverändernde Maßnahmen handelt, die erst langfristig wirken. Umgekehrt führen belastende strukturverändernde Maßnahmen erst mittel- oder langfristig aus den gleichen Gründen zu schwer korrigierbaren Problemen. Damit ist die Gefahr zu spät eingeleiteter Diskussionen relativ hoch (siehe untere Abbildung).

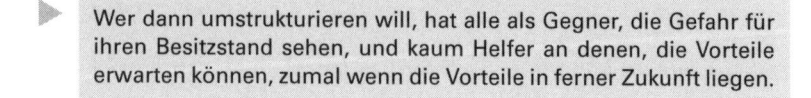

▶ Wer dann umstrukturieren will, hat alle als Gegner, die Gefahr für ihren Besitzstand sehen, und kaum Helfer an denen, die Vorteile erwarten können, zumal wenn die Vorteile in ferner Zukunft liegen.

Die Verzögerungseffekte liefern ihnen auch noch starke Argumente, weil man zunächst keine Erfolge sieht. Selbst wenn Manager, Beamte oder Politiker mit hoher Einsatzbereitschaft ihre Pflicht erfüllen, so sind sie sich doch, insbesondere wenn sie lange Zeit unter den Bedingungen einer starren Verwaltung gearbeitet haben, normalerweise gar nicht bewußt, daß ihre Arbeit zur Wettbewerbsminderung beiträgt, weil sie zu den Blockierern gehören. Hier ist dann eine intensive Aufklärungsarbeit notwendig.

Je mehr die Entscheidungsgremien disharmonisch orientiert arbeiten und je größer sie sind, wie dies in der Demokratie der Fall ist, um so später reagieren sie auf die wirtschaftlichen Zwänge. Deshalb haben solche Arbeitskreise erst viel zu spät eine Chance, die notwendigen Beschlüsse zu fassen und durchzusetzen. So führt der Föderalstaat in schwierigen wirtschaftlichen Zeiten leicht zu einem Verteilungsstreit, der die Entscheidungsfähigkeit gerade dann lähmt, wenn sie wie im Falle der Krise besonders wichtig wird. Einer der wichtigsten Schritte zur wirtschaftlichen Umstrukturierung liegt in der Änderung zu wirtschaftlichen Zwangskonstellationen in allen Teilen der Volkswirtschaft, zum Beispiel durch konsequente Privatisierung aller nichthoheitlichen Aktivitäten der öffentlichen Hand. Solche neu geschaffenen Gesellschaften sind vor allem dem Wettbewerb auszusetzen, und jede Subventionierung ist möglichst bald zu unterbinden.

> ▶ Die günstigste langfristige Entwicklung mit dem geringsten Risiko erreichen Unternehmen und ganze Volkswirtschaften, wenn sie Fehlstrukturen erst gar nicht entstehen lassen, sondern darauf abzielen, sich mit einer Leistungskultur im Gleichgewicht und notfalls – zeitlich begrenzt – im positiven Ungleichgewicht zu bewegen.

Die zeitlichen Anforderungen bei einer Strukturänderung großer, komplexer Unternehmen sind sehr unterschiedlich: Verbesserungen an vorhandenen Produkten lassen sich mit dynamischen Entwicklungsabteilungen in wenigen Jahren aufbauen. *Wenn nur die Kosten angepaßt werden müssen, so ist dieses Problem je nach Kompetenz der Führung und Größe des Unternehmens in vielleicht zwei bis fünf Jahren zu bewältigen.* Müssen wichtige Teile des Programms durch neue Produkte ersetzt werden, dann reichen meistens zehn Jahre mit großen Anstrengungen nicht aus. *Die Veränderung der Kulturen und der Sortimentsstruktur gehört ebenfalls zu den schwierigsten Problemen.* Wie schwierig es allein ist, Menschen nach 50 Jahren Kommandowirtschaft zum Umdenken und zur Eigeninitiative zu erziehen, mußten viele Unternehmer erfahren, die nach der Öffnung der sozialistischen Länder dort Betriebe aufbauten. Große neue Produktgenerationen, die auf neuen Basiserkenntnissen beruhen, benötigen je nach der Leistungskultur und dem Freiraum, den unter anderem die Finanzmittel gewähren, zehn bis 30 Jahre, nicht selten mehr, ehe sie von größerem wirtschaftlichen Nutzen sind.

Die Suche nach neuen Produkten ist um so arbeitsaufwendiger und risikoreicher, je weiter man von seinen bisherigen Kerngeschäftsfeldern abweicht, denn man muß neben den neuen Produkten auch neue Kunden suchen und in bereits besetzte Märkte eindringen. Es kommt zu einem erheblichen Widerstand, der sich am ehesten mit Innovationen überwinden läßt. Solche Eindringungsstrategien sind mit einem relativ großen Risiko belastet und erfordern hohe Kosten. Die hier beschriebenen Probleme der Betriebe aufgrund der meist nicht wettbewerbsfähigen Produkte wurden bei der Wiedervereinigung Deutschlands allgemein unterschätzt.

> ▶ **Wer wichtige Positionen verloren hat, benötigt normalerweise Jahrzehnte mit sehr hoher Leistung, um im Wettbewerb aufzuschließen.**

Diese Zeit läßt sich verkürzen, wenn zum Beispiel aus politischen Gründen hohe Finanzmittel eingesetzt werden, die aus wirtschaftlichen Gründen allein nicht zu vertreten wären. *Hat sich die volkswirtschaftliche Kultur darüber hinaus von einer Leistungsorientierung abgewandt, so ist eine Korrektur im Rahmen der demokratischen Entscheidungsstrukturen ein Generationsproblem.*

Bei allen Veränderungen ist zu beachten, daß sich ein Meinungsbild (Image) von hochqualitativen Produkten bei den Kunden erst sehr langsam herausbildet. *Ein Image ist kein Schnellboot! Wenn die Industrie eines Landes über Jahrzehnte hervorragende Produkte und Serviceleistungen anbietet, dann beginnt auch das „Made in ..." dem*

Kunden etwas zu bedeuten und trägt zu einem höheren Vertrauen und damit zu höheren Erlösen bei. Umgekehrt dauert es ebenfalls lang, bis ein Image verfällt. Oft läßt man sich durch Untersuchungen täuschen, die ergeben, daß sich das Image „Made in ..." im Ausland noch kaum veränderte. Entsprechend werden die Probleme bagatellisiert. Zunächst einmal verfällt in der Nation die Leistung. Im Inland spürt man früher, daß die Wettbewerbsfähigkeit sinkt. Entsprechend geht das Eigenimage, das heißt die Einschätzung der eigenen Leistungsfähigkeit mit einer Zeitverzögerung von mehr als einem Jahrzehnt zurück. Im ferneren Ausland, wo die Informationsbasis noch schlechter ist, zeigt das Image noch lange ein hohes Niveau, ehe es ebenfalls verfällt. Diese Tatsache führt nicht selten zu einer Unterbewertung der Gefahrensignale. Ist der Ruf aber ruiniert, kann er nur noch durch einen mühsamen, jahrzehntelangen Prozeß wieder aufgebaut werden. Dieser dauert länger als ein absoluter Neubeginn, deshalb ist es kaum wahrscheinlich, daß solche Bemühungen erfolgreich sind.

Immer dann, wenn man eingefahrene Strukturen in der Industrie verändern will, werden viele Gründe vorgetragen, die die Umstrukturierung scheinbar unmöglich machen.

▶ An den Umsetzungsproblemen, insbesondere am Widerstand, scheitern die meisten guten Ideen.

Beim Ersinnen von Gegenargumenten und dem Aufbau von Widerständen sind die Menschen besonders erfindungsreich. Sie neigen dazu, beim Gewohnten zu verharren, besonders dann, wenn die Veränderung anfangs auch noch Erschwernisse mit sich bringt und Opfer erfordert. Jeder Betroffene kennt eine Vielzahl von Gegenargumenten, vor allem, wenn er unangenehme Konsequenzen befürchtet. Dieser Widerstand ist jedoch um so niedriger, je mehr die Leistungskultur ein Unternehmen oder eine Volkswirtschaft prägt beziehungsweise in den Teilen am höchsten, in denen sich nie eine Leistungskultur entwickeln konnte. Aus dem Verhalten der Mitarbeiter nach langen guten Zeiten ist bekannt: Wenn es persönlich von Vorteil ist und kein Zwang dagegenwirkt, werden normalerweise die Forderungen nach kostenintensiven Maßnahmen tendenziell weiter erhöht. So ist es normal, daß bei einem Vergleich von Kennziffern die Vergleichbarkeit bezweifelt, bei Einsparungsbemühungen von „Kahlschlagpolitik" gesprochen wird. Sofort kommen Argumente wie: „Es geht nicht", „Es ist alles anders", „Das ist politisch nicht durchsetzbar", „Das ist unsozial" etc. *Selbstverständlich kann sich jede Politik von den wirtschaftlichen Gesichtspunkten lösen. Die wirtschaftlichen Gesetzmäßigkeiten lassen sich jedoch nicht außer Kraft setzen: Wer sie mißachtet, bekommt früher oder später die harten Konsequenzen zu spüren.* Wenn die Gewerkschaft Erziehung und Wissenschaft in Hessen 700 neue Lehrerstellen fordert, obwohl Hessen nie so viele Lehrer hatte, so wird mit dieser Zielsetzung die eigentliche Ursache der Misere nicht angegangen, nämlich die volkswirtschaftliche Kultur, die schwerfällige Organisation und die Abwälzung gesellschaftlicher Lasten.

> ▶ Die Erfahrungen in der Wirtschaft zeigen jedoch, daß mit einer geänderten Struktur-, Ablauforganisation, Zwangskonstellation und Kultur fast immer ein hohes Verbesserungspotential vorliegt, das meistens erst nach hohem wirtschaftlichem Druck und Existenzgefahr ausgeschöpft wird.

In der Industrie steht man immer wieder ähnlichen Situationen gegenüber. Selbst in Krisenzeiten oder in Zeiten, in denen das Unternehmen um die Existenz kämpft, gibt es Abteilungsleiter, die der Forderung nach Personaleinsparungen mit Mehranforderung begegnen. Setzen sich die Führungskräfte mit ihren Forderungen gegenüber der Geschäftsführung durch, so erhöht sich die Existenzgefahr, und echte Krisen sind nicht zu bewältigen. Zunächst wird man nach den Ursachen suchen, durch die überhaupt eine zusätzliche Personalanforderung zustande kam: Arbeitsaufwendige Organisationsabläufe, komplizierte Richtlinien, Strukturorganisationen mit vielen Schnittstellen, parallele Bearbeitung, zu vielstufige Organisation etc. Schließlich können aber auch psychologische Gründe eine Rolle spielen, wie die Einstellung des Einzelnen oder gar der Gesamtheit, also die Leistungskultur.

Fest steht, daß ein gut geführtes Unternehmen solchen Forderungen nach Personalerhöhungen normalerweise nicht nachkommen wird, sondern sich an entsprechenden Leistungskennziffern orientiert. Schon ein ständiger Personalaufbau im Verhältnis zum Umsatzwachstum müßte ein Signal geben. Man hätte unter diesen Umständen die Gründe analysiert und Wege zu einer Rationalisierung gefunden. Beispielsweise könnten im Falle der ständig steigenden Lehrerzahl im Verhältnis zu den Schülern entsprechende Kennziffern das Problem sehr frühzeitig aufdecken, und eine Ursachenforschung hätte möglicherweise festgestellt, daß eine zunehmende Zahl von Richtlinien und Vorschriften die Zahl der ineffizienten Sitzungen und Besprechungen erhöht, zunehmende Streitereien und Auseinandersetzungen die Zeit absorbieren und ein hohes Maß an Demotivation zum hohen Krankenstand und geringeren Arbeitseinsatz beitragen. Solche Ursachen müssen beseitigt werden, um wieder zu günstigen Leistungskennziffern zu kommen.

Nur wer das Notwendige durchsetzt und die Ursachen für Fehlentwicklungen beseitigt, hat die Chance, etwas zu verbessern. Wegen der hohen Widerstände sind stets starke Persönlichkeiten notwendig, die mit hohen Vollmachten ausgestattet sein müssen. In vielen Fällen müssen aber erst wichtige Voraussetzungen für Einsparungen geschaffen werden, beispielsweise durch die Beseitigung und Vereinfachung von Vorschriften und Richtlinien, Änderung von Organisationsstrukturen und Abläufen, wenn die Bemühungen um eine wirtschaftliche Stärkung erfolgreich sein sollen.

Der Wähler honoriert – wie schon erwähnt – kaum eine schwer erkennbare, langfristige Handlungsweise, zumal wenn sie im Augenblick auch noch Belastungen bringt, wie dies fast immer bei strategischen Entscheidungen der Fall ist. So verspricht es beispielsweise für den Politiker mehr Erfolg, unproduktive Industrien mit Erhaltungssubventionen zu unterstützen, als Betriebe steuerlich zu entlasten, um deren Entwicklungspotential zu nutzen. Hinzu kommt, daß strategische Entscheidungen eine lange Kontinuität erfordern und über diesen Zeitraum Widerstand provozieren, bis sich die Erfolge in der Praxis zeigen. *Die oberste Führung kann Fehlstrukturen meistens erst mit langem Vorlauf verändern, bei konsequentem zielgerichtetem Handeln über Jahrzehnte. Deshalb sind Unternehmen mit hoher Konstanz in den Vorstandsgremien normalerweise erfolgreicher, als solche die häufig die Spitze wechseln. Darin liegt ein großes Dilemma der Politik in der Demokratie, da neben der kurzfristigen Orientierung des Druckes durch die Wähler ein Wechsel der Regierung oft auch zu einer Änderung des Konzepts führt.* Es kann deshalb gar nicht früh genug mit einer Gegensteuerung begonnen werden, wenn sich erste Signale für eine volkswirtschaftliche Fehlentwicklung zeigen. Das erfordert eine vertiefte Kenntnis der wirtschaftlichen Zusammenhänge, ist also abhängig vom wirtschaftlichen Sachverstand in den Entscheidungsgremien. Unter den gegebenen Zwängen und Voraussetzungen ist es folglich kein Wunder, daß die Signale des negativen Ungleichgewichts in der Demokratie kaum beachtet werden.

In einer jungen Volkswirtschaft ist es notwendig, daß viele Beamte und Angestellte damit beschäftigt sind, neue Regelungen für das Funktionieren und Zusammenspiel zu entwerfen.

> ▶ Die alternde Volkswirtschaft sollte sich zunehmend damit befassen, welche Gesetze, Richtlinien, Verordnungen etc. sie beseitigen, entrümpeln kann, oder wie sich die Regelwerke vereinfachen lassen und die Leistung der Regierungen müßte daran gemessen werden, wieviele unwirtschaftliche Gesetze und kleinliche Regelungen sie beseitigen konnte. Damit gibt sie dem Straffungsprozeß eine gewisse Eigendynamik.

Schon etwa 20 Jahre nach Beginn einer neuen Staatsform müßte der Anteil der „entrümpelnden" Beamten in den regelungsentwerfenden Abteilungen größer sein, als der Anteil derjenigen, die neue Vorschriften schaffen.

> ▶ Bei der Zulassung neuer Regelungen wäre stets durch Gutachten zu prüfen, inwieweit sie wertschöpfend zum volkswirtschaftlichen Prozeß beitragen und die Lebensqualität der Bürger beeinflussen.

Dabei sind also nicht nur die Folgekosten in den Behörden, sondern vor allem auch die Folgekosten in der Wirtschaft und die zeitliche Beanspruchung der Privatleute zu beachten, um Ärger, Streß und negative Folgen durch Krankheiten in der Bevölkerung zu verhindern.

Die Erfahrung in den Wirtschaftsbetrieben hat gezeigt, daß sich Kollektivgremien und große Gruppen bei ihren Entschlüssen als sehr ineffizient und weniger klug erweisen – viele notwendige Entscheidungen können kaum durchgesetzt werden. *Amerikanische Studien kamen zu ähnlichen Ergebnissen: Selbst große Vorstandsgremien weisen aufgrund der Probleme in der Kommunikation und Entscheidungsfindung sowie der damit verbundenen Reibungskonflikte signifikant schlechtere Unternehmensergebnisse auf.*[44] *Um wieviel ineffizienter müssen die weit größeren Ausschüsse, Komitees oder Kommissionen in der Demokratie sein! Die demokratischen Verfahren zur Entscheidungsfindung sind so kompliziert, daß sie eine lange Zeit beanspruchen und viel Aufwand erfordern.* Dies ist ein weiterer Grund, warum Wirtschaftsbetriebe des Staates, soweit sie sich im Wettbewerb befinden, fast immer mit laufenden großen Verlusten und auf Dauer mit großer Verschuldung abgeschlossen haben, bevor sie endgültig privatisiert wurden. Da es beim Staat selbst keine Existenzfrage gibt, ist auch die Umsetzungsproblematik wesentlich größer als in der freien Wirtschaft. *Noch problematischer sind in dieser Hinsicht Staatengemeinschaften.* Unbequeme Zielsetzungen lassen sich wegen des fehlenden direkten Druckes auch dann kaum durchsetzen, wenn bereits die gesamte Wettbewerbsfähigkeit in Gefahr ist.

Wie wenig Kraft die öffentliche Hand bei der heutigen Organisation zu wirklichen Veränderungen findet, zeigen einige Beispiele, die man noch beliebig ergänzen könnte:

1. Seit Jahrzehnten mahnt der Rechnungshof und stellt überaus kritische Fälle dar. Auf den Einzelfall wird dann zwar normalerweise reagiert, aber die grundlegenden organisatorischen Strukturen änderte man bisher nicht. In großen Entscheidungsgruppen ist letztlich keiner wirklich verantwortlich.

2. Die Kameralistik ist nun mehrere hundert Jahre alt. Sie war ein wesentliches Hilfsmittel, um staatliche Finanzen zu ordnen. Für eine wirtschaftliche Steuerung hat sie jedoch eher katastrophale Auswirkungen. Jeder Industriekonzern könnte damit nur in den Konkurs gesteuert werden. Das alles ist seit Jahrzehnten bekannt, aber es gab kaum Bemühungen, etwas zu ändern.

3. Die Bürger bemängeln seit Jahrzehnten die Schwerfälligkeit und geringe Motivation in den großen Behörden. Obwohl der Staat viele gute Mitarbeiter anzieht, ist die Situation aufgrund der strukturellen Voraussetzungen völlig unbefriedigend. Der einzelne

kann dies nicht beeinflussen. Die volkswirtschaftliche Führung schafft auf Grund der gegebenen Organisation und Zwangskonstellation bis heute nicht die motivierenden Voraussetzungen.

4. Der Staat will seit Jahrzehnten private Investoren dazu veranlassen, mehr preiswerten Wohnraum zu schaffen, er läßt aber gleichzeitig zu, daß ständig steigende Anforderungen und Hindernisse entwikkelt werden, die den Wohnraum erheblich verteuern.

5. Aufgrund schwieriger Wettbewerbssituationen und der großen Arbeitslosigkeit wird 1995 auf den Treffen der Staats- und Regierungschefs über Deregulierung gesprochen. Gleichzeitig verabschiedet man in Deutschland ein Gesetz zur Öko-Audit-Verordnung der EU, das ein hohes Maß an Bürokratie und Kosten mit sich bringt.

Voraussetzung für eine Umsetzung ist der weitgehende Konsens der Entscheidungsträger in wichtigen volkswirtschaftlichen Fragen, der jedoch aufgrund des breiten Meinungsspektrums in der Demokratie höchstens im Notfall und auch dann nur unter Schwierigkeiten zu erzielen ist. Dies wirft einerseits die Frage auf, ob die Entscheidungsfähigkeit der Regierung in manchen Demokratien nicht zu weit reduziert ist. Eine Stärkung der Befugnisse in dieser Hinsicht wäre von Vorteil. Auf der anderen Seite muß abgesichert sein, daß keine Zerstörung der demokratischen Strukturen möglich wird. Hier könnte das Aufsichtsrats- oder Verwaltungsratssystem als Vorbild für die Organisation dienlich sein. Ein besser abgestuftes System der Entscheidungsfindung, -umsetzung, -überwachung und Aufgabenverteilung wäre von Vorteil.

▶ Die komplexen und schwerfälligen Abläufe sind auf Entscheidungen von allerhöchster volkswirtschaftlicher Bedeutung zu beschränken.

Bei besonders wichtigen Entscheidungen, wie zum Beispiel der Änderung des Staatsanteils und der Verschuldungsgrenze, sollte dagegen sogar auch das Volk, der „Souverän", zu Worte kommen.

Nehmen wir an, man hat in einer Volkswirtschaft erkannt, daß die Produktivität der Industrie zurückgefallen ist und dadurch die

Wettbewerbsfähigkeit auf Dauer mehr und mehr verlorengeht, der Lebensstandard weiter sinkt und die Arbeitslosigkeit steigt. Man ist sich auch darüber klar, daß sich die Struktur falsch entwickelt hat, will diese Probleme wieder beseitigen und leitet entsprechende Maßnahmen ein. Nun ergeben sich – wie erwähnt – stets erhebliche Übergangsprobleme, weil viele Argumente gegen den Anpassungsprozeß ins Feld geführt werden. Werden die Weichen trotz aller Widerstände gestellt, so besteht die große Gefahr einer Kursänderung durch die nächste Regierung. *Langfristiges Denken und langfristig orientiertes Handeln über mehrere Regierungen hinweg ist von großer Bedeutung für volkswirtschaftliche Erfolge.*

Wer zu spät kommt ...

Wenn sich in den Unternehmen Fehlstrukturen bilden, zum Beispiel durch eine zu große Verwaltung, zu hohe Verschuldung, absinkende Marktpositionen etc., so kommt es unter Umständen schon im Laufe von einigen Jahren zu Verlusten, Kreditkündigungen etc. Das heißt, Ungleichgewichte im Sinne der Erfolgsformel müssen dann zu Gegenmaßnahmen des Managements führen, oder das Unternehmen kommt in den Vergleich oder Konkurs. In der Volkswirtschaft kann ein solches Ungleichgewicht viel länger bestehen: Wertsenkende Verluste sind nicht bekannt, Aufkündigungen von Krediten an die öffentliche Hand oder deren Unternehmen sind selbst bei Verschuldungen von 1,5 Jahren bezogen auf das Bruttoinlandsprodukt noch nicht erfolgt. Die Krise kann also hier unverhältnismäßig weiter fortschreiten, ehe eine korrigierende Druckkonstellation entsteht.

Aus der Medizin kennt jeder die Gefahren für das Leben bei verspäteter Behandlung einer Krankheit. Wer beispielsweise eine Krebserkrankung früh erkennt und behandelt, hat wesentlich bessere Voraussetzungen, wieder relativ schnell gesund zu werden. Insofern sind Fehlstrukturen der Wirtschaft vergleichbar mit schweren Krankheiten:

> Die Übergangsprobleme werden um so größer und die Folgen härter, je später die Führung entsprechende Maßnahmen einleitet und je länger man das Notwendige verzögert, weil zum Beispiel der Mut fehlt oder die Entscheidungsstrukturen die Durchsetzung unmöglich machen.

Bei der Betrachtung des verfügbaren Einkommens mit zunehmender Verschuldung konnte dies bereits deutlich gezeigt werden: Je höher die Verschuldung ist, um so geringer wird schließlich das verfügbare Einkommen aufgrund steigender Tilgungen und Zinszahlungen. Kommen demokratische Systeme aufgrund sehr spät eingeleiteter Korrekturmaßnahmen nicht mit hoher Wahrscheinlichkeit mit zunehmendem Alter in den Grenzbereich der Belastung? – In jedem Fall wäre es besser, eine alte Weisheit früh zu berücksichtigen: *Wehret den Anfängen!* Der beste Weg liegt also darin, das „Diktat" der leeren Kassen zu verhindern. Auch Märkte, die einmal verloren sind, lassen sich nur mit hohen Opfern und Anstrengungen zurückgewinnen. Da dies meist politisch kaum durchsetzbar ist und durch den Streit um die richtigen Instrumente die Konzepte verwässert werden, sind solche Positionen normalerweise nahezu für immer verloren.

Selbst wenn die hier vorgebrachten Argumente weitgehend akzeptiert würden, so wird doch das Gegenargument kommen, daß bei einer Strukturänderung noch mehr Arbeitslosigkeit entsteht und somit die Umsetzung undenkbar wird. *Zwar wäre eine Volkswirtschaft mit hohen finanziellen Reserven in der Lage, durch Verschuldungserhöhung dieses Umstrukturierungsproblem weitgehend zu entschärfen. Aber in dieser Hinsicht schöpften fast alle Demokratien die Potentiale bereits in guten Zeiten aus. Wenn strukturverändernde Maßnahmen zum Einsatz kommen, wird die Arbeitslosigkeit tatsächlich zunächst noch größer.* Die öffentliche Hand muß für eine Strukturveränderung zu schlankeren Strukturen kommen und Arbeitsplätze abbauen. Falls die Hindernisse abgebaut werden, eine bessere Leistungskultur entsteht und, dadurch bedingt, rationellere Organisationsformen und Verfahren gefunden werden, so benötigt man aufgrund dieser Entwicklung weniger Mitarbeiter. Wiederum kommen zusätzliche Belastungen auf die Volkswirtschaft zu. Auf der anderen Seite steigt die Wettbewerbsfähigkeit der Wirtschaft, und durch das später nachfolgende Wachstum entstehen mit zeitlicher Verzögerung zusätzliche Arbeitsplätze beziehungsweise der weitere Abschwung wird gebremst. Die Wettbewerbsfähigkeit der Gewerbebetriebe und der ganzen Volkswirtschaft steigt.

Es ist keine Frage, daß langfristig die Auftriebskräfte überwiegen, wenn die bremsenden Kräfte zu hoher Kosten hemmender Regulierung, abfallender Leistungskultur und zu geringerer Differenzierung ihr Gewicht verlieren. Fest steht auch: *Bleibt es beim negativen Ungleichgewicht, so wird die Wirtschaft laufend schwächer, die Arbeitslosigkeit höher sowie das steuerliche Potential kleiner.* Die zunehmende volkswirtschaftliche Kopflastigkeit führt schließlich dazu, daß sich eine weitere Verschuldung verbietet, ein sinkender Lebensstandard, zunehmende Hektik und wachsende Auseinandersetzungen nicht zu verhindern sind, während im Gleichgewicht langfristig die höchstmögliche soziale Leistung und Spannungsfreiheit erreicht worden wäre.

Am Beispiel einer Sparte eines großen Mittelständlers läßt sich dieser Prozeß über mehr als zehn Jahre verdeutlichen.

Aufgrund einer zu stark belastenden Verwaltung, einer unqualifizierten Führung, einer resignierenden Mannschaft und zu hoher Kosten in der Sparte selbst, wurde diese immer weiter aus dem Geschäft herausgedrängt. Erst als das Unternehmen eine qualifizierte Spartenführung einsetzte, stark rationalisierte, sich auf Kernprozesse und Kernkompetenzen konzentrierte, um dadurch wettbewerbsfähig zu werden, was mit einem hohen Abbau an Arbeitsplätzen verbunden war, ließ sich mit weiteren neuen Produkten der Umsatz entsprechend ausbauen. Aber es dauerte etwa zehn Jahre, bis die Zahl der Arbeitsplätze für alle Funktionen einschließlich der Verwaltung wieder das frühere Niveau überstieg. Darüber hinaus wurde aufgrund der Ertragsstärke der Aufbau weiterer Arbeitsplätze in den neuen Geschäftsfeldern ermöglicht, so daß sich deren Zahl in den zehn Jahren etwa verdoppelte.

Jahr	Mitarbeiter im Durchschnitt	Umsatz in Mio. DM	Umsatz pro Kopf in TDM
1983	315	60	190
1985	208	38	184
1987	181	43	238
1989	190	57	299
1991	257	100	389
1992	280	121	430
1993	339	159	469
1994	369	173	469

Veränderung des Personalbestands aufgrund von Anpassungsprozessen an einem Beispiel

Es ist davon auszugehen, daß es in einer Volkswirtschaft letztlich nur zu einem Ausgleich zwischen Arbeitsangebot und Arbeitsnachfrage kommt, wenn sich die Erfolgsformel des Arbeitsmarktes wieder im Gleichgewicht befindet.

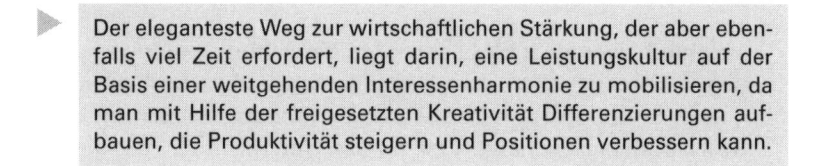

▶ Der eleganteste Weg zur wirtschaftlichen Stärkung, der aber ebenfalls viel Zeit erfordert, liegt darin, eine Leistungskultur auf der Basis einer weitgehenden Interessenharmonie zu mobilisieren, da man mit Hilfe der freigesetzten Kreativität Differenzierungen aufbauen, die Produktivität steigern und Positionen verbessern kann.

Hinzu kommt, daß durch deren hohe Motivationswirkung und die Orientierung auf zukünftige Ziele die Übergangsprobleme als nicht so stark belastend empfunden werden, wie sie in Wirklichkeit sind. Das Ziel „Lebensqualität" wird durch motivierende Zwangskonstellationen also nicht negativ beeinträchtigt sondern eher gefördert. Das setzt voraus, daß der Staat wenig Administration erzwingt und eine effiziente Verwaltung schafft. Insofern liegt hier eine entscheidende Grundlage.

Natürlich läßt sich nur stufenweise verbessern, was an Fehlstrukturen über viele Jahrzehnte gewachsen ist. Zu starke kurzfristige Veränderungen würden die Anpassungsfähigkeit überfordern. Notwendig wäre eine Zielstruktur und ein für alle Regierungen verbindlicher Anpassungsprozeß über einen festgelegten Zeitraum. Dieser Aufholprozeß erfordert normalerweise mehr Zeit als die strukturelle Veränderung, die den relativen oder absoluten Niedergang bewirkt, und er muß schrittweise erfolgen, zum Beispiel indem der Anteil der Kosten der öffentlichen Hand am Bruttoinlandsprodukt gemessen und die jährliche Veränderung des Staatsanteils um ein bis zwei Prozent unter dem Zuwachs des Inlandsprodukts festgeschrieben wird. *Es sind Anpassungsziele und Anpassungsstufen festzulegen und durch jede Regierung konsequent als Ziel zu verfolgen. Der Weg zur Leistungssteigerung ist mühsam, aber das Ziel, die Demokratie abzusichern und die Lebensqualität der Bürger langfristig zu erhöhen, ist viel Mühe wert, wenn man bedenkt, was für alle im Falle des Versagens auf dem Spiel steht!* – *Wichtige Entscheidungen für die Wettbewerbsfähigkeit der Nationen in 20 bis 30 Jahren werden schon heute getroffen.*

9 Noch einmal das Wichtigste

Demokratische Systeme sind bisher am besten geeignet, staatliche Willkür zu verhindern und die Lebensqualität breiter Schichten zu erhöhen, aber sie führen aufgrund der Konstellation der Zwänge im Laufe der Zeit zu einer Vielzahl von Entscheidungen, Gesetzen und Maßnahmen und infolgedessen zu wachsenden volkswirtschaftlichen Verwaltungen. Diese Komplexität und wertvernichtende Administration frustriert die Leistungsträger und überfordert vor allem junge Menschen, erzeugt aufgrund der Verlängerung der produktiven Prozesse ein erdrückendes Maß an Unwirtschaftlichkeit und lenkt die Kreativität auf unproduktive Tätigkeiten um. Die Folge sind übermäßig ausgetragene Streitereien, kräftezehrende Reibungskonflikte, Kampf um Besitzstände, zunehmende Rechtsunsicherheit, steigender Druck durch den Gesetzgeber und ansteigende Korruption. Die Volkswirtschaft gerät in einen Teufelskreis: Die Wertschöpfungsprozesse werden immer länger, aufwendiger und belastender für den einzelnen. Darüber hinaus expandieren die Kosten der Verschuldung, so daß es bei der derzeitigen Organisation mit hoher Warhscheinlichkeit zur Zahlungsunfähigkeit der öffentlichen Hand kommen wird. Solche strukturellen Veränderungen beeinträchtigen vor allem zunehmend die volkswirtschaftliche Leistungskultur als Voraussetzung für Unternehmertum und produktive Kreativität, senken dadurch die Wettbewerbsfähigkeit und die Lebensqualität. Damit beeinträchtigt langfristig eine Einflußgröße die Wettbewerbsfähigkeit, die später kaum noch zu korrigieren ist. Im Laufe der Zeit folgt daraus in globalisierten Märkten und beim Festhalten an geschenkten Besitzständen eine steigende Arbeitslosigkeit, Verschuldung sowie Ziel- und Perspektivlosigkeit, vor allem für die Jugend, und eine erhöhte Kriminalität. Die sinkende Wirtschaftsleistung verschüttet gleichzeitig die Quellen für soziale Leistungen.

▶ Wer den Armen eines Landes helfen will, kann dies nur dadurch auf Dauer erreichen, daß er die Leistungsfähigkeit im gesamten Staat steigert. Deshalb muß das oberste Ziel der Politik die motivationsgesteuerte Leistungssteigerung sein.

▶ Natürlich ist die Qualität der Führung in Unternehmen wie in ganzen Volkswirtschaften von besonderer Bedeutung.

Die wirtschaftliche Qualifikation von Regierungen und Parlamenten ist wie die in den Spitzen der Konzerne langfristig entscheidend für den wirtschaftlichen Erfolg und Lebensstandard in einer „Volkswirtschaft AG". Trotz aller Bemühungen in der freien Wirtschaft um Perfektionierung der Auswahlprozesse kommt es immer wieder zu Fehlgriffen. Bei demokratischen Wahlverfahren gibt es noch weniger Voraussetzungen für den Wähler, die Qualität der Bewerber zu beurteilen. Hier ist über Verbesserungsmöglichkeiten nachzudenken. Hilfreich könnte sein:

▶ ständiger Personalwechsel zwischen Politik, staatlicher Administration und Wirtschaft (job rotation)

▶ Ausbildungs- und Erfahrungsvoraussetzungen für politische Spitzenpositionen zu definieren

▶ Ausbildung, Tätigkeiten und Erfahrungen der politischen Bewerber in ausführlichen Lebensläufen zu veröffentlichen, um den Kenntnisstand der Wähler zu verbessern

▶ Entscheidungsgremien zu verkleinern

▶ Hohe Prämien nach Entwicklung des Bruttoinlandsprodukts zu gewähren.

Neben der Qualität der Führung über viele Jahrzehnte ist aufgrund der in der Demokratie stark begrenzten Entscheidungsfreiheit letztlich wiederum die volkswirtschaftliche Struktur ausschlaggebend, denn jeder Mensch richtet sich nach den auf ihn einwirkenden Zwängen aus. Sind diese unwirtschaftlich ausgerichtet, so wird selbst ein anerzogenes wirtschaftliches Verhalten auf Dauer zum unwirtschaftlichen hin verändert. Wirtschaftliches Verhalten kann nur sehr begrenzt durch Anordnungen erreicht werden. Mit Appellen oder Druck auf Politiker, Beamte und Manager ist das Problem nicht zu lösen, weil die in der Organisation liegenden Kräfte ständig dagegen arbeiten. Hochwirksam sind vor allem motivierende Zwangskonstellationen, die über den eigenen Anreiz motivieren. Nur dadurch ist eine Leistungskultur in einem freiheitlichen System zu erreichen. Das fordert von der Führung viel psychologisches Einfühlungsvermögen, eine vertiefte Kenntnis der wirtschaftlichen Zusammenhänge und eine konsequente Umsetzung der Konzepte. Es sind neue Spielregeln erforderlich, die die Zwangskonstellation der Demokratie verändern und die Qualität der wichtigen wirtschaftlichen Entscheidungen anheben, um ständig die Wettbewerbsfähigkeit zu verbessern und die Volkswirtschaft im Gleichgewicht zwischen Leistungsfähigkeit und Positionen einerseits und volkswirtschaftlichen Gesamtkosten andererseits zu halten (Erfolgsformel). In dieser Entwicklung im Gleichgewicht liegt die höchste Chance, alle die genannten Nachteile nicht aufkommen zu lassen.

> Insbesondere für reiche Volkswirtschaften gilt wie für Unternehmen nach einer langen Erfolgsserie: Ihr Kernproblem ist die Erhaltung einer hohen Leistungskultur über die Motivation, denn dies ist die menschlichste beziehungsweise menschenfreundlichste Art, Leistungen zu erbringen.

Hier liegt aber die größte Chance für Hochlohnländer, da es keine Kostenvorteile aufgrund niedriger Löhne gibt. Ohne die Verbesserung der inneren Leistungsfähigkeit reichen Kosteneinsparungen alleine zur Einstellung des Gleichgewichts nicht aus, denn mit jeder weiteren Leistungsabsenkung und den dadurch entstehenden Positionsverlusten werden ständig weitere Kostenreduzierungen notwendig mit all den Problemen lähmender Auseinandersetzungen, die wiederum eher die Leistungsfähigkeit reduzieren.

Das Maßnahmenpaket zur Steigerung der Wettbewerbsfähigkeit sollte vor allem folgende Schwerpunkte umfassen:

▶ **Erhaltung oder Aufbau einer motivierenden Leistungskultur**
- Grundwerte festlegen und konsequent auf Einhaltung dringen
- langfristige wirtschaftliche Ziele durch Benchmarking ermitteln, mit Etappenzielen festlegen, und diese zum Aufbau einer Interessenharmonie kommunizieren
- Freiheit für die Bürger so weit wie möglich, Eingriffe des Staates so viel wie unbedingt notwendig (optimale Regulierungsdichte); *höchste Priorität*
- kleinliche Kontrollen unterbinden
- den Kräfteverschleiß durch Reibungskonflikte auf ein Mindestmaß reduzieren; mit diesem Ziel laufend Mitarbeiter der öffentlichen Hand beauftragen
- Menschen zur Leistung motivieren und auffordern aber nicht überfordern und Leistungsfähigkeit sowie Leistungsbereitschaft fördern (Das richtige Maß an motivierendem Druck und Erfolgserlebnis suchen); *höchste Priorität*
- Betonung und Herausstellung wirtschaftlicher Leistung als Vorbild; *hohe Priorität*
- faire und wahrheitsgetreue Kommunikation – Sanktionen bei bewußter Irreführung der Bürger
- Anteil der indirekten Steuern zugunsten der direkten Steuern verschieben
- politischen Streit auf das Sachliche konzentrieren
- Politiker als Vorbilder – fairer Umgang mit anderen
- Betonung der preußischen Tugenden (pünktlich, fleißig, sparsam)
- konsequente Bekämpfung von Korruption und Kriminalität; *höchste Priorität*

▶ **Wirtschaftlich orientierte Zwangskonstellation zur Stützung der Leistungskultur schaffen, wo immer es möglich ist**
- Verschuldungsregeln für die öffentliche Hand (einschließlich Nebenhaushalte); *höchste Priorität*
- kleinster Staat: Staatliche Eingriffe nur, um wesentliche Mängel zu beseitigen
- verbindliche Vorgaben für die Rückführung des Staatsanteiles
- Monopole nur für hoheitliche Aufgaben zulassen; *höchste Priorität*

- Privatisierung immer dann, wenn Wettbewerbsbedingungen möglich sind; *hohe Priorität*
- die Grenzen der Steuerlast festschreiben
- Rückführung der Subventionierung und Transferleistungen (jeder trägt die volle Verantwortung für seine Einnahmen und Ausgaben)
- Einnahmen der öffentlichen Hand an die Wirtschaftsentwicklung koppeln
- Sanierungsbeauftragte bei definierter Fehlentwicklung einsetzen – diese können durch Referendum der Bürger eingesetzt werden
- Investitions-, Kostenrechnung und Wirtschaftskennziffern für die öffentliche Hand
- Signale der Fehlentwicklung und mögliche Konsequenzen laufend durch Sachverständige veröffentlichen
- Beförderung und Entlohnung der Mitarbeiter der öffentlichen Hand aufgrund objektiver Leistungskriterien; *hohe Priorität*
- angemessener Kostendruck für die Wirtschaft entsprechend der Erfolgsformel; *hohe Priorität*

▶ **Reduzierung der Komplexität**
- ein Teil der gesetzentwerfenden Beamten wird dafür eingesetzt, aufwendige Gesetze, Verordnungen etc. zu finden und Maßnahmen zur Vereinfachung beziehungsweise zur „Entrümpelung" zu entwickeln; *höchste Priorität*
- Vielfalt der Zuständigkeiten, das heißt Schnittstellen, so weit wie möglich reduzieren
- Reduzierung der Ansätze für Steuern und Abgaben auf zum Beispiel je drei für den Bund, die Länder und Gemeinden

▶ **Anpassung der volkswirtschaftlichen Kosten an das Gleichgewicht**
- die Möglichkeit der Verkürzung der volkswirtschaftlichen Wertschöpfungskette laufend durch Mitarbeiter der öffentlichen Hand untersuchen lassen; *hohe Priorität*
- Obergrenze für den Staatsanteil und für die sozialen Leistungen festlegen

- Gesamtbelastung der Volkswirtschaft (öffentliche Hand, Wirtschaft und Private) bei jedem neuen Gesetz berücksichtigen; *hohe Priorität*
- Konzentration der öffentlichen Hand auf die Kernkompetenzen; Überführung aller Nebentätigkeiten und wirtschaftlichen Beteiligungen an die freie Wettbewerbswirtschaft
- Löhne und Gehälter und unbedingt notwendige belastende Maßnahmen an die Leistungsfähigkeit anpassen. Im Falle der Strukturänderung muß dies wegen der noch höheren Arbeitslosigkeit stufenweise über eine längere Anpassungszeit erfolgen
- Kostenziele durch Benchmarking
- Subventionen von Anfang an mit einer stufenweisen Reduzierung vergeben; *hohe Priorität*
- Leistungen des Staates normalerweise an Gegenleistungen binden

Bei der Erstellung von Maßnahmenkatalogen hat man zu unterscheiden, was sich kurzfristig oder mit langer Vorlaufzeit erreichen läßt. Der oben angeführte Maßnahmenkatalog wurde in der Reihenfolge der strategischen also langfristigen Bedeutung geordnet.

▶ **Die Rangfolge nach ihrem operativen, also kurzfristigen Effekt ist nahezu umgekehrt zur langfristigen Wirkungskraft,**

das heißt, in jedem Strukturänderungsprozeß lassen sich mit Kostensenkungen – soweit sie durchsetzbar sind – die schnellsten Veränderungen erzielen. Die Reduzierung der Komplexität oder die Umorganisation zu kürzeren Prozeßketten sowie zu wirtschaftlichen und motivierenden Zwangskonstellationen erfordert mehr Zeit der Anpassung und organisatorische Kreativität. Am schwierigsten erweist es sich, eine von der Leistung abgewandte Kultur wieder zur Leistungsorientierung zu bringen. Aber gerade hier liegen über die verbundene Kreativitätsentfaltung die höchsten Potentiale für die Zukunft. Deshalb achtet jede weitblickende erfolgreiche Führung darauf, den Verfall der Leistungskultur, die Entstehung von Komplexität und die Verlängerung der Wertschöpfungsketten zu verhindern. Für alle langfristig verfallenden und nur schwer zu korrigierenden

Erfolgsfaktoren gilt in besonderem Maße die alte Erfahrung: Wehret den Anfängen!

> **Das Maß an Fehlentwicklung zeigt uns gleichzeitig das Chancenpotential.**

Unternehmen, die solche Konzepte konsequent umgesetzt haben, konnten sich auch unter widrigen Umständen erfolgreich entwickeln, besser als andere Wettbewerber ihre Arbeitsplätze absichern und den Lebensstandard ihrer Gesellschafter erfreulicher steigern. Warum sollte dies im größten Konzern, der Volkswirtschaft, anders sein?

Anmerkungen

1. Vgl. von Cube, Felix; Alshuth, Dietger. Fordern statt verwöhnen. Die Erkenntnisse der Verhaltensbiologie in Erziehung und Führung, 6. Auflage, München 1992
2. Näheres belegen die laufenden Untersuchungen des Instituts für Demoskopie in Allensbach
3. Wirtschaftswoche Nr. 8 vom 15.02.96, S. 16
4. Vgl.: Friedrich Reutner, Turn around, Strategie einer erfolgreichen Umstrukturierung. 3. Auflage, Landsberg am Lech 1991, S. 18, und Friedrich Reutner, Die Strategie-Tagung, Strategische Ziele systematisch erarbeiten und Maßnahmen festlegen, 2. Auflage, Wiesbaden 1995, S. 18
5. Vgl. u. a. GG Art. 114, Abs. 2, BHO, Länderverfassungen, LHO
6. Vgl.: Abschnitt „Interessenharmonie als Grundlage der Leistungskultur", S. 22 ff.
7. Vgl.: Timmermann, Unternehmensstrategie in den 90er Jahren unter wirtschafts- und gesellschaftspolitischen Perspektiven. Referat auf der 14. Veranstaltung „Finanzpolitik und Steuerrecht" vom 8.11.1985 in Karlsruhe
8. Der Spiegel, 27/1996, S.40
9. Vgl. zum Beispiel Andreas Nölting. Indische Eröffnung. In: Manager Magazin 3/1996, S. 181
10. Monatsbericht der Deutschen Bundesbank für Juli 1995
11. Die Beschäftigtenanteile an der Gesamtzahl der Mitarbeiter lag 1996 wie folgt bei den nachfolgenden Firmen: RWE 0,13 Prozent, Viag 0,16 Prozent, Thyssen 0,45 Prozent, Buderus 0,67 Prozent, Daimler 1,06 Prozent, Mannheimer Versorgungs- und Verkehrsbetriebe 11,28 Prozent, Hessische Elektrizitäts-AG 13,17 Prozent
12. Auf Anhieb lassen sich 100 Milliarden sparen ..., Impulse 1/1995, S. 92
13. Datenverarbeitungsorganisation des steuerberatenden Berufes in der BRD

14 Reinhard Clemens, Ljuba Kokalj, Bürokratie – ein Kostenfaktor, eine Belastungsuntersuchung bei mittelständischen Unternehmen, Schriften zur Mittelstandforschung; N. F., Nr. 66, Stuttgart 1995

15 The Strategic Planning Institute, The PIMS-Letter on Business Strategy No. 1. Nine Basic Findings on Business Strategy. Cambridge, Massachusetts 1977: „This means that the characteristics of a served market, of the business itself, and of its competitors constitute about eighty percent of the reasons for success or failure and the operating skill or luck of the management constitute about twenty percent ... Beeing in the right business in the right way is 80 percent of the story; operating that business in a skillful or lucky way is 20 percent of the story."

16 H. Geneen mit A. Moscow, Manager müssen managen, Landsberg 1985, S. 152

17 Vgl. z. B. Heinz Schuler, Psychologische Personalauswahl. Einführung in die Berufseignungsdiagnostik, Göttingen 1996, S. 164 f.

18 Kurz vor Schluß. Wo steht die deutsche Elektroindustrie im internationalen Wettbewerb? Eine Studie enthüllt bedrohliche Schwächen. Manager Magazin, 6/1996, S. 218

19 Vgl.: Wo nur die Leistung zählt, Manager Magazin 3/1995, S. 188

20 Nach Untersuchungen des Meinungsforschungsinstituts Harris Research, London, im Auftrage der UPS Europe (Business Monitor V) schätzten 1500 Manager aus England, Holland, Belgien, Deutschland, Frankreich, Italien, Spanien, Portugal und Griechenland ihre Kollegen ein: Danach arbeiten die Deutschen nicht nur am meisten, sie haben auch die beste Ausbildung und bei weitem die höchste Führungsqualität.

21 Vgl. Stephan Schrader, Spitzenführungskräfte, Unternehmensstrategie und Unternehmenserfolg. In: Die Einheit der Gesellschaftswissenschaften, Bd. 89, Tübingen 1995

22 Eberhard von Koerber, Geschäftssegmentierung und Matrixstruktur im internationalen Großunternehmen, zfbf 45, 12/1993, S. 1060

23 Vgl.: Günter Schmölders, Finanzpolitik, 3. Auflage, Berlin 1970

24 James Gwartney, Robert Lawson, Walter Block: Economic Freedom of the World 1975–1995. Fraser-Institute, Vancouver, 1996

25 Vgl.: Doppelt bestraft, Wirtschaftswoche Nr.4/19.1.1995, S. 14

26 Cuno Pümpin, Management strategischer Erfolgsfaktoren, Bern, Stuttgart 1982

27 Henry Mintzberg, Der Managerberuf, Dichtung und Wahrheit, Harvard manager, II/1981, S. 66. Vgl. auch: Peter Pribilla, Ralf Reichwald, Robert Goecke, Telekommunikation im Management, Stuttgart 1996
28 Vgl.: Abschnitt „Managementmethoden ...", S. 126 ff.
29 Erwin K. Scheuch, Ute Scheuch, Manager-Magazin 3/1995, S. 188
30 Näheres siehe Seite 203 ff. „Die Erfolgsformel kennzeichnet den Gleichgewichtszustand ..."
31 Beispielsweise: Handbuch für Organisationsuntersuchungen in der Bundesverwaltung. Hrsg. Bundesminister des Inneren. Bonn. 4. Auflage 1988.
Oder: Wertanalyse. Hinweise zur Anwendung in der öffentlichen Verwaltung. Hrsg. AWF-Arbeitsgemeinschaft für wirtschaftliche Verwaltung e. V. Eschborn 1988.
Oder: Erfolgreiche Behörden; eine empirische Untersuchung über Erfolgsmerkmale. Landtag von Baden-Württemberg. Drucksache 11-4257 vom 28.6.94.
Oder: Aus: Politik und Zeitgeschichte. Beilage zur Wochenzeitung „Das Parlament". Bert Rürup: Controlling als Instrument effizienzsteigernder Verwaltungsreformen? Udo Müller: Controlling als Steuerungsinstrument der öffentlichen Verwaltung. Jochen Struwe: Lean Administration und Verwaltungscontrolling. Das Instrumentarium. Michael Stahlmann: Lean Production. Humanere Arbeit oder Management by Stress? Hrsg. Bundeszentrale für politische Bildung. Bonn 1995
32 Vgl.: Friedrich Reutner, Die Strategie-Tagung, Strategische Ziele systematisch erarbeiten und Maßnahmen festlegen, 2. Auflage, Wiesbaden 1995
33 Vgl. H. Schuler: Auswahl von Mitarbeitern. In: L. von Rosenstiel, E. Regnet, M. Domsch (Hrsg.): Führung von Mitarbeitern. Stuttgart 1991. S. 100
34 Vgl.: Friedrich Reutner, Turn around, Strategie einer erfolgreichen Umstrukturierung, 3. Auflage, Landsberg am Lech 1991, S. 175
35 Von Cube, Felix; Alshuth, Dietger, ebenda, S. 117
36 Vgl. von Cube, Felix; Alshuth, Dietger. Fordern statt Verwöhnen. Die Erkenntnisse der Verhaltensbiologie in Erziehung und Führung. 6. Auflage. München 1992, S. 288
37 Vgl. Erhebungen der Mannheimer Forschungsgruppe Wahlen
38 Dietrich Meyding: Wege aus der Krise des deutschen Steuerrechts. Beitrag zur Festschrift für Wolfgang Ritter, Köln 1997

39 Vgl. dazu die „Berechnungen der Produktivitätsunterschiede ost- und westdeutscher Unternehmen durch die Deutsche Bundesbank", Monatsbericht für Juli 1995, und den Abschnitt „Eine falschorientierte Zwangskonstellation ...", S. 61 ff.
40 Vgl. Beispiel im Kapitel „Ohne Leistungskulturen gibt es kaum Kreativität", S. 150 ff.
41 G. Mayer-Vorfelder: Steuerpolitik entpolitisieren, F.A.Z. vom 18.3.1996, S. 2
42 Stefan Dietrich, Was darf es kosten? Niedersächsische Gemeinden entdecken ihre Groschengräber, FAZ 5.9.1995, S. 14
43 Vgl. Kapitel „Strukturprobleme und Arbeitslosigkeit", S. 172 ff.
44 David Yermack: Higher market valutation of companies with a small board of directors. In: Journal of Financial Economics, Nr. 40, 1996

Literaturverzeichnis

BUZZEL, ROBERT G.; GALE, BRADLEY T.: Das PIMS-Programm. Strategien und Unternehmenserfolg. Wiesbaden 1989

VON CUBE, FELIX; ALSHUTH, DIETGER.: Fordern statt verwöhnen. Die Erkenntnisse der Verhaltensbiologie in Erziehung und Führung, 6. Auflage, München 1992

GENEEN, HAROLD; MOSCOW, ALVIN: Manager müssen managen. Landsberg am Lech 1985

HAMMER, MICHAEL; CHAMPY, JAMES: Business Reengineering. Die Radikalkur für das Unternehmen. 5. Auflage. Frankfurt/Main, New York 1995

HOFMANN, MICHAEL; AL-ANI, AYAD (Hrsg.): Neue Entwicklungen im Management. Heidelberg 1994

LITTLE INTERNATIONAL, ARTHUR D. (Hrsg.): Management im Zeitalter der strategischen Führung. 2. Auflage. Wiesbaden 1986

LITTLE INTERNATIONAL, ARTHUR D. (Hrsg.): Management der Geschäfte von morgen. Wiesbaden 1986

MASLOW, A. A.: Motivation und Persönlichkeit. 2. Auflage. Olten 1978

MCKINSEY & COMPANY INC; ROMMEL, GÜNTER u. a.: Einfach überlegen. Das Unternehmenskonzept, das die Schlanken schlank und die Schnellen schnell macht. Stuttgart 1993

PETERS, THOMAS J.; AUSTIN, NANCY: Leistung aus Leidenschaft. Über Management und Führung. Hamburg 1986

PETERS, THOMAS J.; WATERMAN, ROBERT H. JR.: Auf der Suche nach Spitzenleistungen. 4. Auflage. Landsberg am Lech 1983

PORTER, MICHAEL: Wettbewerbsstrategie. 2. Auflage. Frankfurt/Main 1984

PORTER, MICHAEL: Wettbewerbsvorteile. Frankfurt/Main, New York 1986

PÜMPIN, CUNO: Management strategischer Erfolgsfaktoren. Bern, Stuttgart 1982

REISS, MICHAEL; GASSERT, HERBERT; HORVATH, PETER (Hrsg.): Komplexität meistern - Wettbewerbsfähigkeit sichern. Stuttgart 1993

REUTNER, FRIEDRICH: Die Strategie-Tagung. 2. Auflage. Wiesbaden 1995

REUTNER, FRIEDRICH: Turn around. Strategie einer erfolgreichen Umstrukturierung. 3. Auflage. Landsberg am Lech 1991

SCHULER, HEINZ: Psychologische Personalauswahl. Einführung in die Berufseignungsdiagnostik. Göttingen 1996

SCOTT-MORGAN, PETER: Die heimlichen Spielregeln. Die Macht der ungeschriebenen Gesetze in Unternehmen. Frankfurt/Main, New York 1994

SENGE, PETER M.: Die fünfte Disziplin. Kunst und Praxis der lernenden Organisation. Stuttgart 1996

SIMON, HERMANN: Die heimlichen Gewinner (Hidden Champions). Die Erfolgsstrategien unbekannter Weltmarktführer. Frankfurt/Main, New York 1996

STALK JR., GEORGE; HOUT, THOMAS M.: Zeitwettbewerb. Schnelligkeit entscheidet auf den Märkten der Zukunft. 3. Auflage. Frankfurt/Main, New York 1992

WARNECKE, HANS-JÜRGEN: Revolution der Unternehmenskultur. Das Fraktale Unternehmen. Berlin 1993

WARNECKE, HANS-JÜRGEN (Hrsg.): Aufbruch zum Fraktalen Unternehmen. Praxisbeispiele für neues Denken und Handeln. Berlin, Heidelberg u. a. 1995

WOMACK, JAMES P.; JONES, DANIEL T.; ROOS, DANIEL: Die zweite Revolution in der Autoindustrie. 6. Auflage. Frankfurt/Main, New York 1992

Der Autor

Prof. Dr. Friedrich Reutner, Jahrgang 1937, studierte Betriebswirtschaft an den Universitäten München und Köln. 1968 promovierte er mit Auszeichnung. Nach leitenden Tätigkeiten in der BASF- und Hoechst-Gruppe wurde er 1976 Vertriebsgeschäftsführer der Friedrichsfeld GmbH, Mannheim-Friedrichsfeld, mit circa 1 000 Beschäftigten und einer Vertriebstochtergesellschaft in Dänemark. Seit 1983 ist er alleiniger Vorstand der Friedrichsfeld AG, heute Friatec AG. Nach Sanierung und starker Expansion verfügt die Unternehmensgruppe heute über sechs Sparten, circa 2 400 Beschäftigte und 31 Gesellschaften, davon 27 im Ausland. Für seine herausragenden Verdienste für die Wirtschaft Baden-Württembergs wurde Friedrich Reutner 1990 mit der Wirtschaftsmedaille des Landes Baden-Württemberg ausgezeichnet. 1993 wurde er zum Honorarprofessor für das Fachgebiet Unternehmensführung an der Technischen Hochschule Darmstadt ernannt. Seit März 1995 ist er Erster Vizepräsident der Industrie- und Handelskammer Rhein-Neckar.

In diesem Buch stellt er seine unternehmerischen Ideen für die Ausrichtung einer Volkswirtschaft auf wirtschaftlichen Erfolg vor. Veranlaßt hat ihn die Sorge, daß die eines Tages zwingend notwendige Korrektur volkswirtschaftlicher Mißstände das demokratische System gefährden könnte.

Sein Buch „Die Strategie-Tagung" (2. Auflage 1995) ist ebenfalls im Gabler Verlag erschienen.

Stichwortverzeichnis

A
Abhängigkeit der Beschäftigung vom Preis 176
Administration
– innere 38, 67, 89
– wertvernichtende 67, 140
Amerika 119, 138, 188
Arbeitsfreude 19, 138
Arbeitsloser 17
Arbeitslosigkeit 46, 168 f.
Arbeitsmarktsituation 209
Argentinien 43
Armut 11 f.
Ausgabebereitschaft 66
Außenwirtschaftsrecht 163

B
Bagatellsteuern 233
Beamte 120
Bedürfnis 12
Bedürfnisbefriedigung 19
Bedürfnishierarchie 13
Bedürfniswandel 14
Befriedigungsgrad 14
Behörde 60, 66, 111
Benchmarking 195
Berater 106
Beschäftigte 86, 188
Betrachtung, langfristige 43
Bewirtungskosten 143
Börsenkurs 48
Brasilien 19, 37, 39, 76 f.

Bruttosozialprodukt 44
Business-Reengineering 163

C
China 69
Cleverness 36

D
Dankbarkeit 14
Datenschutzgesetze 96
Demokratie 70
Denken, langfristiges 199
Denkmalschützer 92
Deutsche Bahn AG 182
Deutschland 19, 21, 43, 134, 154, 188
Diebstahl 39
Dienstleistungen 108
Differenzierungskraft 242
Diktatur 117
Druck 16 ff.
Durchschnittsproduktivität der Ostbetriebe 68

E
Effizienz 65
England 43
Entscheidungsfähigkeit 63
Erfolg 205, 208
Erfolgserlebnis 15
Erfolgsfaktoren 129
Erfolgsformel 171, 203 f.

Erfolgsmerkmale 138
Erfolgsorganisation 51
Erlöse 128
Erwerbstätige 107
Existenzbedrohung 61 f., 81 f., 127, 154

F
Fairness 23
Familienbetriebe 32
Fehlentscheidung 123
Fehler 95
Finanzpolitik 229
Forschung und Entwicklung 153
Freiraum 161
Frust 17

G
Gegenmaßnahmen 56
Genehmigungsverfahren 37
Gerechtigkeit 25, 72
Gerichtsprozesse 22
Gesetze 30, 141, 163
– Teufelskreis, falscher 78
Gesetzesänderungen 39, 94, 234
Gesetzesvielfalt 31, 94, 165
Gesetzgebung, falsche 77
Gesundheit 11, 18
Gewerkschaft 60, 169, 250
Gewinnsituation 128
Gleichgewicht 46
– der Volkswirtschaft 192
– Trend zum negativen 58
Glück 18
Glücksempfindung 15
Grundwerte 140, 213

H
Hochleistungskultur 34
Hochlohnland 135, 175
Holdinggesellschaften 152

I
Image 129, 248
Indonesien 19
Industrie- und Handelskammern 91
Industrieverbände 83
Inkubationszeit 53
Innovation 102
Innovationskraft 15
– sinkende 101
Institut für Mittelstandsforschung 106
Interessendisharmonie 27, 150, 156
Interessenharmonie 23, 114, 133
Interessenkonflikt 28, 114
Italien 39, 154

J
Japan 19, 43, 134, 188, 195
Job-rotation, volkswirtschaftliche 202 f.
Jugoslawien 98
Justizministerium 104

K
Kameralistik 90, 236, 253
Kanada 183
Kennziffern 219
Komplexität 92
Konflikte 31
Konsens 21
Konsequenzen 62
Kontrolle 71

Korea 187 f., 195
Korruption 34, 38
Kosten 22
Kostenstruktur 222, 230
Kostenüberwachung 237
Krankheit 11, 17
Kreativität 140
Kriminalität 34, 39
Krisensymptome 56
Krisenunternehmen 158
Kündigung, innere 41
Kultur
– kranke 154
– Leistung 19 f., 51, 136, 149, 215
– negative 158
– volkswirtschaftliche 134
Kunde 60, 66

L
Lean-Management 106, 163
Lebensqualität 14
Lehrerstellen 250
Leistungseffizienz 23
Lernkurve 139
Löhne und Gehälter 236

M
Made in Germany 129
Management 112
Managementmethoden 126
Managementqualität
  im Wandel 117
Minister 123
Mißtrauensorganisation 147
Mitarbeiterqualität 122
Mitbestimmung 25
monopolistische Strukturen
  197, 226, 238

N
Niedriglohnland 175
Nixdorf, Heinz 151

O
optimale Struktur 41, 44

P
Patente 152, 244
Politik 71 f., 122
Politikverdrossenheit 220
Prämiensystem 237
Privatisierung 238
Produkte, neuartige 128
Psychologie 48 f., 154

Q
Qualität 22
– der Führung 109 f.
Qualitätsimage 129 f.

R
Rationalisierungsdruck 62
Rechnungshof 253
Rechtsdurchsetzung 38
Rechtsunsicherheit 30
Rechtsvorschriften 30
Reengineering 239
Reisekosten 75
Relation im Wettbewerb 185
Rückdelegation 162 f.

S
Sanierung 245
Schnelligkeit 22, 130
Schwarzarbeit 35
Schweden 43, 57, 183, 188
Schweiz 154
Sektor, tertiärer 103, 146

Selbstmordkultur 112 f.
Selbstverwirklichung 13
Signale 55 f.
Singapur 38, 187 f., 195
Sozialismus 153
Spitzenorganisationen 193
Staatsanteil 69, 187, 226
Steuerhinterziehung 156
Steuern 18, 28, 84
Steuerrecht 94
Steuerungsinstrumente, nicht funktionierende 89
Steuervereinfachung 157
Stimmung 48
Streitkulturen 31
Strukturkrisen 53
Strukturprobleme 45
– und Arbeitslosigkeit 172
– und Investition 179
– und Verschuldung 180
Subventionen 47, 182

T
Tagesgeschäft 162
Tantieme 26
Transparenz 72

U
Überbeschäftigung 46
Überflußgesellschaft 13
Überforderung 16, 17
Überkomplexität 92
Umsetzungsproblematik 245
Umweltgesetz 164
Ungerechtigkeit 25
Ungleichgewicht 46, 171, 257

Unpünktlichkeit 40 f.
Unrechtsbewußtsein 40
Unterforderung 16
Unternehmensanalyse 49
Unternehmenskultur 134 f.
Unternehmertum 137
Unwirtschaftlichkeit 34
Unzufriedenheit 13
Unzuverlässigkeit 38, 40
Uruguay 43

V
Verschuldung 64, 228
Vertrauen 38, 138
Verwalter 164
Verwaltung, zu große 80 f.
Verwaltungsgröße, optimale 232
Vision 138

W
Wähler 71
Wertvernichtung, Beispiele 73
Wettbewerbsfähigkeit
– der Volkswirtschaften 192
– nachlassende 80 f.
Wirtschaft, funktionierende 11

Z
Zeit 129
Zeitmanagement 164
Zentralisierung 62, 140, 147
Ziele 21 f., 218
Zielsetzungen, falsche 22
Zinsabschlagsgesetz 79
Zwangskonstellation 196
– falsch orientierte 65 ff., 72
– optimale 59 ff., 157